謹將此書獻給

頌君、衍真

天國好比寶貝藏在地裏，人發現了就把它藏起來，

歡歡喜喜地去變賣一切所有的，買這塊地。

天國又好比商人尋找好的珍珠，發現一顆貴重的珍珠，

就去變賣他一切所有的，買下這顆珍珠。

（太十三 44～46）

與人同在的彌賽亞君王

馬太福音析讀 卷上

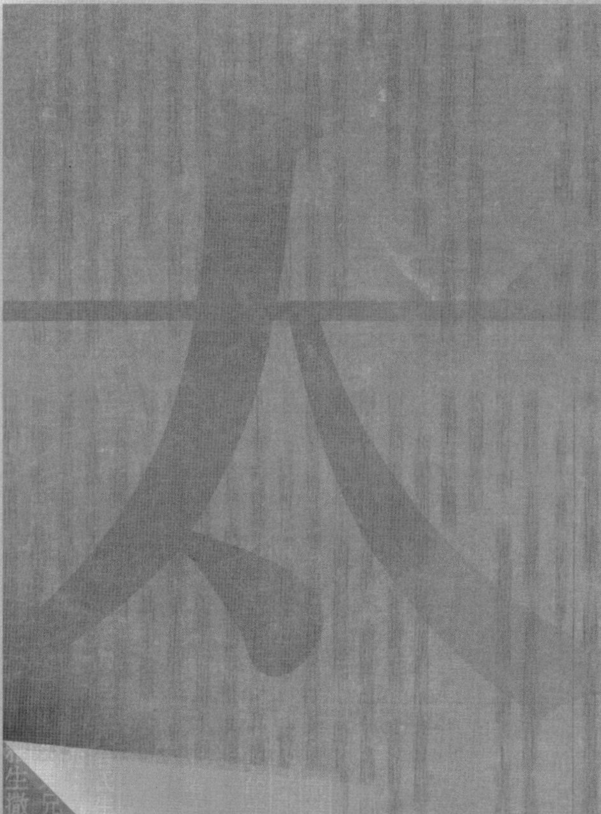

黃漢輝 著

▼

聖經通識叢書

與人同在的彌賽亞君王

馬太福音析讀卷上

Rediscovering the Bible

Book of Matthew I

作者

黃漢輝 Wong, Solomon H.F.

責任編輯

許寶瑩、吳國雄

裝幀設計

奇文雲海・設計顧問

■

出版／發行

基道出版社

香港沙田火炭坳背灣街 26 號富騰工業中心 1011 室

LOGOS PUBLISHERS

Unit 1011, Fo Tan Ind. Centre, 26 Au Pui Wan St., Shatin, Hong Kong

電話：(852) 2687-0331　傳真：(852) 2687-0281

網址：http://www.logos.com.hk

承印

陽光印刷製本廠

●

7/2016 初版

Cat. No. LP194

ISBN: 978-962-457-506-4

Printed in Hong Kong

刷次	10	9	8	7	6	5	4	3	2	1
年份	2025	2024	2023	2022	2021	2020	2019	2018	2017	2016

聖經書卷析讀——新約系列

出版研經工具書的主要目的，是要將上帝的話語向現代人闡明，讓一羣愛好研讀聖經的信徒得到適切的指引。近代聖經研究無疑對於這項工作提供莫大的幫助，可惜學者採用的語言往往晦澀難明，令平信徒望而卻步。「聖經通識叢書」的出版試圖作為兩者的橋梁，將那些看來深奧的學術理論，化成顯淺的文字，讓平信徒可享受當今學者努力研鑽的成果。本叢書設「聖經鳥瞰」、「聖經書卷要領」和「聖經書卷析讀」三個層次，提供信徒不同程度的需要。

「聖經書卷析讀」是「聖經通識叢書」第三層次，以「聖經書卷要領」為基礎，進深分析每本聖經書卷的內容和信息。它近乎一本釋經書，對有關書卷進行逐段解釋，針對每一書卷類別，按其文學格式、歷史背景，與及神學主題作出提綱挈領的分析，又從每書卷中挑選一些課題作較深入的討論。編者期望藉著這一系列聖經書卷的介紹，讓信徒能跨過學術的門檻，得以認識近代華人學者對聖經不同類別書卷整體的研究，成為讀者掌握這些書卷的入門。現已出版的新約書卷有：《奔走風塵的僕人 —— 馬可福音析讀》、《逆轉人生的上帝之子 —— 路加福音析讀》、《道成為人的耶穌 —— 約翰福音析讀》、《風起雲湧的初代教會 —— 使徒行傳析讀》、《情理之間持信道 —— 加拉太書、帖撒羅尼迦前後書析讀》、《僕人領袖的教導與領導 —— 提多書、提摩太前書析讀》、《擁抱危機的事奉傳承 —— 提摩太後書析讀》、《同歸於一得基業 —— 以弗所書析讀》。

此層次的書既反映個別學者嚴謹的學術研究，又務求達致活潑和生動的表達，其內容除了包含淺白易明的析讀，也在每章結尾附加「釋經短註」（以❶、❷等標示），以幫助讀者更深入了解經文。此外，本書也加插「信仰反省」部分，以引導讀者將經文內容繫於他的信仰生活中。本叢書也提供溫習及思考問題，一方面讓讀者重溫此書的內容，也幫助讀者思考經文如何應用在他的信仰生活中。這些問題可供個人研讀或小組討論，讓上帝再次藉著聖經向每一個人說話。

最後仍須提及有關閱讀此書的一些事情。除特別標明，本書所採用的聖經經文均引自《和合本修訂版》，並且凡經文引自這書討論的書卷，無論是一段或是其中的短語，又或詞彙，皆以「標楷體」標示。凡以斜體英文字表達的詞、短語或句子都是外語（即希伯來文、希臘文、拉丁文）音譯字。此外，本書是以「他」作為「耶穌」的代名詞。

序言

除了文本自身的寫作內容外，每一個文本也包含了文本出現的寫作敘事。這本書的雛形源自筆者早前的教學手稿，後經擴寫及補充，最後再經出版社的審閱和編輯方能成書。

這個寫作過程讓我對馬太福音的成書過程也有了一種新的體會。同樣，馬太福音是根據它之前已經成文的福音書（馬可福音），再加上其他的材料（包括Q-典和馬太福音的獨有材料）編修而成。如其他福音書一樣，馬太福音不是由作者得聖靈默示，一口氣就寫下來的「天書」，但這個經一重又一重編修的成書過程卻沒有使馬太福音比其他的福音書遜色；反之，它是在早期教會中最受歡迎和最被廣泛使用的福音書。

馬太福音主要講述耶穌的生平事迹，但它不是要將有關耶穌生平的資料順序地、客觀地傳達給它的聽眾，而是要讓跟隨耶穌、作耶穌的門徒的人知道何為作門徒的道理。換句話説，這是一個關乎「如何去行」（know-how）的問題，而不是「要知道甚麼」（know-what）的問題。因此，綜觀而言，馬太福音不只是一本信仰生活的指引，它更是塑造了歷代信徒的教會生活的「基礎性文本」（foundational text），它不愧被視為「聖經」中的一卷書。

在這一書兩卷的釋經書中，筆者嘗試緊貼經文，以敘事方式和歷史的參考，詮釋作者藉著經文要向聽眾傳講的信息。這書分成兩卷，主要原因是它所處理的主題不同。卷上主要處理耶穌早期在加利利傳講天國的福音的事工，焦點特別落在表達馬太福音的作者如何在他的文本的上半部分，將耶穌作為以色列的彌賽亞鋪陳出來。卷上以福音書敘述耶穌的降生開始，以門徒——以彼得為代表——認信耶穌為基督，即彌賽亞為結束。當中包含了耶穌的五大講論中的前三個講論，以及耶穌在八章至九章中所行的十個神蹟，凸顯了耶穌作為彌賽亞的宣講與能力（一1～十六20）。卷下主要處理耶穌在後期的事工——邁向耶路撒冷的受難和復活。福音書的敍述，從耶穌是一位被猶太人拒絕的彌賽亞，轉到他在復活之後作為使萬人歸向的君王。此大段落凸顯了耶穌與不同的宗教領袖之間的對話與衝突，以及作耶穌門徒的代價的講論（十六21～二十八20）。

筆者在此特別提到一些用詞。首先，凡提到「舊約聖經」的，本書都採用「希伯來聖經」這詞代替。「舊約」聖經是相對「新約」聖經的説法，沒有「新」的出現便沒有「舊」。今日對猶太人而言，我們的「舊約聖經」，就是他們的「希伯來聖經」（TaNaK）。在耶穌和保羅的時代，他們所採用的聖經就是當時仍在正典化過程中的「希伯來聖經」（參路二十四44；提後三16～17）。早在馬太福音成書之時，已有保羅的書信出現，但他們所用的和指涉的經書，乃是仍在正典過程中的「希伯來聖經」。筆者在此書也採用「希伯來聖經」這詞，是為了避免將作者當代之後才出現的「舊約聖經」的觀念，帶入「舊約聖經」仍未出現的時代，而引致「時代錯置」（anachronism）的問題。另外，此書會使用「馬太福音的耶穌」及「耶穌」這兩個名字來指涉耶穌。筆者有如此的表達，其背後是有兩個觀念。「馬太福音的耶穌」就是指馬太福音作者筆下的耶穌。他是馬太福音的作者藉著他的文筆描繪出來的一個人物，而不是在歷史中出現的耶穌。這是一種「文學性的建構」（literary construct），為要將作者的信息帶給他的讀者。至於「耶穌」，他也不是歷史中出現的耶穌，而是馬太福音的敍述世界裏的一個人物，為了達成了整個敍事中的敍述效果。在馬太福音，「耶穌」是敍述中的主角，「馬太福音的耶穌」則是馬太福音的作者透過敍述這個人物，來表達他的信息的人物。在此書中，筆者會在不同的地方和層面上使用這兩種表達方式。不過，筆者得承認，在表達這兩個名詞時所帶出的觀念，仍未能百分百準確拿捏它。此外，基於「耶和華」（Yehowah/Jehovah）這名字從未在「希伯來聖經」出現，筆者沒有沿用「耶和華」這個「嘗試音譯」的名字。參照 2014 年出版的《五經・新漢語譯本》的翻譯方式，該版本將原本譯為「耶和華」的「四字母詞」〔tetragrammaton〕，即 YHWH 四個希伯來文子音，譯為「上主」（猶太人將「希伯來聖經」出現的 YHWH，往往讀成「〔我〕主」（*adonay/adonai*），以避免直呼神的名字），不過，筆者不是採用「上主」，而是採用了學術界現時慣常用的名字「雅威」（$Y^{a}HW^{e}H$，即 *Yahweh*）。

此書能夠順利出版，有賴不同人士的協作。首先，在此多謝此叢書的舊約主編蔡定邦博士的邀請，使筆者有機會為馬太福音撰寫析讀。其次，多謝許寶瑩姊妹在審閱和編輯上提出的不少建議，當中除了得著很多學習之外，還為有機會先由這樣嚴謹的讀者審閱筆者原本粗疏的文稿，而感到額外驚喜。除此以外，本書最後能夠順利完成，全因為好友的幫助和支持。在此要多謝三位已經畢業的學生楊依蓮、梁衍奇、張仲賢，以及兩個好友李文東和謝錦輝。他們基本上都閱畢了最原始的初稿，給我提供了許多不同的回應和建議，豐富了此書原稿的內容。另外，在此要多謝 Joe 和 Crystal 夫婦常常關心和探望我一家；多謝基督教九龍五旬節會沙田堂的呂必強牧師多年來的牧養和在多方面的支持、關照和鼓勵。筆者也要多謝港澳信義會活石堂的弟兄姊妹、李立仁牧師、呂恩霖教師，以及鍾愛勤教士的支持。多謝神召神學院的同事在筆者太太患病期間作多方面的守望和支持，以及何傑博士在不同場合對我們一家的靈糧餵養。另特別多謝中華基督教會田景堂的弟兄姊妹及其中的四個家庭：Rebecca 家庭、文昇家庭、Wendy 家庭和 Sharon 家庭。他們在筆者太太患病期間曾伸出援手，並給予很大的幫助和支持，這實在成為我們繼續前行的動力。他們正活現了馬太福音中那願意「把一杯涼水給這些小子中的一個喝」的同行者（太十42）。最後，我感謝我太太頌君和我小女兒衍真給我空間。他們在很多個晚上都是看著筆者開始寫作而入睡的，現離「歸隊」之期已指日可待了。

黃漢輝

序於屯門兆康

二〇一五年五月十日

目錄（卷上）

第一篇　前言（一1～四25）

第二篇　成功與衝突（五1～十六20）

專欄目錄（卷上）

目錄（卷下）

專欄目錄（卷下）

第一章

馬太福音導論

- 馬太社羣與其他猶太社羣的關係
- 文體
- 寫作取材
- 作者
- 寫作地點、日期及寫作背景
- 結構大綱
- 釋經進路的考量

新約書卷中最早寫成的是保羅的書信，而最早寫成的福音書是馬可福音。

馬太福音是一本關於耶穌的故事的書，雖然它在新約書卷中排行第一，但它並不是新約聖經**最早寫成**的一卷書。誠然，在排列上被置於首位的馬太福音，的確有著它獨特的角色：它是在早期教會中最多被誦讀的福音書，被稱為「教會的福音書」（the Ecclesiastical Gospel）。❶ 早在公元二世紀初的教父著作也有引用馬太福音的內容，其中包括：「十二使徒遺訓」（*Didache*）、「巴拿巴福音」（*The Gospel According to Barnabas*）、希拉波立主教帕皮厄斯（Papias of Hierapolis）所寫的福音書評註和安提阿的伊格那丟（Ignatius of Antioch）寫的書信。到了二世紀中葉，馬太福音已經被冠為四福音書中首卷的福音書。

1.1 馬太社羣與其他猶太社羣的關係

1.1.1 馬太社羣

「馬太社羣」並不是指一個由歷史背景重構出來的羣體，而是從經文勾畫出來的一個文學性的建構（literary construct）。在馬太福音中出現的其他猶太社羣尚有激進黨（十4）、希律黨（二十二16）、撒都該人（二十二23～33）等。

根據馬太福音的經文，此福音書是寫於一段在政治、社會和宗教狀況都十分艱難的日子；換句話説，福音書中所呈現的**馬太社羣**（Matthean community）正處於一個時勢轉易的過渡時期。❷ 從歷史和政治的角度看，耶路撒冷聖殿在公元70年已經被毀（參二十二7，二十三38，二十四2，二十七51）；原本要納聖殿税（參十七24～27），也改為向羅馬繳税。此外，馬太社羣可以被羅馬的軍兵隨意地拉去服役或強迫他們為軍人效勞（參五41，二十七32）。從社會階層的角度看，這社羣中有貧窮人，他們要為每日的飲食祈求（參六11）；也有富人，他們可以作施捨（參六2～4）和為自己積蓄財寶（參六 19～21）。雖然聖殿最後被毀了，但從宗教禮儀的角度看，這社羣的成員在信仰上的追求卻仍很熱切（參六 1～18），並且他們和當時的其他猶太社羣展開了甚為活躍的對話和交流，例如馬太社羣和約翰的門徒之間的對話（參十一 2～6）及馬太社羣和文士與法利賽人之間的對話（參二十三 1～36）。

從神學角度看，馬太福音是四卷福音書中最富猶太性的，它沒有像馬可福音般要解釋猶太人的生活禮儀（參可七 1～4 // 太十五 1～20）；反之，它的論述十分富猶太色彩，例如在福音書的起頭，載有耶穌出生的家譜，並且耶穌的出生是按著希伯來聖經的預言來應驗，以及耶穌的出生被濃厚的「**出埃及主旨**」（Exodus Motifs）所圍繞著。當然，讓馬太福音從眾多的猶太著作中分別出來的原因，當中最重要的是馬太福音對耶穌有新的詮釋：耶穌不是摩西，而是「新摩西」。

「出埃及主旨」是指一些敍事內容包含著出埃及記敍事的內容，以及類似或相同的主旨，例如：約瑟帶著耶穌逃至埃及、約瑟帶著耶穌離開埃及、耶穌在逾越節的晚餐。

1.1.2 馬太社羣與其他猶太社羣

雖然耶穌在馬太福音中被視為「新摩西」，但馬太福音本身，不像早期的猶太基督徒那樣，要在摩西和耶穌之間作選擇：跟隨摩西，留在猶太教內，還是跟隨耶穌而歸信基督教。對馬太福音而言，耶穌正正就是新摩西，正因為他是那位真正的、並且是最終的摩西律法詮釋者，因此拒絕耶穌的信仰就不是真的信仰。耶穌本身在馬太福音中也有詮釋摩西的律法（參五～七章），這詮釋與摩西的律法並不互相抵觸。事實上，在「登山寶訓」中耶穌對律法「新」的詮釋被視為是對律法的成全（參五 17）。❸ 這種對律法兼容創新的態度，特別可見於十三章 52 節：「他〔指耶穌〕對他們說：『凡文士學習作天國的門徒，就像一個家的主人從他庫裏拿出新的和舊的東西來。』」須留意這節經文是說「拿出新的和舊的東西來」，是先提及「新」（*kaina*）然後再提及「舊」（*palaia*），表示以新的眼光看待舊的事物，也就是說，以耶穌作起點審視一直傳流到當時的第二聖殿猶太信仰（Second Temple Judaism）。雖然在馬太福音中耶穌被喻為新摩西，但他並不是要廢除律法，而是要成全律法，這尤其可見於耶穌在五章21至48節提出的六組「對照句」（antithesis）：

- 你們聽過有對古人說：「不可殺人」……但是我告訴你們……（21～26節）；
- 你們聽過有話說：「不可姦淫。」但是我告訴你們……（27～30節）；
- 又有話說：「無論誰休妻，都要給她休書。」但是我告訴你們……（31～32節）；
- 你們又聽過有對古人說：「不可背誓，所起的誓總要向主謹守。」但是我告訴你們……（33～37節）；
- 你們聽過有話說：「以眼還眼，以牙還牙。」但是我告訴你們……（38～42節）；
- 你們聽過有話說：「要愛你的鄰舍，恨你的仇敵。」但是我告訴你們……（43～48節）。

耶穌來不是要廢棄律法，而是把遵守律法字面的要求提升至活出律法背後的精神，甚至於更勝過文士與法利賽人的標準（參五17～20）。不過，縱然馬太對律法仍抱持積極正面的態度，在馬太福音中，不難看見耶穌與猶太人的宗教領袖之間的關係並不是完全和諧，例如：

- 在耶穌出生的時候，猶太人中間的大祭司和宗教領袖即使知道新生王將要誕生，卻不去敬拜他；相反，只有外邦中的「**博學之士**」（*magoi*）去拜他（參二 1～12）。

> 「博學之士」原文亦可譯作「術士／星象家」，意思是指那些專於以星象占卜或解夢的人。

- 耶穌和宗教領袖的對話／峙（參九 2 ～ 8、9 ～ 13，十二 1 ～ 8、9 ～ 14、22 ～ 32，十五 1 ～ 20，十六 1～12，二十一 23～27，二十二 15～22、23～33、34～40、41～46）；
- 耶穌提及的「七禍」（Seven Woes），是譴責文士和法利賽人的（參二十三 1～36）；❹
- 門徒也會經歷耶穌所遭遇到的挑戰（參十 16～25）。

因著馬太福音裏有不少經文都涉及猶太人的律法問題，這反映出馬太社羣中有猶太人（或猶太基督徒）的存在，並且為數不少；與此同時，部分經文也顯示，外邦人已經成為門徒傳福音的對象。這足以解釋兩件事情：

- 馬太福音的猶太色彩特別強烈的原因（上文已略為提及這點）；
- 只有馬太福音才會有一些看似互相矛盾，但卻同時並行出現的經文。例如：耶穌只往以色列去（參十 5～7，十五 24），但福音卻是要往「普天之下」（二十六 13）去向「萬民」宣講（二十四 14，二十八 18～20）。

能夠針對性地解釋以上有關馬太社羣的描述，最好的做法是將馬太福音置於耶路撒冷聖殿被毀之後的時空去理解它。馬太社羣仍然是屬於猶太人生活世界裏（或象徵世界）的一個社羣，這社羣與其他的猶太社羣，特別是文士和法利賽人社羣，常有神學和生活行為上的交流與對話。一般學者相信，馬太社羣是由猶太人和外邦人所組成的信仰羣體。這社羣與一個正在猶太教中（於聖殿被毀後）發展出來的法利賽人社羣有接觸，並且彼此正各自發展和開拓自己的領域，而漸漸開始產生自己的集體意識和建立自己與其他不同社羣（派別）的關係。事實上，有關馬太社羣與其他猶太社羣的關係，仍是學者要再深入探討的課題，其中一個需要討論的關鍵問題就是：究竟馬太社羣是否仍留在猶太人的生活世界中，還是這社羣已經完全脱離了猶太人的生活，甚至已經完全獨立/自立，不再與猶太人往來？這問題間接地影響著學者如何詮釋馬太福音與猶太人的關係，特別是法利賽人和文士；又或直接地影響著學者如何詮釋馬太福音與猶太律法的關係。要慎防把不必要的「反猶思想」（Anti-Judaism）讀入馬太福音，以此為鑑尤為重要。

筆者相信馬太社羣仍留在猶太人的生活世界中，並沒有完全抽離，不再與猶太人往來。完全與猶太人或猶太世界分別出來，對猶太基督徒來説，這是不可能的事。若馬太社羣真的完全脱離他們的猶太世界，馬太福音就不用再回應猶太人會關心的問題，例如耶穌若是基督，他是否有大衛家的血統等。事實上，馬太社羣是一個身處於強烈的猶太色彩背景下要自我定義和定位的新社羣（或基督社羣）。故此，它是福音書中最具猶太色彩的一卷書。此外，馬太福音一方面強調耶穌是希伯來聖經預言要來的彌賽亞，他的來臨將為猶太領袖帶來不少的挑戰和對立；另一方面，這卷書也指出耶穌是「新摩西」，他來不是要把猶太人的律法廢除，而是要成全律法背後的精神。這樣看來，當馬太福音的耶穌與文士和法利賽人討論律法議題的時候，就不是昔日學者所講的基督教與猶太教的對話或對峙，而是猶太信仰中的不同教派彼此間的討論，就正如昆蘭社羣（Qumran community）對耶路撒冷的看法與撒都該人有所不同，他們的一些觀點也與法利賽人有出入，但沒有人會因此說昆蘭社羣不屬於猶太社羣之一。

1.2 文體

新約聖經有四卷福音書，當中的馬太福音、馬可福音和路加福音屬於所謂的「對觀/符類福音」(Synoptic Gospels)，意指這三卷福音書的內容、敍事安排、語言和句子結構皆很相似，可以並排觀看。學者相信四卷福音書早在公元二世紀已經被廣泛傳閱，一個漸漸成形的共識開始在二世紀的教父著作中出現：耶穌基督的福音只有一個，而四卷福音書則表示有四位作者以不同的角度來看同一個福音。這個理解對福音書的發展可從各福音書的書名得以窺知。「馬太福音」(*euangelion kata Matthaion*)這短語是由「福音」(*euangelion*)這名詞再加上一個介詞(*kata*；即「根據」)，然後接著一個「直接受格」(accusative)名詞(*Matthaion*；即「馬太」)所組成的，意思是「福音根據馬太〔的版本〕」。「馬太」不是一個「所有格」(genitive)名詞，*euangelion kata Matthaion* 也就不能譯作「〔屬於〕馬太的福音〔書〕」。因此，馬太福音是「根據馬太的版本撰寫而成的〔耶穌基督的〕福音」(*The Gospel According to Matthew*)，而不是一本「屬於馬太的福音書」(*the Gospel of Matthew*)。

除了新約的四卷福音書，其他的都被列為次經，其中有：多馬福音(The Gospel According to Thomas)、彼得福音(The Gospel According to Peter)、希伯來人福音(The Gospel According to Hebrews)等。

「福音」(*euangelion*)一詞在新約書卷中有兩個用法：它首先出現於一世紀中葉的保羅書信，將「福音」指作「信息」(gospel as message)；直到二世紀中葉(或以後)於教父的著作中，「福音」被視作一種作品(gospel as literature)，意指「福音書卷」。在這情況下，自二世紀中葉開始便有**不同的福音書出現**，福音書的名稱也就在這期間被加入，為不同的福音書命名。

時至今日，大部分學者都以希羅世界的「傳記」（拉丁文：*vita*）作為福音書的文體（genre），但這與約十九世紀之時，同樣以「傳記」作為福音書文體的理解不一樣。當時的學者視最早的馬可福音為「傳記」，以為可以從中「探索歷史上的耶穌」（the quest of the historical Jesus）。但在今日，學者視福音書為「傳記」，只是純粹出於一個文體研究的角度，而沒有再如過往般一廂情願地要從福音書中找出「歷史上的耶穌」。

1.3 寫作取材

「兩源假說」（Two-Source Hypothesis）始於十九世紀初，是目前最多學者接受和最能普遍地解釋對觀福音書之間的關係（稱為「對觀福音的問題」〔The Synoptic Problem〕）的一種學說。這個學說要成立，須符合三個條件：首先，「馬可優先論」（The Marcan Priority），即馬可福音是最早成書的福音書。其次，馬太福音和路加福音的作者互不認識，但兩者共同使用了一個俗稱為「**Q-典**」（Q 是德文 *Quelle* 的簡寫，意指「來源」）的耶穌語錄。最後，馬太福音和路加福音各有自己的獨有材料，可稱為「特別馬太」（M-source）和「特別路加」（L-source）。根據這個假說，馬太福音成書晚於馬可福音，它是以馬可福音和「Q-典」，再加上馬太福音的作者自己的獨有材料而寫成的（參二十1～16）。

「Q-典」即馬太福音與路加福音共同擁有、但不在馬可福音的經文中出現的內容（參馬太福音的登山寶訓和路加福音的平原寶訓）。

「Q-典」補充資料

根據「兩源假說」，除了馬可福音外，馬太福音和路加福音還引用了另一個口傳文獻，它通常被稱為「語錄集」(Logia source)或 Q-典(Q-source)，用以指出只有在馬太福音和路加福音找到、但不在馬可福音找到的共同經文。因此，Q-典是一份由學者從馬太福音和路加福音中擷取重複出現的經文所重構出來的文本，而原初的 Q-典現已失傳。

Q-典很大可能是一份由希臘文寫成的文本，約有 200 節經文，主要內容為語錄(sayings material)，包括智慧之言、先知性和天啟之(預)言、比喻，以及關於律法和社羣的守則；另有部分內容則可追溯到亞蘭文語錄，是關於早期的傳統。Q-典沒有敘事文體(narrative)，除了耶穌受試探(太四 1～11 // 路四 1～13)和迦百農的百夫長(太八 5～13 // 路七 1～10)這兩個例外，重點仍落在話語上(即對話)。Q-典也沒有受難記載。❺ 根據「形式鑑別學」(form criticism)，Q-典是一份耶穌語錄的結集本，它與「多馬福音」很相似。「多馬福音」是一份記有 114 句耶穌語錄的文獻(除了「多馬福音」13)。「多馬福音」的文體與 Q-典十分相似，都是沒有敘述材料，也沒有一個整體的故事脈絡，而常見的結構次序是以帶有相關字(catchwords)的選段放在一起來組成的，例如在「多馬福音」25 及「多馬福音」26 均有「眼睛」出現。「多馬福音」的發現提高了 Q-典曾經存在的可能性，因為它指出了早期基督徒有意識地收集耶穌的語錄。Q-典內的語錄很有可能就是那些仿效耶穌「靈力遊行佈道」(charismatic itinerary)的生活方式來過活的人所收集和傳講而來的。它主要的信息是呼召人在天國來臨前要悔改，作耶穌的門徒。這些語錄將耶穌的死看作先知的死，而他是被拒絕的眾多先知之一。

路加福音似乎比馬太福音更能保持 Q-典(次序)的原貌，故在用法上，Q-典的節數就是路加福音的節數：Q-典 3.7 至 3.9 節就是路加福音三章 7 至 9 節。

馬太福音與馬可福音

大部分學者都認為馬太福音的作者使用了馬可福音作為撰寫他的福音書的大部分材料。馬太按他社羣的需要和他自己的神學角度，在內容上對馬可福音作出增減、補充，甚至修改。就某個意義來說，馬太福音是馬太所寫的馬可福音的「釋經書」。

在語文方面，馬太福音明顯地顯示出它所用的希臘文比馬可福音的更優美和更符合希臘文文法。在內容方面，馬太福音差不多收錄了全本馬可福音，並跟隨馬可福音記述的次序。當把兩者的經文逐段作比較，可以更容易地觀察到馬太福音修改了馬可福音，而不是馬可福音刪改了馬太福音。其中的一個觀察現象，是馬太福音在敘述相同的單元選段（pericope）時，用字比馬可福音少（參八28～34 // 可五1～20；九1～8 // 可二1～12）。此外，不能忽略的是馬太選用了不少來自希伯來聖經的經文，以示耶穌應驗了這些**希伯來聖經**的預言和應許（如一章23節是引自以賽亞書七章14節）。由此可見，馬太除了緊隨馬可福音的敘述大綱，也加上他自己的其他資料作補充，例如：出生敘述（參一～二章）和復活的顯現（參二十八9～10、16～20）。

希伯來聖經指的是猶太人使用的聖經。基督徒因為有新約聖經，所以稱它為舊約聖經。筆者在此書會以「希伯來聖經」來表示舊約聖經（參序言，頁viii）。

1.4 作者

一般都認為馬太福音的作者是馬太，究竟這位馬太是誰？按新約聖經，馬太這名字共出現五次（參九9，十3；可三18；路六15；徒一13）。其中馬可福音和路加福音均記載了利未的蒙召，並說他坐在税關上（參可二14 // 路五27～28）。可是在這兩卷書所記述的使徒名單中，卻沒有利未這名字，而只有提及馬太（參可三13～19 // 路六12～16；另參徒一13）。另外，馬太這名字在馬太福音共出現兩次：他坐在税關上（九9）、他是税吏（十3）。換言之，馬太福音把利未等同於馬太。至於這位馬太是否就是馬太福音的作者，聖經卻沒有任何記載，我們或許要從聖經以外的資料來尋找答案。

一、傳統以來教會的見證

關於馬太福音的作者，帕皮厄斯可以給我們一點提示：「馬太以希伯來方言把聖言寫下來，大家各盡所能加以解釋。」（參優西比烏〔Eusebius〕的「教會歷史」〔*Church History*〕III.39.16）愛任紐（Irenaeus）的「反駁異端」（〔*Against Heresies*〕III.1.1）和俄利根（Origen）的言論（現已被收錄在「教會歷史」VI.25.3～4）也都提到耶穌的門徒馬太先以希伯來文寫下福音書。❻ 後來，四世紀的耶柔米（Jerome）及奧古斯丁（Augustine）也持這個看法。然而，從今日我們所擁有的希臘文馬太福音來看，它並不支持這個看法。

此外，「伊便尼派人福音」（*The Gospel According to the Ebionites*）曾經如此提及馬太福音：「無論如何，在他們那本既不完整、又訛謬、又殘缺不全，說是馬太福音（他們稱之為希伯來人福音）的有這樣的記載……」這份殘篇只能指出這卷福音書的存在，卻未能說明誰是這卷福音書的作者。至於今日所見馬太福音的原文書名 *euangelion kata Matthaion*，是於二世紀才加上的，故不能用以支持這卷福音書就是由馬太所寫。

二、再思傳統教會的見證

以上所提及的論點，都是傳統教會一直以來的看法，但今日的學者卻有不同的見解。

首先，今日的學者大都認為馬太福音是以希臘文寫成，而不是從希伯來文翻譯的。寫此書的作者應該有足夠的語文能力以希臘文撰寫福音書，而耶穌的門徒馬太未必有這技能。此外，若作者是馬太，為何一個一直都跟隨著耶穌的門徒，需要以一個不是跟隨耶穌的門徒——馬可——的福音書，作為他寫福音書的藍本？不過，亦有學者認為較有可能的說法是，耶穌的門徒馬太在這馬太社羣中是一位重要的人物，故此，福音書便以他為名。但是，這講法亦有可疑的地方。從馬太福音的記述可見，彼得所扮演的角色豈不是更重要嗎？若是如此，這卷福音書便應該稱為彼得福音。

三、今日學術界看馬太福音的作者背景

這書卷出現不少教導的內容，這反映了作者以老師或「拉比」的身分向他的社羣作出許多的教導。❼ 雖然上文提及馬太福音記述了許多耶穌與宗教領袖的對峙，但此書卷對文士也有正面的評價（參八 19，十三 52，二十三 34），這一點讓人聯想到作者極可能是一位「歸信了基督的文士」（Christian-scribe）。特別在十三章 52 節將「新」與「舊」相提並論的經文中，作者不是用「你們」或「你們任何一個」，而是選用了「文士」一詞，這個選取可說是出人意料之外。此外，作者不論是引用希伯來聖經或編修馬可福音的經文，都顯出他對經文的熟悉和處理手法猶如一位文士。須留意的是，作者極可能擁有強烈的猶太背景，並且寫作時是引用希臘文版本的希伯來聖經（即「七十士譯本」）。今日學術界對於作者的背景仍未能達到共識的是，有認為作者是猶太基督徒，亦有認為他是外邦基督徒。

總括而言，愈是深入研究馬太福音，愈是難以找出作者是誰。因此，學者一般都相信馬太福音是一本匿名作品。為了方便解釋經文的內容，筆者會依隨教會傳統的看法，視這位作者的名字是馬太，但卻不為這位馬太作出任何身分的指向。重要的是，這位作者是個有猶

太背景和受過猶太式教導的訓練、甚或是可操流利希臘語的猶太基督徒。就個人而言，筆者認為作者是猶太人應是不爭的事實。

1.5 寫作地點、日期及寫作背景

1.5.1 地點：敍利亞

馬太福音極有可能是寫於敍利亞。學者如此的推論是有原因的。首先，「他〔指耶穌〕的名聲傳遍了敍利亞」（四24）這節經文也出現於馬可福音，但馬可福音指的是「加利利」這地方（可一28）。根據馬太福音的經文脈絡，24節所指的也應是「加利利」（參23節，另參18節），但馬太福音的作者卻把它改為「敍利亞」，這個改動也許要指出這就是馬太福音的成書地點。當然，「敍利亞」除了可以是指羅馬的省分（若是如此，安提阿便是首府），對馬太福音的猶太讀者來說，也可以是指加利利東北面的地區。

此外，亦有一些外證可以證明馬太福音的寫作地點可能是在敍利亞。馬太福音本身的複雜性（參1.1.2「馬太社羣與其他猶太社羣」已提及表面看似矛盾的經文同時在馬太福音中出現，頁3～7），反映出它很可能是在一個居住了一定數目的猶太人和外邦人的城市中寫成的，如亞歷山大、凱撒利亞·馬利提馬（Caesarea Maritima）或安提阿。安提阿是近年被看為最有可能成書的地方，主要原因是安提阿的伊格那丟曾提及馬太福音；另外，馬太福音也可能是一世紀末在敍利亞附近出現的「十二使徒遺訓」所用的寫作材料。安提阿曾是彼得和保羅為了割禮是否仍然有效這個問題作過討論的地方（參加二11～14），安提阿教會的立場似乎偏向彼得，而馬太福音似乎也是最支持彼得的一卷福音書。雖然，這不能證實馬太福音是在安提阿寫成，但這個關聯可讓讀者有多一些背景資料去理解馬太福音成書的神學背景。

1.5.2 寫作日期

由於伊格那丟曾提及馬太福音（約公元115年），而「十二使徒遺訓」亦曾把馬太福音當作材料使用（約公元90年），加上根據「兩源假説」，它又在馬可福音成書後寫成（約公元70年），因此一般都將馬太福音的寫作日期，定於公元80至90年之間。

1.5.3 寫作背景

有關馬太福音的寫作背景，可以從兩大方向作討論：作者寫作馬太福音時的處境以及會眾的處境。

一、寫作時的處境

從馬太福音的內容看，作者是在一個教導的處境、甚或是為當時信徒的崇拜聚會而寫的。基於馬太福音有大量教導的經文，學者如斯單達爾（K. Stendahl）提出馬太福音就像昆蘭社團團規般的「紀律手冊」（Manual of Discipline），旨在提供教導和紀律守則給當時的宣教士和信仰羣體，他也提到馬太福音與後來寫成的「十二使徒遺訓」有不少相近的地方。更有學者提出，在馬太福音的寫作背後有一個基督徒的「文士學校/派」（scribal school），專為耶穌的語錄作出反省並加以踐行，以探討如何藉此成全律法。

另一個可能的處境是從崇拜禮儀的角度入手，學者如基爾帕理克

（G. D. Kilpatrick）指出馬太福音是為崇拜時的經文誦讀而寫的。若與路加福音比較，馬太福音更顯禮儀特色（參六 9～13 // 路十一 2～4）。也有學者如歌爾登（M. D. Goulder）認為馬太福音是馬可福音「講道集」的擴寫版，意思是指馬太福音是以馬可福音作為基礎，再結合當時猶太會堂使用的節期性希伯來聖經誦讀文而寫成的新誦讀經文。此說法雖不為多數人所接受（即馬太福音是一個猶太的「米大示過程」〔midrashic activity〕的成品）❽，但卻也引起了新的討論，因為歌爾登主張馬太福音的惟一材料就只是馬可福音，即沒有假設 Q-典存在的需要，他認為「Q-典的假設是錯誤的」（Q is a total error）。❾

二、會眾的處境

若將馬太福音的寫作日期定位於公元 80 至 90 年間，馬太的社羣便是處於耶路撒冷被毀後（公元 70 年）、一個沒有聖殿的時代。這個歷史處境使「馬太社羣」與猶太人同樣需要對他們的信仰作出重整和開始發展他們各自的「信仰傳統」。「馬太社羣」逐漸意識到，他們與其他猶太人各持自己社羣的傳統，這導致後來慢慢演變成基督教與拉比猶太教分別出來；但在馬太福音成書期間，他們理解自己歸信耶穌一事，仍是屬於猶太教傳統的一部分。此外，跟圍繞馬太福音作者的問題一樣，究竟馬太社羣是由猶太人抑或外邦人所組成，又或同時包含這兩者？筆者較接受馬太社羣大部分是擁有猶太背景，但也因這社羣已經開始向外邦人傳福音，所以當中也應包含外邦信徒。

1.6 結構大綱

原本的馬太福音沒有像今日般有章節標示，這都是後來加上的。

馬太福音全書分二十八章、共 1,068 節經文，大概有一萬八千多字。⑩不同的學者對馬太福音的結構有不同的看法，筆者先列出他們的一些看法，然後再列出筆者綜合整理後的結構大綱。

1.6.1 學者建議的結構

整卷書的結構，可以從四個方向及四大進路去作思考。

1.6.1.1 四個方向

簡單而言，這方法是以馬太福音中重複出現的體裁或用詞來作結構框架。現有以下四個方向：

「撮要過門」是指清楚簡潔地交代耶穌的講論已經完結，順勢由講論引入或過渡去另一個新的敘述的開始。

- 馬太福音使用統一的五個**「撮要過門」**（summary transitions）來顯示耶穌的講論（discourse）和敘述（narrative）之間的轉接（參七 28～29，十一 1，十三 53，十九 1，二十六 1），以加強兩種文體互相對調的感覺。
- 馬太福音使用時間性指標。馬太福音兩次出現「從那時候/起，耶穌……」（*apo tote erxato ho Iesous*；四 17，十六 21）這短語，它將耶穌的事工分成兩至三個階段。
- 馬太福音使用了一種「公式化引句」（formula quotations）來直接介紹所引的希伯來聖經經文。書中共出現十二次「應驗主藉先知所說的話」（一 22，二 5、15、17、23，四 14，八 17，十二 17，十三 14、35，二十一 4，二十七 9）。⑪
- 馬太福音使用「首尾呼應」（*inclusio*）手法來鋪排經文。整卷福音書在開頭（一 20～23）和結尾（二十八 18～20）以「同在」的宣告作為首尾呼應。

1.6.1.2 四大進路

同樣地，馬太福音亦可以從以下四大進路來了解它的內容結構：

- 以五大講論作為整卷書的架構。現將這五大講論列出：

敍述	講論
開始（一～四章）	
	登山寶訓（五～七章）
彌賽亞與神蹟（八～九章）	
	作門徒（十章）
對耶穌的抵擋增加（十一～十二章）	
	天國的比喻（十三章）
神蹟與預言（十四～十七章）	
	羣體生活（十八章）
猶太地工作（十九～二十三章）	
	末日的降臨（二十四～二十五章）
受難、死亡和復活（二十六～二十八章）	

- 三階段法。這進路是將馬太福音裏的耶穌看為彌賽亞，並將他的工作分為三個階段，而四章 17 節和十六章 21 節是分段標記。不過這種分段法並未將其他相同的句子結構同樣列為分段標記（參五 17，十 34）。現將這種分段法列出：

彌賽亞其人	四 17	彌賽亞宣講天國	十六 21	彌賽亞的受難、死亡和復活
一 1～四 16		四 17～十六 20		十六 21～二十八 20

- 扇形結構。有學者提出對稱的環狀結構，主要是透過敘述和講論這兩種文體的交替配合，以扇形結構（chiastic structure）來表達。如以下所見，最終是以耶穌有關天國的比喻為整個結構的中心，但不完全對應上文提及的五大講論的結構：⑫

A 敘述（一～四章）
　B 登山寶訓（五～七章）
　　C 敘述（八～九章）
　　　D 傳道（十章）
　　　　E 敘述（十一～十二章）
　　　　　F 天國的比喻（十三章）
　　　　E' 敘述（十四～十七章）
　　　D' 紀律手冊（十八章）
　　C' 敘述（十九～二十二章）
　B' 審判與末世的事（二十三～二十五章）
A' 敘述（二十六～二十八章）

- 沒有一個特定結構。任何為馬太福音設定結構的嘗試都有其不完善的地方。不過，若從兩源假說為基礎來看，馬太福音如果是根據馬可福音的結構寫成的話，它極可能沒有一個特定的結構。

小結：根據兩源假說，作者以馬可福音作為藍本去撰寫馬太福音，並在他看為有需要的地方作出增減。譬如耶穌的五大講論，可明顯地看見這樣的編修痕迹。基於馬太福音大部分的內容是跟隨馬可福音的敘述，因此筆者認為，馬可福音就是馬太福音的基本敘述結構。

1.6.2 筆者建議的結構

一、前言（一 1～四 25）

1. 耶穌的出生（一 1～二 23）
2. 施洗約翰的洗禮與耶穌出來傳道（三 1～四 25）

二、成功與衝突（五 1～十六 20）

1. 登山寶訓（五 1～八 1）
2. 耶穌的醫治與趕鬼（八 2～十一 1）
3. 猶太人對耶穌的反應與天國的比喻（十一 2～十三 52）
4. 從拒絕到認信（十三 53～十六 20）

三、教導作門徒（十六 21～二十五 46）

1. 作門徒的代價（十六 21～二十 34）
2. 耶路撒冷與宗教領袖（二十一 1～二十三 39）
3. 終末來臨的預告與作門徒的警醒（二十四 1～二十五 46）

四、受難、復活、大使命（二十六 1～二十八 20）

1. 耶穌的受難（二十六 1～二十七 66）
2. 空墳墓與復活的顯現（二十八 1～20）

1.7 釋經進路的考量

筆者認為解釋馬太福音時，必須思考以下有關的問題。

首先，福音書是宗教文學作品。這類書卷當中所敘述的，是屬於文學敘述的一種，是作者對歷史或當時發生的事件作出的敘述。今日的讀者不需要將福音書的敍述完全等同於純歷史記載去理解。

第二，一世紀的信徒閱讀或聆聽馬太福音的時候，不會用馬可福音作比較。這種可被稱為「歷時性閱讀」（diachronic reading）。

「歷時性閱讀」與「共時性閱讀」

新約聖經中的福音書的經文都是經過一段長時間的口傳及成書編纂過程而成，「歷時性閱讀」就是要去探求這段口傳或成文傳統的流傳和發展，也就是說，「歷時性閱讀」是對福音書成書過程中的某一段經文（的歷史流傳）作出歷史重構。在福音書研究中，「歷時性閱讀」可以透過「傳統評經法」（Tradition criticism）、「形式評經法」（Form criticism）和「編修評經法」（Redaction criticism）這三個方法進行。

相對於「歷時性閱讀」，「共時性閱讀」（synchronic reading）則視福音書的經文本身為一個在某特定時間上發生的溝通過程的一部分，所著重的不是經文自己的流傳歷史，而是它所呈現的故事世界和在這故事世界中的人物關係互動，例如耶穌與門徒，或耶穌與來到他面前求助的病人等等。

換句話說，「歷時性閱讀」是經文的縱向界面，著重其歷史流傳和發展，處理經文由口傳至成為成文並且成書的過程；「共時性閱讀」是經文的橫向界面，著重文本的本身及其故事內容與其發展，處理經文世界的情節發展與人物角色互動。

但是，從馬太福音的作者編修馬可福音的內容所作的改動來看，這的確可以幫助今日的讀者去窺見或尋找馬太福音的信息。

第三，當作者寫一個文本給讀者時，我們應假設當時的作者與讀者都是生活在同一個時代。因此，即使作者沒有為一些內容作詳細解說，讀者也會明白作者的意思；而那些沒有解說的內容對讀者來說也同樣有用，並可以滿足讀者的需要。例如在馬太福音的一章 1 節中的人物或人名如亞伯拉罕和大衛，馬太福音的作者沒有為其讀者解釋這兩位人物是誰，他假設了他的讀者明白這兩位人物的背景，以致這兩位人物都能夠有一個襯托出耶穌是基督的作用。當然，作者也沒有解釋基督是甚麼意思，他同時也假設了他的讀者明白這個稱銜的意義，就如今日對香港人來說，聽到特首的名字及職銜不會感到陌生一般。筆者寫的經文詮釋，主要也來自這個信念。換言之，筆者相信馬太福音的作者與他的讀者生活在同一個時空下，他們有著同一個平台去理解他們當下的事情。在這基礎上，馬太福音的作者透過他的福音書將經文信息傳給當時的讀者之時，是按著他們所共同擁有的信仰、文化和歷史（及政治）意義為經文信息。

最後，是有關這本書的格式安排。每一段的經文詮釋都有其步驟。首先是為一段經文作導言（按需要而定），接著是整理結構與分段，然後才按分段釋經，最後是經文總結。

參考書目

註釋書

Allison, Dale C., Jr., ed. *Matthew: A Shorter Commentary*. London/New York: T & T Clark International, 2004.

Evans, Craig A. *Matthew*, NCBC. Cambridge, NY: CUP, 2012.

France, R. T. *The Gospel According to Matthew: An Introduction and Commentary*. TNTC 1. Grand Rapids, MI: Eerdmans, 1985.

______. *The Gospel of Matthew*. NICNT. Grand Rapids, MI: Eerdmans, 2007.

Hagner, Donald A. *Matthew 1～13*. WBC 33A. Dallas, TX: Word, 1993.

______. *Matthew 14～28*. WBC 33B. Dallas, TX: Word, 1993.

Harrington, Daniel J. *The Gospel of Matthew*. Collegeville, MN: Liturgical Press, 2007.

Luz, Ulrich. *Matthew 8～20*. Hermenia. Minneapolis, MN: Fortress, 2001.

______. *Matthew 21～28*. Hermenia. Minneapolis, MN: Fortress, 2005.

______. *Matthew 1～7*. Hermenia. Minneapolis, MN: Fortress, 2007.

Senior, Donald. *Matthew*. ANTC. Nashville, TN: Abingdon Press,1998.

Smith, Robert H. *Matthew*. ACNT. Minneapolis, MN: Augsburg, 1989.

Talbert, Charles H. *Matthew*. Paideia. Grand Rapids, MI: Baker Academic, 2010.

Witherington, Ben III. *Matthew: Smyth & Helwys Bible Commentary*. Macon, GA: Smyth & Helwys, 2006.

專著

Bauckham, Richard, ed. *The Gospels for All Christians: Rethinking the Gospel Audiences*. Grand Rapids, MI: Eerdmans, 1997.

Burridge, Richard A. *What are the Gospels?: A Comparison with Graeco-Roman Biography*. 2nd edition. Grand Rapids, MI: Eerdmans, 2004.

Carter, Warren. *Matthew: Storyteller, Interpreter, Evangelist*. Revised edition. Peabody, MA: Hendrickson, 2004.

Charlesworth, James H. *The Historical Jesus: An Essential Guide*. Nashville, TN: Abingdon Press, 2008.

Dunn, James D. G. *The Evidence for Jesus*. Louisville, KY: Westminster Press, 1985.

Goulder, M. D. *Midrash and Lection in Matthew.* Eugene, OR: Wipf & Stock Publishers, 1974; reprint, 2004.

______. *Luke: A New Paradigm*, Vol. 1. Sheffield: JSOT Press, 1989.

Luz, Ulrich. *The Theology of the Gospel of Matthew*, trans. J. Bradford Robinson. Cambridge, UK: CUP, 1995.

Overman, J. Andrew. *Matthew's Gospel and Formative Judaism: The Social World of the Matthean Community*. Minneapolis, MN: Fortress, 1990.

Perkins, Pheme. *Introduction to the Synoptic Gospels*. Grand Rapids, MI: Eerdmans, 2007.

Powell, Mark Allan. *Fortress Introduction to the Gospels*. Minneapolis, MN: Fortress, 1998. = 馬可．鮑威爾：《福音書導論》。古志薇譯。香港：道聲出版社，2008。

Snodgrass, Klyne R. *Stories with Intent: A Comprehensive Guide to the Parables of Jesus*. Grand Rapids, MI: Eerdman, 2008. = 斯諾德格拉斯：《主耶穌的比喻》。林秀娟譯。美國：麥種傳道會，2013。

Theißen, Gerd, and Annette Merz. *The Historical Jesus: A Comprehensive Guide*. London: SCM Press, 1998.

Theißen, Gerd. *Gospel Writing and Church Politics: A Socio-rhetorical Approach*. Chuen King Lecture Series 3. HK:

Theology Division, Chung Chi College, CUHK, 2001. = 戴歌德：《福音書與初期教會政治：社會修辭的研究進路》。周健文譯。香港：中文大學崇基學院神學院，2006。

Hooker, Morna D. *Beginnings: Keys that Open the Gospels*. London: SCM Press, 1997. = 何蒙娜：《序章——開啟福音書的鑰匙》。郭靈飛譯。香港：基道出版社，2005。

周兆真：《凡有耳的就應當聽——啟示與釋經》。香港：道聲出版社，2002。

黃根春編：《二十世紀馬太福音研究文集》。香港：基督教文藝出版社，1998。

______編：《基督教典外文獻——舊約篇》。第六冊。香港：基督教文藝出版社，2004。

黃錫木編：《新約背景文獻選輯》。三版。聖經背景研究叢書。香港：漢語聖經協會，2013。

釋經短註

❶ 馬太福音被稱為「教會的福音書」，因為它是惟一出現「教會」（*ekklēsia*；十六18，十八17〔x2〕）這詞的福音書。當作者使用這詞，某程度反映了他寫作時，彌賽亞信仰羣體可能已被公認為一個稱為「教會」的羣體。這或許也暗示了馬太福音成書之時，教會已形成，同時也暗示馬太福音屬於較後期（大概一世紀末）的作品。參 R. T. France, *The Gospel According to Matthew: An Introduction and Commentary*, TNTC (Grand Rapids, MI: Eerdmans, 1985), 20。

❷ 包衡（Richard Bauckham）對福音書研究提出反省和挑戰。他指出不應以研究保羅書信的方法去研究福音書，從福音書的內容去重構福音書社羣的狀況。這猶如在保羅書信中重構出收信人的社羣的狀況一樣。故此，筆者不把福音書當作書信去重構收信羣體。因此，筆者所指的馬太社羣並不是指從馬太福音的歷史背景重構出來真實歷史的社羣。參 Richard Bauckham, "For Whom Were Gospels Written?" in *The Gospels for All Christians: Rethinking the Gospel Audiences*, ed. Richard Bauckham (Grand Rapids, MI: Eerdmans, 1997), 9～48。

❸ 馬太福音五至七章被稱為「登山寶訓」，當中學者稱耶穌的「你們聽過有話說……但是我告訴你們……」為「對照句」。在這裏，耶穌不是反對「行」律法，而是要人更加遵守律法，並且在踐行上超越宗教領袖。這些「對照句」凸顯了律法的一般要求和耶穌提出的要求。耶穌重視的不是律法表面的字句，而是律法背後的精神。例如：不可殺人這誡命背後的意義是要帶出社羣中間的和諧，而不和諧最後導致殺人，其根源來自向他人發怒。因此，如果要遵守不可殺人這誡命的精神，人首先要不可向人發怒。對於馬太福音的耶穌而言，遵行律法並不在於小心翼翼地遵守律法字面上記述的誡命，而是要愛人如己（這就是七章12節所謂的「金科玉律」及二十二章35至40節的「最大的誡命」）。

❹ 馬太福音二十三章是落在一連串耶穌與宗教領袖的衝突的敍事（二十二15～46），以及耶穌暗中對門徒講解末世的指示的段落中間（二十四1～二十五46），這個位置正表達出馬太社羣與猶太教已分開，而且彼此保持距離。馬太福音二十三章1至36節由「七禍」組成（參13、15、16、23、25、27、29節），可說與五章3至12節耶穌向門徒所說的「八福」形成對比。在「七禍」的引言中，耶穌是以「你們」來表達，表示他是面對著門徒說話，直接教導門徒以哪種態度去面對他們的「對頭人」。約在公元200年出現的所謂「拉比猶太教」（Rabbinic Judaism）是在公元70年耶路撒冷被毀後發展出來的一個新的猶太信仰社羣。一般學者相信，這個發展主要是法利賽派和文士在聖殿被毀後共同努力的成果。馬太福音中的耶穌所攻擊的猶太領袖，很有可能就是馬太社羣所面對的猶太社羣。耶穌在馬太福音中譴責猶太領袖的故事，並不是在描述三十年代發生在耶穌與猶太人之間的衝突，而是反映在公元70年代之後馬

太社羣和當時他們的猶太領袖的衝突或爭競。研究馬太福音背後的社羣，讓我們可以有一個平台去認識在一世紀裏正在發展中的猶太信仰，探討當時的不同社羣/派別之間的關係，特別是後來發展出來的基督教和拉比猶太教，如何在聖殿被毀後各自發展自己的規範和漸漸認定自己的身分。至於歸信了基督的猶太人被趕出會堂的事件（參約九22，十二42，十六2），以及與此相關的「反異端邪說的祝禱」（*Birkat ha-Minim*；即猶太教對持異端邪說者的「詛咒文」），在馬太福音裏則找不到有暗示或明示這方面的內容。有關這方面的議題，可參 J. Andrew Overman, *Matthew's Gospel and Formative Judaism: The Social World of the Matthean Community* (Minneapolis, MN: Fortress, 1990)。另外，路徹（Ulrich Luz）在他的釋經書中陳述了近期有關馬太福音與猶太教之關係的五個假說，是值得一看的，可參 Ulrich Luz, *Matthew 1～7*, Hermenia (Minneapolis, MN: Fortress, 2007), 52～55。

❺ Q-典的範圍可參Pheme Perkins, *Introduction to the Synoptic Gospels* (Grand Rapids, MI: Eerdmans, 2007), 73～81；Mark Allan Powell, *Fortress Introduction to the Gospels* (Minneapolis, MN: Fortress, 1998), 18。

❻ 來自俄利根論到馬太福音的英文版部分節錄如下："... that first was written that according to Matthew, who was once a tax collector and afterwards an apostle of Jesus Christ, who published it for those who from Judaism came to believe, composed as it was in the Hebrew language."（「教會歷史」〔*Eccl. Hist.*〕VI.25.3～4）。這版本引自 Eusebius, *Ecclesiastical History*, Loeb Classical Library, (Cambridge, MI: Harvard University Press, 1980[1932])，基本上與原本的版本很相似。有學者相信，在馬太福音寫成之前，存在著一卷以亞蘭文或希伯來文寫成的「古馬太福音」（Ur-Matthew/Proto-Matthew）。與此相關的是三卷所謂「猶太基督徒福音」（Jewish-Christian Gospels）的新約次經（New Testament Apocrypha）：「希伯來人福音」（*The Gospel According to Hebrews*）、「伊便尼派人福音」（*The Gospel According to Ebionites*）以及「拿撒勒派人福音」（*The Gospel According to Nazarenes*）。

❼ 參德布舒爾滋：〈馬太——拉比與教誨者〉，《二十世紀馬太福音研究文集》，黃根春編（香港：基督教文藝出版社，1998），頁33～45。

❽ 有關「米大示過程」〔midrashic activity〕的成品，可參 M. D. Goulder, *Midrash and Lection in Matthew* (Eugene, OR: Wipf & Stock Publishers, 1974; reprint, 2004), 171～194。

❾ 有關歌爾登（M. D. Goulder）的觀點，可參 M. D. Goulder, *Luke: A New Paradigm*, vol.1 (Sheffield: JSOT Press, 1989), 22。

❿ 所列出馬太福音的統計數字，是參自 Robert H. Smith, *Matthew*, ACNT (Minneapolis, MN: Augsburg, 1989), 13。

⓫ 有關「公式化引句」的論述，可參馬可．鮑威爾著：《福音書導論》（香港：道聲出版社，2008），頁 105。有關馬太福音二章 5 節被列入「公式化引句」，可參 R.T. France, *The Gospel of Matthew*, NICNT (Grand Rapids, MI: Eerdmans, 2007), 71；另馬太福音十三章 14 節則參 R.T. France, *The Gospel of Matthew*, 513～514。

⓬ 有關馬太福音的扇形結構，可參 Donald A. Hagner, *Matthew 1~13*. WBC 33A (Dallas, TX: Word, 1993), lii。

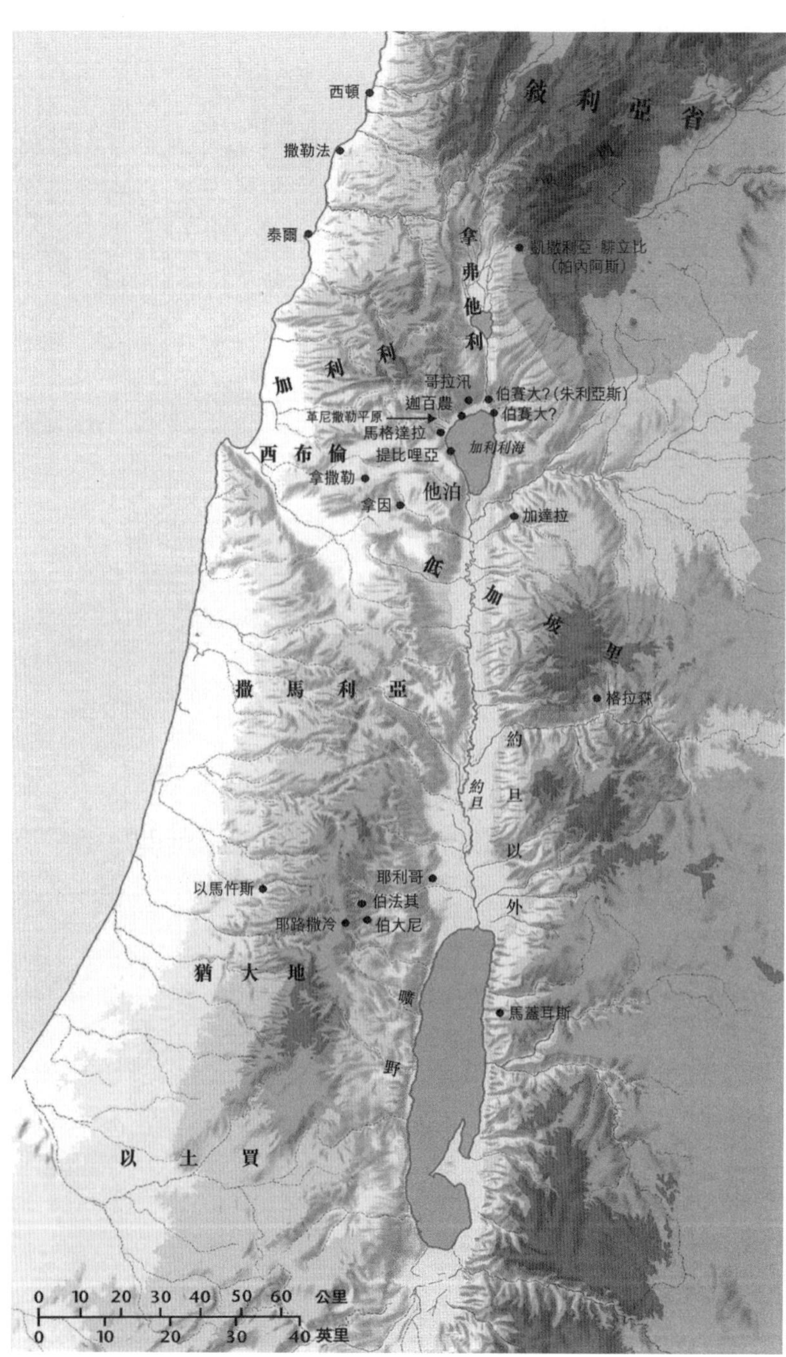

* 耶穌在加利利及猶大一帶傳道

第一篇

前言

（一1～四25）

第二章

耶穌的出生

（一1～二23）

- 耶穌的起源
- 耶穌按預言降生
- 不同人對耶穌出生的回應

經文

1 1 亞伯拉罕的後裔、大衛的子孫耶穌基督的家譜：2 亞伯拉罕生以
撒，以撒生雅各，雅各生猶大和他的兄弟，3 猶大從她瑪氏生法勒
斯和謝拉，法勒斯生希斯崙，希斯崙生亞蘭，4 亞蘭生亞米拿達，亞米
拿達生拿順，拿順生撒門，5 撒門從喇合氏生波阿斯，波阿斯從路得氏
生俄備得，俄備得生耶西，6 耶西生大衛王。大衛從烏利亞的妻子生所
羅門，7 所羅門生羅波安，羅波安生亞比雅，亞比雅生亞撒，8 亞撒生
約沙法，約沙法生約蘭，約蘭生烏西雅，9 烏西雅生約坦，約坦生亞哈
斯，亞哈斯生希西家，10 希西家生瑪拿西，瑪拿西生亞們，亞們生約西
亞，11 百姓被遷到巴比倫的時候，約西亞生耶哥尼雅和他的兄弟。12 遷
到巴比倫之後，耶哥尼雅生撒拉鐵，撒拉鐵生所羅巴伯，13 所羅巴伯生
亞比玉，亞比玉生以利亞敬，以利亞敬生亞所，14 亞所生撒督，撒督生
亞金，亞金生以律，15 以律生以利亞撒，以利亞撒生馬但，馬但生雅
各，16 雅各生約瑟，就是馬利亞的丈夫；那稱為基督的耶穌是從馬利亞
生的。17 這樣，從亞伯拉罕到大衛共有十四代，從大衛到遷至巴比倫的
時候也有十四代，從遷至巴比倫的時候到基督又有十四代。18 耶穌基
督降生的事記在下面：他母親馬利亞已經許配給約瑟，還沒有迎娶，
馬利亞就從聖靈懷了孕。19 她丈夫約瑟是個義人，不願意當眾羞辱她，
想要暗地裏把她休了。20 正考慮這些事的時候，忽然主的使者在約瑟夢
中向他顯現，說：「大衛的子孫約瑟，不要怕，把你的妻子馬利亞娶過
來，因她所懷的孕是從聖靈來的。21 她將要生一個兒子，你要給他起名
叫耶穌，因他要將自己的百姓從罪惡裏救出來。」22 這整件事的發生，
是要應驗主藉先知所說的話：23「必有童女懷孕生子；人要稱他的名為
以馬內利。」(以馬內利翻出來就是「上帝我們同在」。) 24 約瑟醒來，
就遵照主的使者的吩咐把妻子娶過來；25 但是沒有和她同房，直到她生
了兒子，就給他起名叫耶穌。

2 1在希律作王的時候，耶穌生在猶太的伯利恆。有幾個博學之士從
東方來到耶路撒冷，說：2「那生下來作猶太人之王的在哪裏？我們
在東方看見他的星，特來拜他。」3希律王聽見了，就心裏不安；耶路撒
冷全城的人也都不安。4他就召集了祭司長和民間的文士，問他們：「基
督該生在哪裏？」5他們說：「在猶太的伯利恆。因為有先知記著：6『猶
大地的伯利恆啊，你在猶大諸城中並不是最小的；因為將來有一位統治
者要從你那裏出來，牧養我以色列民。』」7於是，希律暗地裏召了博學
之士來，查問那星是甚麼時候出現的，8就派他們往伯利恆去，說：「你
們去仔細尋訪那小孩子，找到了就來報信，我也好去拜他。」9他們聽
了王的話就去了。忽然，在東方所看到的那顆星在前面引領他們，一直
行到小孩子所在地方的上方就停住了。10他們看見那星，就非常歡喜；
11進了房子，看見小孩子和他母親馬利亞，就俯伏拜那小孩子，揭開寶
盒，拿出黃金、乳香、沒藥，作為禮物獻給他。12因為在夢中得到主的
指示，不要回去見希律，他們就從別的路回自己的家鄉去了。13他們走
後，忽然主的使者在約瑟夢中向他顯現，說：「起來！帶著小孩子和他
母親逃往埃及，住在那裏，等我的指示；因為希律要搜尋那小孩子來殺
害他。」14約瑟就起來，連夜帶著小孩子和他母親往埃及去，15住在那
裏，直到希律死了。這是要應驗主藉先知所說的話：「我從埃及召我的
兒子出來。」16希律見自己被博學之士愚弄，極其憤怒，差人將伯利恆城
裏和四境所有的男孩，根據他向博學之士仔細查問到的時間，凡兩歲以
內的，都殺盡了。17這就應驗了耶利米先知所說的話：18「在拉瑪聽見號
咷大哭的聲音，是拉結哭她兒女；她不肯受安慰，因為他們都不在了。」
19希律死了以後，在埃及，忽然主的使者在約瑟夢中向他顯現，20說：
「起來，帶著小孩子和他母親回以色列地去！因為要殺害這小孩子的人
已經死了。」21約瑟就起來，帶著小孩子和他母親進入以色列地去。22但
是他因聽見亞基老繼承他父親希律作了猶太王，怕到那裏去；又在夢
中得到主的指示，就往加利利境內去了。23他們到了一座城，名叫拿撒
勒，就住在那裏。這是要應驗先知所說的話：「他將稱為拿撒勒人。」

路加福音的開首語開宗明義指出受眾是提阿非羅；約翰福音則是以一個神學議題——道——作開始。

四卷福音書的**開首句表達各有不同特色**。不過，馬太福音與馬可福音則有相同之處，都是以一個標題作開始（一1；可一1）。即使如此，這兩卷書接著的內容卻完全不同。馬太福音是按著它的標題「亞伯拉罕的後裔、大衛的子孫耶穌基督的家譜」來記述耶穌的家譜，而馬可福音則以施洗約翰的出道應驗了希伯來聖經的預言來開始它的福音敘事。

此外，仍須留意的是，在四卷福音書裏，只有馬太福音及路加福音的作者加入了耶穌「出生的敘事」（Birth Narrative），現列出兩者所記載的內容作比較：

馬太福音一至二章	路加福音一至二章
標題（一1）	序言（一1～4）
耶穌的家譜（一2～17）	---
---	預言施洗約翰的出生（一5～25）
---	預言耶穌的出生（一26～38）
---	施洗約翰的出生（一57～66）
耶穌的出生（一18～二12）	耶穌的出生（二1～21）
---	在聖殿獻嬰（二22～40）
「新出埃及」（二13～23）*	---
---	少年耶穌在聖殿（二41～52）
---	耶穌的家譜（三23～38）

* 有關「新出埃及」的意思，將於下文作詳細解釋。

從以上表列可見，馬太福音有關耶穌出生的敘事主要由三個單元「選段」組成（一1～17、一18～二12、二13～23）。在這精簡的段落裏，馬太福音的作者重點地帶出他的標題所要表達的主題：耶穌就是「亞伯拉罕」和「大衛」的後代。這與猶太人息息相關。此外，他就是眾先知所預言將要來的彌賽亞，是以賽亞書所預言的「以馬內利」。另外，這段有關耶穌出生的敍事描繪了不同人的不同回應，從而預示了接下來福音書中不同人對耶穌的事工所表現的不同反應。

這一章可以分為三大段落。第一段落是探討耶穌的家譜。這家譜是以一個標題作開始，然後記述耶穌是如何出於大衛家（一1～17）。第二段落探討作者所引用的希伯來聖經之「以馬內利」這預言如何應驗在耶穌身上，並討論東方「博學之士」朝拜的記述（一18～二12）。第三段落描述約瑟帶著耶穌往埃及並離開埃及。這敍事有如「新出埃及」，因為它像昔日以色列人下埃及與出埃及的縮影（二13～23）。

2.1 耶穌的起源（一1～17）

分段大綱（一1～17）

一、標題（一1）
 1. 對耶穌的三個描述（一1上）
 2. 這是家譜（一1下）

二、耶穌的家譜（一2～17）

2.1.1 標題（一 1）

2.1.1.1 對耶穌的三個描述（一 1 上）

這標題以三個補語來介紹耶穌：他是「亞伯拉罕的後裔」、他是「大衛的子孫」、他是「基督」（「後裔」和「子孫」的原文來自同一個名詞——「兒子」〔*huiou*〕）。「亞伯拉罕」（2 節）、「大衛」（6 節）、「基督」（16 節）這三個名稱接著再次出現在家譜裏，以強調「耶穌」就是「亞伯拉罕的後裔」和「大衛的子孫」。

在猶太信仰中，亞伯拉罕象徵著歸信上帝的人。因著他，所有後來歸信的人都會因他得福。

對作者而言，「亞伯拉罕」除了是猶太人的祖先，也是**萬國之父**，萬國要因他得福（參創十二 3）。在馬太福音裏，耶穌是「亞伯拉罕的後裔」暗示了一件事，就是外邦人可以藉著這位「基督」成為上帝家裏的人。

此外，猶太人看「大衛」為以色列人的開國君王，並且有先知曾預言彌賽亞將會從他的後裔而出（參賽十一 10；羅十五 12）。當作者描述耶穌是大衛的後裔，這表示耶穌就是那要來的彌賽亞、猶太人的王。作者在 1 節開宗明義地如此描述耶穌，為要預備讀者的心，使他們知道耶穌出生之時將要面對當時在猶大省作王的大希律的威脅，他日後亦要在「地中海世界」（Mediterranean World）的統治者代表——彼拉多——面前受審。

「耶穌基督」這稱號表示耶穌就是基督（參徒二 36）。以耶穌為基督是初代教會宣講的內容，但到了馬太福音寫作時期，信徒可能已熟悉這信息，遂將宣講的內容轉為一個宣稱，專稱耶穌為「耶穌基督」甚或「基督」，表示耶穌就是彌賽亞（意指受膏者），這是作者在家譜中不厭其煩地一再表明的稱號（一 16）。

上述三個名稱，不只是對耶穌的介紹，同時也顯明耶穌與猶太人的關係，更指出他如何應驗希伯來聖經所預言的救恩。作者亦有意地透過重複使用這三個名稱來凸顯耶穌這三個身分（1～17節）：

- 「亞伯拉罕」、「大衛」、「基督」（1節）；
- 「亞伯拉罕」（2節）；
- 「大衛」（6節）；
- 「基督」（16節）；
- 「從亞伯拉罕⋯⋯從大衛⋯⋯到基督」（17節）。

2.1.1.2 這是家譜（一1下）

geneseōs 是所有格名詞。這詞可以有幾個意思：一代接一代（即家譜）、出生、起源、開始、存在、生平、歷史等。

「家譜」（*Biblos* ***geneseōs***）的原文可直譯為「起源的書」（book of genesis）。❶ *geneseōs* 這詞在18節再度出現（以主格式名詞 *genesis* 出現），意指「出生」，即耶穌的出生事件。當 *biblos* 和 *genesis* 這兩個希臘文單字連在一起，便成了一個複合名詞 *biblos geneseōs*，可以譯作「家譜、起源或開頭的歷史」（參創二4，五1「七十士譯本」）。解經者對此複合名詞的翻譯取向，會直接影響他對這節經文的理解，以及在福音書中的指涉範圍。現列出不同的翻譯理解：

- 若翻譯為「家譜」（genealogy），這節經文是直接指向2至16或17節；
- 若翻譯為「出生的事件」（account of birth），這節經文便可作為整個出生敘事的標題（一～二章）；
- 若翻譯為「起源的書」（book of the origin），它所指的可能遠超過耶穌的家譜和他出生的事件，進而指出作者要向他的讀者介紹耶穌的事工的開頭，或耶穌的整個事工。

以上三個翻譯都有可能，不能完全否定任何一個。然而，筆者較接受第三個翻譯，因為馬太福音的作者或許不是那麼簡單只想藉著福音書的第一句話，來告訴他的讀者有關耶穌的家譜，他至少要告訴他的讀者有關耶穌的出生。更有可能的是，1 節是整卷福音書的標題，或至少是耶穌正式出來傳道前的介紹（一 2～四 16），而不只是出生的敘事。筆者認為，1 節點出了整卷福音書的主題，就是見證耶穌是基督——從他的出生，到他的復活，及至大使命的頒布。

2.1.2 耶穌的家譜（一 2～17）

這家譜主要源自路得記四章 12 節及 18 至 22 節，歷代志上二章 1 至 15 節、三章 5 節和 10 至 17 節，其內容可以分為兩大部分作討論：家譜的內容（2～16 節）、剖析家譜結構的鑰匙（17 節）。2 至 16 節可再分為三個小段（2～6 節上、6 下～11 節、12～16 節），每一小段有「十四代」（*geneai dekatessares*），現列出如右。在解釋這個家譜時，讀者需要留意以下兩件事：

一、家譜出現的「十四代」

從馬太福音的計算看：「從亞伯拉罕到大衛共有十四代，從大衛到遷至巴比倫的時候也有十四代，從遷至巴比倫的時候到基督又有十四代。」（17 節）但若將名字列出來，似乎馬太的計算並不準確。若一個人名代表一個後代：第一段由亞伯拉罕數到大衛共有十四代；第二段由所羅門數到耶哥尼雅共有十四代；第三段由撒拉鐵數到耶穌只有十三代。學者嘗試為馬太福音列出的家譜找出合理的計算，但都沒有一個令人滿意的結果。是否馬太計算錯誤了？值得留意的是，這家譜

	2～6節上	6下～11節	12～16節
1	亞伯拉罕	所羅門	撒拉鐵
2	以撒	羅波安	所羅巴伯
3	雅各	亞比雅	亞比玉
4	猶大	亞撒	以利亞敬
5	法勒斯	約沙法	亞所
6	希斯崙	約蘭	撒督
7	亞蘭	烏西雅	亞金
8	亞米拿達	約坦	以律
9	拿順	亞哈斯	以利亞撒
10	撒門	希西家	馬但
11	波阿斯	瑪拿西	雅各
12	俄備得	亞們	約瑟
13	耶西	約西亞	耶穌
14	大衛	耶哥尼雅	---

確實有不完善的地方。在約蘭與烏西雅（又名亞撒利雅；參王下十五7；賽一1）之間有三個王的名字沒有被記錄：亞哈謝、約阿施、亞瑪謝（參代上三11～12）。接著，在約西亞與耶哥尼雅之間的約雅敬也同樣沒有被記錄下來（參代上三15～16）。有學者認為，馬太福音的家譜也出現資料不正確，例如：撒拉鐵應是毗大雅（參代上三17～19），這可能反映作者的重點不在於準確地記載所有王的名字，而是要帶出「十四」這數字背後的象徵意義。因此，馬太福音所展示的耶穌家譜，其作用不在於陳述歷史上發生過的所有事件，而是要藉著這記述來闡釋某個神學思想。他的目的極可能是藉著「十四」這數字來確立耶

穌那來自大衛家的身分，以及指出耶穌就是以色列的彌賽亞。

根據 17 節，這三個「十四」所象徵的意義與「大衛」這名字有關。大衛的希伯來名字（*ḏāwîḏ*）包含三個字母（即子音 *ḏwḏ*），而「十四」是「大衛」的希伯來名字的字母加起來的數目（d＝4，w＝6；d＋w＋d＝14），因此這「十四」具有特別意義。將數字解釋為背後有象徵意義的這種釋經法被稱為**「數字推算釋經法」**（gematria）。如果這説法成立，即顯示作者在 2 至 16 節十分著意要凸顯耶穌是出自大衛家這身分，因為他三次提及「十四」這詞（17 節）。若問原因，可從兩方面解答：第一，若馬太福音的受眾大多是擁有猶太背景的人，「大衛」這名字因其政治和宗教含義對他們會很有吸引力——彌賽亞來自大衛家；第二，可能是基於 16 節破格的表達（參 2.2「耶穌按預言降生〔一 18～25〕」的解釋，頁 42）。不過，究竟當時説希臘語的讀者是否能夠察覺到大衛這名字背後有希伯來文特色的含義，就不得而知了。

例如：解經家會將啟示錄十三章 18 節的 666 及約翰福音二十一章 11 節的 153 條魚這兩個數字，解釋為背後有特別的意義。

二、家譜的基本格式

家譜的作用，一般用以建立合法性（參代上一 1～五 17，七～八章）。❷ 家譜不只用作記錄人名，更是要從一個較宏觀的歷史角度去陳述歷史事件和人物。在馬太福音裏，它開頭的標題（1 節）指明接著的經文是家譜，而 2 至 16 節確實是一個家譜的記述，將耶穌作為大衛的子孫和耶穌最終作為亞伯拉罕的子孫的身分表露無遺。在這個背景下，耶穌基督是整個家譜的核心人物，也是整個段落的高峯。這整個鋪排都是要襯托出耶穌基督的猶太根源——他出於亞伯拉罕，並且有大衛家背景。這家譜有一個基本的格式，就是：甲「生」（*egennēsen*）乙；但是，它有三方面的破格。

第一，在家譜中提及「猶大……的兄弟」（2節）、「耶哥尼雅……的兄弟」（11節）。作者如此表達有他的目的。2節提及的「兄弟」，就是指雅各的另外十一個兒子，包括猶大在內，他們都是以色列民族十二支派的先祖。作者期望讀者會回想起十二支派的歷史故事。同樣地，作者在11節提及「兄弟」，即「百姓被遷到巴比倫的時候……耶哥尼雅……的兄弟」，是期望讀者不要忘記被擄的歷史事件，而且這敘事涉及的不只一個人，而是一個家族。透過這附加的資料，作者要讓他們知道這些敘事與耶穌的身分有著密切的關係。

第二，作者在此加了五位女子的名字：「**她瑪**」（3節）、「喇合」（5節上）、「路得」（5節下）、「烏利亞的妻子」（即拔示巴；6節下）、「馬利亞」（16節）。在家譜中加插女子的名字不合猶太人的傳統（參代上二章）。作者有如此反傳統的記述，反映出這五位女子對於耶穌的身分具有關鍵性的影響。五位女子中，除了馬利亞，其餘全都是外邦人，這可能是為馬太社羣已向外邦人傳福音這件事埋下伏筆。至於馬利亞（「馬利亞」這名字來自希伯來文「米利暗」〔*miryām*〕），她是猶太人應不容置疑。這位猶太人如何與其他四位外邦女子連上關係？她又是否單單因為是耶穌的母親而名字被列入家譜（其實作者大可以只記述「約瑟生耶穌」？若從馬利亞的角度看她與其他女子的共通點，比較可能的解釋，是這五位女子的婚姻或在產子的事上曾經惹來非議。這是作者的布局，為防止耶穌在世人的眼裏被看為「私生子」（參19節）。❸

「她瑪」是迦南人（創三十八章）；「喇合」是迦南人（書二章，六15～27；來十一31；雅二25）；「路得」是摩押人（得一～四章）；「烏利亞的妻子」是赫人之妻（撒下十一～十二章）。

第三，16節「雅各生約瑟，就是馬利亞的丈夫；那稱為基督的耶穌是從馬利亞生的」有完全不按格式的表達。這是最重要的破格，因為作者在這節經文裏，將原本是主動直說式的「生」（*egennēsen*）改為被動直說式的「生」(*egennēthē*)，敘事的焦點因而從約瑟轉到馬利亞身上。作者特意表明約瑟不是耶穌的親生父親。既是如此，為何耶穌可以被列入以色列君王的家譜內？筆者會於下文作解釋(參2.2.1「約瑟產生疑慮〔一18～19〕」探討「收養」的議題，頁43～46)，但在此要略為一提：這節經文道出約瑟是耶穌的養父，在身分上與耶穌仍是父子關係，因此耶穌乃屬君王的家族。

2.2 耶穌按預言降生(一18～25)

作者記述完耶穌的家譜，接著便細說耶穌降生的一些情節，是有關約瑟對馬利亞未婚先孕的反應。作者在16節開宗明義說出耶穌是「從馬利亞生的」，這引出了約瑟是耶穌的養父而不是「生父」的問題。因此，作者在18至25節指出，耶穌沒有生父，他是馬利亞「從聖靈懷了孕」(18節)而生的。換句話說，18至25節是解釋16節破格的原因(作者在16節打破了使用「甲『生』乙」的格式，而以「從馬利亞生的」作取代)，用以緩和16節的敘述所帶來的張力。這段經文可分為三方面來討論：

分段大綱(一18～25)

一、約瑟產生疑慮(一18～19)
二、上帝回應約瑟(一20～23)
三、約瑟作的決定(一24～25)

2.2.1 約瑟產生疑慮(一18～19)

有關耶穌降生的事迹，馬太福音的作者選擇了記述約瑟對馬利亞未婚先孕的反應。作者沒有像路加福音般記述馬利亞的反應，而是花了一些篇幅描述約瑟是如何接受馬利亞「從聖靈懷了孕」(18節)這件事。這是作者要解決的問題，因此，記述的重點是在約瑟。

一章18節是馬太福音的作者給讀者的一個「閱讀提示」(reading aside)，至於在敘事中的約瑟，他要到後來才慢慢明白和接受這個發生在馬利亞和他身上的事(19～25節)。可見，在敘事的開頭他確實不情願娶馬利亞(19節)。在這情況下，收養耶穌就不是一件自然且順理成章的事。當他知道馬利亞有了身孕，他不禁會聯想到馬利亞可能有姦情(有關貞潔的條例，可參申命記二十二章23至24節)，所以想暗暗地**休了她**。按事實，即使約瑟明明地休了馬利亞也是合理的，只是他顧念到馬利亞的感受，不想「當眾羞辱她」(19節)。因此，作者稱約瑟為「義人」(*dikaios*)，因為他行了比律法更高的義(參五20、48)。「義」(*dikaiosunē*)這詞在馬太福音裏帶著一個重要的觀念，有履行上帝心意的意思(參三15)。這詞在馬太福音書中第一次出現之時是描述約瑟，這表示「義」真正的重點不是落在馬利亞的感受上，而是約瑟的行為被看為「義」，這「義」將會在耶穌身上顯明出來(參三15)。

許配了給別人的女子即使仍住在父家未被迎娶，她已算是男方的妻子。所以約瑟是休她，而不是不娶她(參申二十二23～24)。

最終，約瑟因為得到天使報夢(20節)，他沒有休這位只有十二至十四歲的「未婚媽媽」。為使馬利亞的兒子得到名分，約瑟便為他取名耶穌(這名字也都是上帝給他的)。耶穌因此被納入大衛家，成為約瑟「收養的兒子」。❹ 在羅馬的社會制度裏，養子在一個家庭中所享有的身分及權利與親生子相同。須留意的是，上帝稱約瑟為「大衛的子孫」(*huios Dauid*；20 節，原文可譯作「大衛之子」)，這稱號通常是用來描述耶穌的(九 27，十二 23，十五 22，二十 30、31，二十一 9、15)，而在新約書卷裏，這是惟一的一次用來形容其他人——約瑟。明顯地，這裏(也包括家譜部分)是要凸顯約瑟那大衛家族的身分，進而顯明耶穌也是從約瑟那裏取得大衛家的身分。

如上文所述，約瑟是因為得到天使的報夢而改變了他的想法，他因此知道馬利亞成孕是出於聖靈的工作，所以照指示收養這孩子，並為他起名叫耶穌(24～25 節)。這名字標誌著彌賽亞將來的工作，就是「要將自己的百姓從罪惡裏救出來」(21 節；另參二十六 28)。在這裏，「自己的百姓」包含兩個意思：第一是指耶穌君王的身分，因為他有自己的百姓；第二是指這些「百姓」不屬於羅馬，而是屬於另一個羣體，或者就是指馬太社羣。作者將「百姓」(*laos*)描述為在「罪惡裏」，暗示了他們是一羣罪人(參十三 15，十五 8，二十七 25)。

2.2.2 上帝回應約瑟(一 20～23)

當約瑟正「考慮」要「暗地裏」休馬利亞之時，上帝藉著祂的「使者」在「約瑟夢中向他顯現」。作者這樣的描述，是要顯示上帝的全知，而上帝在此選擇以「夢」來回應約瑟的疑慮。根據作者的陳述，上帝引述希伯來聖經的經文來鼓勵約瑟娶過馬利亞(22～23 節)。這段經文是馬太福音第一處希伯來聖經的引句(全卷福音書共十二處這樣的引句；參 1.6.1「學者建議的結構」，頁 16)，是以「應驗主藉先知所說的話」作開始的。作者在這裏引用了以賽亞書七章 14 節「必有童女懷孕生子；人要稱他的名為以馬內利」來指出，嬰孩耶穌是按著希伯來聖經的先知預言而降生的。

以賽亞書七章 1 至 17 節的宣講，正值猶大國陷入戰爭的危機中。當時位於以色列國以北的亞蘭國已經與以色列國結盟，目的是要對抗日益強大的亞述國；不過，猶大國卻不肯與這兩國結盟一同對付亞述國，於是亞蘭王與以色列王便起來攻擊猶大國。猶大王亞哈斯因害怕而意圖向亞述國求助，合力對付亞蘭國與以色列國。為要取得亞述的信任，亞哈斯甚至移動聖殿的擺設，這暗示了他已背棄上帝（參賽七1～6；王下十六7～19）。就在此刻，上帝藉以賽亞給亞哈斯王一個兆頭，說出「以馬內利」的預言，以此責備亞哈斯王不守信用，背棄上帝（參賽七6～17）。

「以馬內利」的希臘文（*Emmanouēl*）音譯自**希伯來文**（*ʿimmānû ʾēl*）。作者也將希伯來文原本的意思譯出來，就是「上帝與我們同在」（23節）。若按以賽亞書的預言，「必有童女懷孕生子」（賽七14）的那位「童女」極可能就是亞哈斯王的一位妻妾。這稱為「以馬內利」的孩子，也許是亞哈斯王的其中一個兒子（賽七15～16）；換言之，這「以馬內利」是大衛家族的後裔。

「以馬內利」的希伯來文是由一個動詞（ʿimmānû；意即「同在」）及一個名詞（ʾēl；是「神」的統稱）組成。

當作者引用經文時，用詞上與希伯來聖經有少許差異。在希伯來聖經裏，以賽亞書七章14節「童女」（*hā ʿalmāh*）的原文可解作「一個年輕女子」或「童女」，但「七十士譯本」將它譯作「童女」（*hē parthenos*）。若將兩者比較，希伯來聖經的重點未必在於那女子是否「童女」，而「七十士譯本」則選擇描述她為「童女」。當馬太福音的作者引用這經文時，他採用了「七十士譯本」的譯法。

基本上，以賽亞書成書時並沒有意圖預示「以馬內利」就是指耶穌，更沒有帶半點「彌賽亞式的詮釋」（Messianic interpretation）的意味。希伯來聖經的預言指的是當時的政治局勢和發展，是針對猶大國當時的國家危機而言的，可說是與後來的世界沒有任何關連。不過，有學者從新約的角度（也即從基督徒的角度作出發點）為馬太福音的作者解話，提出了馬太福音的作者引用以賽亞書的四個合理原因：第一，兩者同樣是關於以色列將來的釋放；第二，這預言是向大衛家發出的；第三，「七十士譯本」將 *hā ʿalmāʰ* 譯作 *hē parthenos*，是切合馬太福音的作者所相信的，認為了耶穌是由童女所生，他也是上帝的兒子；第四，耶穌作為「以馬內利」，是為強調耶穌一直與馬太社羣相伴（或同在）。❺

到馬太福音的時代，聖靈感動作者，使他從以賽亞書的敘述中，尋找到用來指向耶穌出生的靈感。於作者而言，以賽亞書七章 14 節的預言不只指涉「*以馬內利*」這名字，更是指耶穌出生為王「*這整件事*」（參太一 22）。換言之，耶穌的出生應驗了希伯來聖經——即以賽亞書指向**彌賽亞降生**——的預言。這就是馬太福音的神學觀點，也就是說，一章 18 至 25 節是對以賽亞書七章 14 節作出的神學詮釋，用以填補 16 節中從約瑟到馬利亞之間次序的「宗族斷層」（lineal gap），也解釋了為何耶穌最終被列入在大衛家名下。須留意的是，不要忽略經文本身也說這應驗（或說這以賽亞書的經文在作者寫福音書時的再應用）是從夢中所得的，也即是說不是單憑人意可以想像出來的信息，當中有著聖靈的感動和參與。並且，若聖經的預言可以有「多重應驗」（multiple fulfilment）的意義，那來自以賽亞書這預言在約七百年後應驗在耶穌的出生一事上也就不足為奇了。

這預言是指向彌賽亞的降生，因為亞哈斯是王者，他的兒子理應也有王者的身分，即受膏者的身分。

2.2.3 約瑟作的決定（一 24～25）

約瑟至終決定娶馬利亞為妻，只是沒有與她同房。作者這樣的記述，是要強調耶穌的出生是出於上帝創造的工作。作者又記載約瑟為孩子起名叫「耶穌」，表示約瑟是照上帝的吩咐履行「更高的義」而行。

從他的行動可見,他放下自己的疑慮,順服了上帝的旨意。「耶穌」的名字即希伯來文的「**約書亞**」(*yəhôšūaᶜ*),有「上帝的幫助」的意思,但更可能是指「上帝的拯救」,因為天使透露了這名字的意思,具體說明上帝要藉著他將祂的百姓從「罪惡裏」拯救出來。

「約書亞」這名字的希伯來文是由一個名詞(yhwh;意即「雅威」或「耶和華」)及一個動詞(yāšaᶜ;意即「拯救」)合併而成。

2.3 不同人對耶穌出生的回應(二1~23)

第二章可說是敍述不同人對耶穌的出生的不同回應。從正面角度看,有從東方來的「博學之士」(二1~12);從負面角度看,則有來自不安的「希律」與「耶路撒冷全城的人」(二13~23)。

這段落共出現四次**希伯來聖經的引句**(5~6、15、17~18、23節),由此可見,作者要表示耶穌的出生不只有上帝的保守和看顧,並且更凸顯希伯來聖經關於彌賽亞的預言,全都在耶穌身上應驗。

一章22至23節是第一處希伯來聖經的引句(參上文)。

分段大綱(二1~23)

一、正面的回應(二1~12)
　1. 博學之士尋找耶穌(二1~9)
　2. 博學之士朝拜耶穌(二10~12)
二、負面的回應(二13~23)
　1. 約瑟下埃及(二13~15)
　2. 希律殺嬰(二16~18)
　3. 約瑟離開埃及(二19~23)

2.3.1 正面的回應（二 1～12）

在這段落，作者由描述耶穌的出生轉至另一個話題。從 1 節「在希律作王的時候，耶穌生在猶太的伯利恆」看來，作者先交代接著的敘事的一些背景。這敘事發生「在希律作王的時候」，同時也是「耶穌生在猶太的伯利恆」的時候。「希律」是在公元前 37 年至公元前 4 年管治巴勒斯坦，這也間接指出耶穌的出生應該是在公元前 6 至 7 年之間。

在耶穌出生的敘事中，作者提及了「幾個博學之士」（*magoi*；或譯為「術士」）。他們明顯不是本地人，因為他們是「從東方來到」的。

2.3.1.1 博學之士尋找耶穌（二 1～9）

在新約聖經有另一處經文提到「術士」（原文與馬太福音所用的相同），這詞帶負面意思，是用來描述一位猶太人的假先知（參徒十三 6～8）。

「博學之士」這詞雖可譯作「術士」，但不像路加在使徒行傳所用，**帶負面意思**。馬太福音的作者只想帶出他們的行迹，而他們亦沒有反耶穌的行動。他們也許是星學家，得知「耶路撒冷」會有一位「猶太人之王」出生，因而「從東方來到耶路撒冷」訪尋這位新生王（參民二十四 17）。「東方」究竟是指甚麼地方，作者沒有特別説明，它可以指巴勒斯坦以東任何一個地方，其中包括波斯、巴比倫、阿拉伯一帶地方，甚或有學者認為是來自埃及，因為這「幾個博學之士」似乎知道猶太人對彌賽亞盼望的觀念。他們極有可能認識猶太人的某些思想，加上埃及最接近巴勒斯坦，較易接觸猶太人，所以即使是從埃及而來也未嘗不可。

「猶太人之王」正是當時希律的一個稱號。希律只是側聞這王的誕生，就已經「心裏不安」，並且害怕起來，甚至「耶路撒冷全城的人也都不安」（2～3 節）。這一反人民不喜歡希律的常態，耶穌的出生使得整個耶路撒冷的人都和希律站在同一陣線上，抗拒這位將要出現的新生王。希律明白這位王的誕生，會直接威脅他的地位，因此他召來了「祭司長和民間的文士」，要知道「基督該生在哪裏？」(4節)。這是「祭司長和文士」第一次出現在福音書中，他們在往後的段落會更多出現，特別是在「受難敍述」中。他們從希伯來聖經尋找答案，結果他們翻查了彌迦書五章2節及撒母耳記五章2節來回應希律：「在猶太的伯利恆。因為有先知記著：『猶大地的伯利恆啊，你在猶大諸城中並不是最小的；因為將來有一位統治者要從你那裏出來，牧養我以色列民。』」(二5～6；6節是由所引述的兩節經文合併而成)作者似乎在記述祭司長和文士們如何幫助希律找出基督在哪裏。作者其實是要藉著這事來證明耶穌的出生應驗了先知的預言，並且也藉此表示這一班人都知道「幾個博學之士」所說的那星所蘊含的重大意義。這反映了希律和耶路撒冷全城的人都知道這事，可惜的是他們全都拒絕接受這位將要來臨的君王。

這王的誕生令希律起了殺機。希律假冒為善，他「暗地裏召了博學之士來」，詭稱自己同樣想去敬拜這位新生王(7～8節)，實質是要藉著他們尋索這王，以安排殺人之計。

2.3.1.2 博學之士朝拜耶穌(二10～12)

「博學之士」來到新生王面前，便「**俯伏拜**」(*pesontes prosekunesan*；11節)他，這是耶穌在福音書中第一次受人的敬拜。作者可能也想將這個主題作首尾呼應的效果，因此在福音書結束之時，記載耶穌也接受門徒敬拜的動作(雖然當中仍有些人疑惑〔二十八17〕)。

在馬太福音裏，耶穌多次受人下拜：求助的人(八2，九18，十五25)、驚訝耶穌行事的人(十四33)、婦女(九18，十五25，二十20，二十八9)，最後是門徒(十四33，二十八17)。

除了俯伏敬拜，「博學之士」也獻上三份禮物。作者如此的記載，讓一些讀者誤以為當時有三位「博學之士」。究竟有多少人朝拜耶穌？其實作者並沒有交代，讀者也不必多作猜測。他們朝拜完之後，由於得到上帝在他們夢中的指示，他們就避過希律，「回自己的家鄉去了」(12 節)。

2.3.2 負面的回應(二 13～23)

有學者將這段敘事與「出埃及主旨」(參 1.1.1「馬太社羣」，頁 2)連上關係，馬太看來是以出埃及記的故事，來修飾耶穌出生的敘述，現列出兩者相似的地方。

2.3.2.1 約瑟下埃及(二 13～15)

約瑟因為希律要殺害耶穌，所以帶著耶穌逃至埃及，住在那裏(直到希律死了)，就像從前以色列人下到埃及，寄居在那裏一般。不同的是，以色列人不是因為生命遭迫害而下埃及，而是因為環境遭嚴重饑荒而下埃及的(參創四十七 4)。這敘事主要帶出上帝保守耶穌的兩種方法：

- 上帝保守耶穌的生命，祂一方面透過夢阻止「博學之士」向希律回報有關耶穌所在的地方，另一方面祂又報夢吩咐約瑟離開希律管轄之地；
- 作者引用希伯來聖經的經文「我從埃及召我的兒子出來」(15 節；參何十一 1)，指出耶穌的童年遭遇如何應驗了何西亞先知所說的預言，完全表達出這是上帝的安排。所引之經文與「出埃及主旨」相關。埃及除了是為奴的地方，同樣也是在大難或饑荒時的避難之所。在此，馬太表達了上帝對耶穌的保守和帶領。

2.3.2.2 希律殺嬰（二 16～18）

16至18節是描述希律的心情。他見自己「被博學之士愚弄」，便利用他的王者身分，本著有殺錯、無放過的心態擴大殺機，下令殺盡「伯利恆城裏和四境所有……兩歲以內」的男孩（16節）。這少許的資料，可推算出耶穌是大約於公元前6至7年出生的。作者在此引用希伯來聖經的耶利米書三十一章15節：「在拉瑪聽見號咷大哭的聲音，是拉結哭她兒女；她不肯受安慰，因為他們都不在了。」這節經文原本是先知耶利米借喻拉結為她的兒女哀哭，來描述**被巴比倫人擄去的猶大人的心情**。馬太福音的作者引此經文，是要指出當時整個「伯利恆城裏和四境」的人「號咷大哭……安慰……不在了」的情景，而這情景可與被擄時的處境相比。也有學者認為，「伯利恆」讓人聯想起「**拉瑪**」，因為拉結和伯利恆在敘事上有關連。根據創世記的記載，拉結是死在伯特利往以法他的路上，而以法他就是伯利恆（參創三十五16～21，四十八7）。再者，按撒母耳記上的記載，拉結是葬於便雅憫境內的謝撒（參撒上十2），而拉瑪亦在便雅憫境內。在馬太福音寫作的時候有一種流行的傳統說法：拉結的墓地就位於伯利恆。種種原因之下，「伯利恆」與「拉瑪」極可能有關連。故此，伯利恆在馬太福音這裏的記述中，可說是代表著哭泣的故事。馬太福音的作者似乎要表達，拉結除了為她的後裔被放逐而哭泣，也為發生在「伯利恆城裏和四境」的殺嬰事件而哭泣。❻ 對於希律殺嬰的事件，筆者還想補充：只有馬太福音有提及這事件，而這事件未能被確定是否在歷史上真實地發生過；但是，希律殺嬰的行徑卻與歷史學家約瑟夫（Flavius Josephus）所記載有關希律殘暴的行為吻

當巴比倫人將猶大人擄去時，曾把部分人留在拉瑪，其餘的就帶去巴比倫。這導致在拉瑪的猶大人，有不少是與他們的家人分開。因此，拉瑪是一個哭泣的地方。

「拉瑪」是位於耶路撒冷以北便雅憫境內的一座城鎮，也是猶大人被擄到巴比倫時必須經過的地方。

合(參「猶太古史」〔*Jewish Antiquities*〕17.181)。另外,須留意的是,作者引用希伯來聖經來描述這事時,他用的是「這就應驗」(*tote eplērōthē*;17節,另參二十七9),而不是如其他的引句使用「為要應驗」(*hina / hopōs eplērōthē*;參一22,二15、23)。這兩句短語在意義上的分別在於所使用的不同介詞:前者是直述一件事,而後者則帶有目的性意味。除了要指出上帝並非早已「命定」無辜的小孩要為耶穌的出生而被殺,作者似乎要透過比較不同的應驗事件,來指出這是一宗不義的事件——希律的惡行。

作者如此的描述,是要透過對比類同事件——指法老殺嬰事件(參出一8～二10)——的「出埃及主旨」,來表達希律剷除新生王的決心。再者,當希律下令追殺耶穌時,這反映出他恐懼自己的王位不保,也顯示他不是真正的王。若讀者翻閱耶利米書三十一章16至17節,便會發現內容是提及猶大人回歸的盼望:耶和華安慰猶大人,並勸他們不要再流淚哀哭。如此看來,馬太福音的作者並不是那麼負面和悲涼地引用耶利米書。在號咷痛哭之後,便是盼望的呼聲,這呼應接著要轉入的「出埃及主旨」——出埃及。

2.3.2.3 約瑟離開埃及(二19～23)

這段經文再次顯出上帝的保守。在短短幾節經文中,作者交代了約瑟一家為何從埃及返回以色列地,再由以色列地(可能是耶路撒冷)前往加利利境內,最終停留在拿撒勒,一座約有五百至一千五百人口的小城。這城的名字從未在希伯來聖經中出現過(參約一46)。馬太在此再以希伯來聖經的引句(23節)來指出以上約瑟一家的遷徙都是出於上帝的引領。根據馬太福音,耶穌雖然是在伯利恆出生(二5～6),作者卻成功地透過引用希伯來聖經來解釋拿撒勒是耶穌成長的地方，並因此稱他為「拿撒勒人耶穌」。值得注意的是，「他將稱為拿撒勒人」這引句其實並沒有直接出現在希伯來聖經。誠然，這裏的公式化引句與馬太福音慣常引用的有所不同：

- 23節的「先知」（*dia tōn prophētōn*）採複數形式；
- 引句前所用的句子在原文的表達不同。作者慣常用「應驗主藉先知所說的話」（參一22，二15），而這節經文是「**應驗先知所說的話**」，沒有「主藉」（*hupo kuriou*）這短語。雖然二章17節「應驗了耶利米先知所說的話」一樣沒有這短語，但這節經文與其他慣常用的句子相同，都有「所說的……」（*legontos*）這分詞，而二章23節則以一個通常在中文譯文裏沒有被翻譯出來的連接詞「就是」（*hoti*）取代這分詞。❼

「應驗先知所說的話」原文可譯作「應驗眾先知的話，（就是）……」。

從以上兩點的觀察，顯示馬太福音的作者在這裏的引句，只是籠統地表達一個眾先知既有的概念——就是彌賽亞是「拿撒勒人」，而不是從一位先知具體說出來的一句話。若要從這節經文再去尋找它在希伯來聖經中的關聯，通常學者會從兩個方向進發。「拿撒勒人」（*Nazōraios*）的希臘原文與「拿細耳人」（*nāzîr*）的希伯來文發音相似（參民六2～21；士十三5～7；摩二11～12），這可以是作者以相近字音作為這個連結的表達方式，在這方面還有另一個例子，就是以賽亞書十一章1節的希伯來文「枝子」（*nēṣer*）與「拿撒勒人」的連結。第一，若作者真的要藉著耶穌在拿撒勒的成長，即耶穌是「拿撒勒人」耶穌，聯想至「拿細耳人」這近音字，就表示在作者的時代已經流傳著一種這樣的認知：把彌賽亞看為「拿細耳人」，即「**上帝的聖者**」。若參照其他福音書，便會發現當時已有人（和污靈）稱耶穌是「上帝的聖者」（可一24；路四

「上帝的聖者」（*hagion theou*）是「七十士譯本」對「拿細耳人」的譯法（參士十三7，十六17）。

34；約六 69），甚至相對後期的基督徒稱早期歸信耶穌的猶太人屬「拿撒勒教派」（徒二十四 5）。因此，耶穌就是「上帝的聖者」，而不單單是拿撒勒人這麼簡單。這說法有個弱點，就是難以解釋耶穌為何常與罪人與稅吏吃飯（參太九 11），又在婚宴上將水變成酒（參約二 1～11），因為這些行徑似乎與「拿細耳人」的誓言背道而馳（參民六 1～21）。第二，作者以耶穌為耶西的根所出的「枝子」，藉此表達耶穌就是以賽亞先知預言的那一位：現在這話應驗在耶穌的身上了，並且他就是大衛的子孫。這個說法切合作者在一至二章的寫作動機，指出耶穌擁有大衛家的身分，但它的困難（連同第一個說法）在於這樣的連結是建立在與希伯來文的關聯，而不是希臘文。

馬太福音的作者既然沒有指定此處引句的希伯來聖經出處，讀者也就不需要在兩者中擇其一。若能保留兩者那豐富的希伯來聖經背景，便能欣賞作者藉此所作的關聯。此外，讀者亦可以看見作者對於耶穌的出生是按照希伯來聖經的預言而發生的堅持，以及其中所謂新「約」與舊「約」之間的延續性。

信仰反省

馬太福音的作者透過一至二章，展示出凡有關於耶穌出生的敘事，都是按著希伯來聖經的預言來應驗。馬太福音的耶穌家譜指出，耶穌是亞伯拉罕和大衛的後裔，這就表示他是被認同的君王，他是以色列民的彌賽亞。他按著上帝的心意而降生、並藉此成為救恩歷史的高峯。從人的角度看，他是從約瑟經馬利亞取得大衛家的合法身分；從神聖的角度看，他是從聖靈感孕而來的（參羅一 3～4）。從聖靈感孕而生這信仰立場，是歷代基督徒所篤信的，也是上帝慈愛的「記號」——即為了救贖我們而賜下祂兒子來到這世間，是神聖而真實的。

作者用了「出埃及主旨」來描述耶穌的出生。耶穌就如摩西一樣，都是釋放者，但他不像摩西般，要使以色列人脫去奴隸這社會身分，而是要將他的「百姓從罪惡裏救出來」(一21下)。此外，在家譜中出現外邦女性，以及有關術士朝拜耶穌的敘事，都暗示了耶穌雖是以色列民的彌賽亞，他也是萬國的主，他的福音將被傳予萬民。今天信徒得聽這馬太福音，有賴於這個以「出埃及主旨」為開端的敘事。

最後，耶穌被稱為「以馬內利」，表示他必天天與他的門徒和他的社羣同在，從出生至升天，甚至到世界的末了(二十八20)。這應許對於馬太社羣而言是莫大的恩典。今日當我們稱耶穌為以馬內利時，我們也應該打從心底相信這是事實。雖然今天有不少基督徒的生活因各種原因而與他們的信仰分割，但若他們認定耶穌是「以馬內利」，我們相信上帝的大能必在他們的生活上作出保守和更新，因祂喜悅人過著合祂心意的生活。

釋經短註

❶ 從馬太福音一章1節「家譜」(*Biblos genseōs*)這原文看，作者不是使用「福音〔書〕」(*euangelion*)去描述他的著作。此外，若參約翰福音，它也是使用*biblos*這詞(二十30)，而路加福音則使用*diēgēsis*(意思是「敘事/故事」；一1)。這可能意味當時的信徒仍未以「福音」這個詞去形容有關耶穌生平的書。

❷ 當猶太人讀創世記時，他們不難發現一個格式，就是在創世記中共出現了十三次「後代」這個詞(*tôledôt*)來為書卷作分段(參李思敬：《恩怨情仇論舊約》〔香港：更新資源，1997〕，頁65～71)。當馬太福音以家譜作為它的開始，這已反映了此書的猶太色彩。這樣的記述也表明作者期望當時的讀者——猶太人，會聯想到上帝創造的起頭和摩西頒布的妥拉，從而帶出耶穌作為「新摩西」的出現。此外，希伯來聖經的最後一卷書是歷代志，也是以家譜作為結束。這樣看來，馬太福音的作者以家譜作為書卷的開始，是有意將希伯來聖經的最後一卷書與他的著作連上關係。

❸ 路迪曼(Gerd Lüdemann)認為這五位女子有兩方面的共通點：首先，她們的行為冒犯了猶太人律法所要求的(道德)標準；此外，她們都是因著嫁入以色列夫家而成為彌賽亞的祖先。有關路迪曼的看法，可參 Gerd Lüdemann, *Virgin Birth? The Real Story of Mary and Her Son Jesus* (Harrisburg, PA: Trinity Press International, 1998), 64～65。何蒙娜(Morna D. Hooker)更指出，馬太是藉此回應那些質疑耶穌的出生的人。若在以色列人過去的歷史中曾經出現四位被看為行為不當的女

子，卻依然有上帝的作為在她們身上，現時發生在馬利亞身上的事，豈不更顯明這也可以是上帝的工作嗎？有關何蒙娜的論點，可參 Morna D. Hooker, *Beginnings: Keys That Open the Gospels* (London: SCM Press, 1997), 27 ～ 28。對於在耶穌家譜中的這五位女性如何用作詮釋耶穌（即彌賽亞式）的事工，可參 Peter-Ben Smit, "Something about Mary? Remarks about the Five Women in the Matthean Genealogy," *NTS* 56 (2010): 191～207。

❹ 有關「收養的兒子」的概念，路迪曼認為約瑟收養耶穌就如後來被稱為奧古斯都的屋大維（Augustus, Gaius Julius Caesar Octavianus；路加福音二章 1 節稱他為凱撒奧古斯都）被凱撒（Julius Caesar）收養，成為「凱撒家族」(*gens Julia*) 的成員一樣。他提出「收養」的概念，但卻沒有正式用這詞來描述耶穌，他的論點可參 Lüdemann, *Virgin Birth?*, 66～67。學者如冼尼亞（Donald Senior）則確實地用了「收養」(adoption) 這詞來形容約瑟接受耶穌為他的後裔。他的論點可參 Donald Senior, *Matthew*, ANTC (Nashville, TN: Abingdon Press, 1998), 41。

❺ 有關以賽亞書「以馬內利」的預言與馬太福音的關聯，可參 Hooker, *Beginnings*, 32～34；另參 Senior, *Matthew*, 42。

❻ 有關馬太福音的作者借喻拉結哭她兒女這一預言來描述希律的殺嬰事件的評論，可參 Ulrich Lüz, *Matthew 1 ～ 7*, Hermenia (Minneapolis, MN: Fortress, 2007), 121～122。另外，韋特寧頓（Ben Witherington III）指出，伯利恒是一個小鄉鎮，被殺的兩歲或以下的男嬰可能為數不多。當然，不要因人數少便減低了這事件的危害性。Ben Witherington III, *Matthew: Smyth & Helwys Bible Commentary* (Macon, GA: Smyth & Helwys, 2006), 68～69。

❼ 二章 23 節的 *hoti* 這連接詞一般不用翻譯出來，用以表示開始一個直說式語句。但若要翻譯出來，可譯作「因為」或「既然」以表示因果關係。筆者在此處意譯為「就是」，猶如英文副詞 namely 的用法，表示所指的是甚麼事情。

溫習及思考問題

1. 四卷福音書裏，只有馬太福音及路加福音的作者加入耶穌出生的敘事。這兩卷書彼此有何相同及相異之處？你認為更能從馬太福音的角度去欣賞耶穌出生的故事，還是覺得若有所失，要閱讀路加福音才是你所認識的耶穌出生的故事？
2. 在馬太福音裏，「家譜」這詞有甚麼特別的意義？馬太福音的家譜跟甚麼數字有關，這數字如何連繫整個家譜？這家譜有哪些部分是不按傳統家譜記載的格式？作者如此的記載有何原因？
3. 當約瑟知道馬利亞有身孕，他的反應如何？他打算如何處理這事？誰為馬利亞向約瑟解釋？耶穌既由聖靈感孕，他為何同時又是大衛的子孫？
4. 馬太福音所指的「童女」與以賽亞書所指的有何不同？馬太福音的作者要表達的重點是甚麼？以賽亞書的「童女生子」預言，是指著當時的人說的，還是指著約七百年後耶穌出生那時代的人說的？收錄在希伯來聖經中的先知預言只可以應驗一次，還是可以有「多重應驗」的可能性？
5. 「以馬內利」是甚麼意思？這詞對當時的人有何意義？對我們今天的信仰又有何提醒？
6. 耶穌的出生與哪一個希伯來聖經的人物的出生很相似？福音書的作者想藉此帶出甚麼信息？如何解釋因耶穌的出生而帶來的無辜嬰孩的犧牲？
7. 馬太有關耶穌出生的紀事是屬於歷史書寫，還是神學詮釋？這對你來說有何影響？你會如何回答這問題？
8. 在馬太福音一至二章裏，作者共引用了多少次希伯來聖經的預言？為甚麼耶穌按這些預言出現（或出生）是那麼的重要？其中有哪一節公式化引句是與其他的不同？如何不同？作者想藉此表達甚麼？
9. 在馬太福音裏，「拿撒勒」是否單單指一處地名？若不是，它還帶有甚麼別的意思？
10. 耶穌的出生對世人有甚麼意義？對你個人又有甚麼意義？

第三章

施洗約翰的洗禮與耶穌的出道

（三1～四25）

- 施洗約翰的洗禮
- 耶穌受試探
- 耶穌的出道

經文

3 1在那些日子，施洗的約翰出來，在猶太的曠野宣講：2「你們要悔
改！因為天國近了。」3這人就是以賽亞先知所說的：「在曠野有聲
音呼喊著：預備主的道，修直他的路。」4這約翰身穿駱駝毛的衣服，
腰束皮帶，吃的是蝗蟲和野蜜。5那時，耶路撒冷、全猶太和全約旦河
地區的人，都到約翰那裏去，6承認他們的罪，在約旦河裏受他的洗。
7約翰看見許多法利賽人和撒都該人也來受洗，就對他們說：「毒蛇的
孽種啊，誰指示你們逃避那將要來的憤怒呢？8你們要結出果子來，和
悔改的心相稱。9不要自己心裏說：『我們有亞伯拉罕為祖宗。』我告訴
你們，上帝能從這些石頭中給亞伯拉罕興起子孫來。10現在斧子已經放
在樹根上，凡不結好果子的樹就砍下來，丟在火裏。11我是用水給你們
施洗，叫你們悔改；但那在我以後來的，能力比我更大，我就是給他
提鞋子也不配，他要用聖靈與火給你們施洗。12他手裏拿著簸箕，要揚
淨他的穀物，把麥子收在倉裏，把糠用不滅的火燒盡。」13當時，耶穌
從加利利來到約旦河，到了約翰那裏，請約翰為他施洗。14約翰想要
阻止他，說：「我應該受你的洗，你怎麼到我這裏來呢？」15耶穌回答
他：「暫且這樣做吧，因為我們理當這樣履行全部的義。」於是約翰就
依了他。16耶穌受了洗，隨即從水裏上來。天忽然為他開了，他看見
上帝的靈降下，彷彿鴿子落在他身上。17這時，天上有聲音說：「這是
我的愛子，我所喜愛的。」

4 1當時，耶穌被聖靈引到曠野，受魔鬼的試探。2他禁食四十晝
夜，後來就餓了。3那試探者進前來對他說：「你若是上帝的兒
子，叫這些石頭變成食物吧。」4耶穌卻回答說：「經上記著：『人活
著，不是單靠食物，乃是靠上帝口裏所出的一切話。』」5魔鬼就帶他進
了聖城，叫他站在聖殿頂上，6對他說：「你若是上帝的兒子，就跳下

去！因為經上記著：『主要為你命令他的使者，用手托住你，免得你的
腳碰在石頭上。』」7 耶穌對他說：「經上又記著：『不可試探主—你的
上帝。』」8 魔鬼又帶他上了一座很高的山，將世上的萬國和萬國的榮華
都指給他看，9 對他說：「你若俯伏拜我，我就把這一切賜給你。」10 耶
穌說：「撒但，退去！因為經上記著：『要拜主—你的上帝，惟獨事奉
祂。』」11 於是，魔鬼離開了耶穌，立刻有天使來伺候他。12 耶穌聽見
約翰下了監，就退到加利利去；13 後來離開拿撒勒，往迦百農去，住在
那裏。那地方靠海，在西布倫和拿弗他利地區。14 這是要應驗以賽亞
先知所說的話：15「西布倫，拿弗他利，沿海的路，約旦河的東邊，外
邦人的加利利—16 那坐在黑暗裏的百姓看見了大光；坐在死蔭之地的
人有光照耀他們。」17 從那時候，耶穌開始宣講，說：「你們要悔改！
因為天國近了。」18 耶穌沿著加利利海邊行走，看見兩兄弟，就是那叫
彼得的西門和他弟弟安得烈，正往海裏撒網；他們本是打魚的。19 耶穌
對他們說：「來跟從我，我要叫你們得人如得魚一樣。」20 他們立刻捨
了網，跟從他。21 耶穌從那裏往前走，看見另外兩兄弟，就是西庇太的
兒子雅各和他弟弟約翰，同他們的父親西庇太在船上補網，耶穌就呼
召他們。22 他們立刻捨了船，辭別父親，跟從了耶穌。23 耶穌走遍加利
利，在各會堂裏教導人，宣講天國的福音，醫治百姓各樣的疾病。24 他
的名聲傳遍了敍利亞。那裏的人把一切病人，就是有各樣疾病和疼痛
的、被鬼附的、癲癇的、癱瘓的，都帶了來，耶穌就治好了他們。25 當
時，有一大羣人從加利利、低加坡里、耶路撒冷、猶太、約旦河的東
邊，來跟從他。

這段經文可分三部分：施洗約翰的洗禮（三 1～17）、耶穌受試探（四 1～11），以及耶穌的出道（四 12～25）。有關約翰的施洗，可分兩方面討論：約翰為人施洗（三 1～12）、約翰為耶穌施洗（三 13～17）。

3.1 施洗約翰的洗禮（三 1～17）

福音書雖然是記述有關耶穌的故事，但關於施洗約翰的敘事卻見於四卷福音書的開頭（參可一 2～8；路一 5～80；約一 6～8、15），其中只有馬太福音的敘述緊接耶穌出生的敘述（三 1～12），路加福音則在兩者間加插了耶穌童年的敘述。這反映了施洗約翰在耶穌事工中的重要角色，因而在福音書中不能不提及他的事迹。馬太福音基本上沿用馬可福音的結構，再加插所謂「Q-典」和馬太福音獨有的材料（可稱為「特別馬太」；參 1.3「寫作取材」，頁 8）。作者記述施洗約翰的用意，主要和馬可福音一樣，是要向讀者交代他的出現如何引介耶穌出來傳道。因此，馬太福音三章 1 節至四章 17 節（即「登山寶訓」之前的敘述）主要是關乎施洗約翰與耶穌的關係，以及耶穌出來傳道之前的預備。現列出三卷福音書開首部分的結構作比較，而以馬太福音的「登山寶訓」為段落結束：

馬太福音	馬可福音	路加福音
標題(一1)	標題(一1)	序言(一1~4)
--	--	約翰誕生(一5~80)
家譜(一2~17)	--	--
耶穌降生(一18~二23)	--	耶穌降生(二1~40)
--	--	耶穌童年(二41~52)
施洗約翰(三1~12)	施洗約翰(一2~8)	施洗約翰(三1~20)
耶穌受洗(三13~17)	耶穌受洗(一9~11)	耶穌受洗(三21~22)
--	--	家譜(三23~38)
受試探(四1~11)	受試探(一12~13)	受試探(四1~13)
出來傳道(四12~17)	出來傳道(一14~15)	出來傳道(四14~15、42~44)
呼召門徒(四18~22)	呼召門徒(一16~20)	--
--	--	給窮人的福音(四16~30)
--	醫病趕鬼(一21~28)	醫病趕鬼(四31~37)
事工撮要:醫病趕鬼(四23~25)	事工撮要:醫病趕鬼(一29~34)	醫病趕鬼(四38~44)
登山寶訓(五1~七29)	--	--
--	--	呼召門徒(五1~11)

由上表可見,三位福音書作者在呼召門徒這一段起,便各隨著自己的神學對耶穌的故事作不同的鋪述,讓我們來看它們的開卷部分對耶穌之刻劃的重點:

- 馬可福音的重點是耶穌的醫治和趕鬼(可一21~28;這顯示耶穌的權柄);
- 路加福音的重點是耶穌的福音信息(路四16~30;耶穌的說話內

容來自以賽亞書六十一章 1 節，以有福音傳給窮人作為主導整段經文的主題）；

- 馬太福音的重點是耶穌的教導（太五 1～七 29；這是耶穌的「登山寶訓」）。

若對照馬可福音，馬太福音的作者似乎略去了在迦百農會堂趕出污靈的選段（參可一 21～27 // 路四 31～36）。這或許因為作者認為耶穌的新教訓和權柄應當以他的教導為主調（參太七 28～29），而不是其趕鬼工作。

馬太沒有如馬可般說明約翰傳的是甚麼洗禮（參可一 4）。

馬太福音的作者視施洗約翰為以利亞（十一 13 ～ 14；參十七 10～13），將其事工置於耶穌的事工之前。耶穌出來傳道之前，作者記了三段有關施洗約翰的經文：他先簡介**約翰的洗禮**（1～6 節）並他所傳的信息（7～12 節），然後以耶穌來受其洗禮（13～17 節）作為約翰事工的高峯。馬太福音由開頭至四章 25 節基本上跟隨馬可福音的敘述，其中約翰下監的記述，成了耶穌開始傳道的記號。這就巧妙地把福音書的焦點，從約翰轉到耶穌身上。

分段大綱（三 1～17）

一、約翰為人施洗（三 1～12）
  1. 約翰施洗的意義（三 1～6）
  2. 約翰的信息（三 7～12）

二、約翰為耶穌施洗（三 13～17）
  1. 耶穌受洗的背景（三 13）
  2. 耶穌的無罪性（三 14～15）
  3. 耶穌是上帝的兒子、受聖靈的加力（三 16～17）

3.1.1 約翰為人施洗(三 1～12)

這段落有兩個議題：第一個是約翰施洗的意義(1～6 節)，另一個是探討約翰所傳講的信息(7～12 節)。筆者會在第一議題的附篇詳細討論約翰的施洗。

3.1.1.1 約翰施洗的意義(三 1～6)

這段經文是以「在那些日子」(1 節)作開始，指的很可能就是耶穌出來傳道之前、施洗約翰作工的日子(參 5 節「那時」)。作者好像在暗示耶穌傳道的時代來臨之前，就是施洗約翰作宣講的時代。

作者所描述的約翰是「在猶太的曠野宣講……身穿駱駝毛的衣服，腰束皮帶，吃的是蝗蟲和野蜜」(1、4 節)。作者對他的描述，無論是出現的地點、食物或衣著，都可以從希伯來聖經的以利亞傳統中找到相似記述(參王下一 8；另參亞十三 4)。約翰和他的信息，似乎吸引了不少人作他的聽眾(參二十一 25～26)和受他的洗(參三 5～6)。根據作者在三章 3 節所引用先知以賽亞的預言：「在曠野有聲音呼喊著：預備主的道，修直他的路」(參賽四十 3)，施洗約翰的任務就是要為主預備道路。因此，一般認為約翰是耶穌的先鋒，這要應驗先知的預言：以色列人所尋求的主來臨以先，以利亞要先來(參瑪三 1，四 5)。馬太福音的敍述顯示，約翰就是為耶穌這位主預備道路，因為耶穌就是「以馬內利……上帝與我們同在」(一 23)。因此，耶穌不只是彌賽亞，更是上帝與人同在的表徵。

馬太福音只描述人「到約翰那裏去，承認他們的罪，在約旦河裏受他的洗」(5～6 節)。這洗禮包含的意義，並不是指約翰的洗禮能為人帶來赦罪，因為赦罪的權柄不在約翰，而是耶穌自己(參一 21，二十六28；另參九1～8）。那些願意受洗的人，是由於聽到約翰的信息而悔改，進而接受約翰的洗禮。

在這段經文的開頭，馬太福音的作者為讀者概括約翰信息的核心：「你們要悔改！因為天國近了。」（2節）這與耶穌傳的是相同的話（參四17）。或者應該說，耶穌（後來）將約翰這宣告發揚光大，但他的信息與約翰不盡相同。耶穌不像約翰強調終末的審判，他著重的是上帝（或天國）已藉他的教訓和醫治（包括趕鬼）臨到其子民。在接下來的7至12節，作者再仔細道出「你們要悔改！因為天國近了」所指的是甚麼。

「天國」的意義

「天國」（*basileia tōn ouranōn*）也就是「上帝〔的〕國」。「上帝國」來自希伯來文 *mamleḵeṯ yhwh* 和希臘文 *basileia tou theou*。「天國」是馬太為迴避使用「上帝」的聖名而用的，意思與「上帝國」相同。❶ 至於「上帝國」的意義，有兩方面要留意：這詞起先不是指一個地域的觀念，而是有關王權的管治。因此有些學者認為將原文翻譯為「上帝〔的〕管治」比較貼切，因為它強調了上帝的能力和權柄是動態、而不是靜態的。後來，這個觀念才延伸到涵蓋地域的意思，可理解為「帝國」，即「上帝〔的〕國」。新約學者都一致認定，「上帝國」即是耶穌宣講的核心信息（參可一14～15；路四43）。猶太人因避諱不直接言說上帝或神，故在最富猶太色彩的馬太福音中，稱耶穌的傳講內容為天國的福音，馬太福音的「天國」即馬可福音和路加福音所指「上帝〔的〕國」。無論是上帝的管治或上帝的國，都表明上帝作王，這是希伯來聖經裏很重要的觀念。猶太人對上帝是「王」（*meleḵ*）的觀念並不陌生，這個主題經常出現在詩篇中（參詩九十三1～2，一〇三19）。在被擄回歸之後的猶太社羣中，這尤其可見於先知書（參賽五十二7）。在昆蘭社羣中，上帝也被頌讚為「榮耀的王」、「天上使者的王」等。因此，對當時的受眾而言，耶穌所傳講的上帝的管治，已不是一件新奇的事，但耶穌傳講上帝的管治已經在他的言與行中彰顯出來，這才是他給他的聽眾發出的挑戰。

附篇：

一、簡述施洗約翰的洗禮

最早的福音書（馬可福音）在書卷的開頭曾記述有關施洗約翰的工作（參一 2～8）和耶穌接受他的洗禮（參一 9～11），另外兩卷對觀福音書的開頭也記載施洗約翰的工作（參上文列表，頁 63）。由此可見，施洗約翰與耶穌關係密切，以致福音書不能不提到他的工作。此外，他跟耶穌的關係，也是早期教會要面對和處理的課題，例如：究竟約翰位分大，還是耶穌大（參太三 14）？耶穌是否「約翰的復生」（John the Baptist redivivus；參太十四 2）？

猶太人在被擄回歸後一直受外邦人統治，他們相信這是他們不順從上帝律法的結果，但當他們悔改，再次倚靠上帝，祂便會拯救他們，使他們重建大衛家的王國。在這氛圍下，施洗約翰以終末先知的角色出現。這類先知宣講上帝的審判快臨，而施洗約翰正是以審判作他宣講的主調。也就是說，約翰提到那將要來的，就是那位帶來終末審判的上帝，而耶穌就是代表上帝而來的。因此，他呼籲人悔改、回歸上帝，按照上帝在律法昭示的心意而生活。施洗約翰發現耶穌的傳道、醫治和趕鬼工作，都與他所認識及傳講的審判信息有出入。因此，他派門徒去耶穌那裏問個究竟（參十一 2～6）。我們看到馬太和路加福音均記載了這事（源於所謂的 Q-典，即路七 18～19，22～23）。從這些經文得知，約翰主要傳講悔改信息（即歸回上帝），而這信息又與他的洗禮有密切關係。約翰由於其洗禮而被稱為施洗約翰。

約翰的洗禮，學者多以昆蘭社羣的潔淨禮或後來在拉比文學中提到歸信猶太教而行的洗禮來理解它的來源，但至今仍沒有定案。同樣，有關「悔改的洗」的性質，學者也無共識，主要問題在於：這洗禮是人悔改的結果，還是指人得赦免的條件？前者假設人已真心悔改，約翰的洗禮只是表明心迹的禮儀；後者則表示約翰的洗禮可以使罪得赦免。若是後者，赦免是藉洗禮而得。然而，大多數學者傾向前者，這似乎也是約瑟夫的理解：約翰的洗禮「不是要藉此除罪，而是要潔淨自己的身體，這意味著靈魂已事先被公義潔淨了」(參「猶太古史」18.116～119)。也就是說：「當人們去到約翰那裏接受他的洗禮時，他們已經聽過了約翰的信息，並且悔改，願意遵照上帝的心意而行。」因此，約翰的洗禮只是悔改的見證或記號。

二、施洗約翰的地位

我們知道施洗約翰在猶太人中有好名聲(參太二十一23～27 // 可一5，十一27～33 // 路二十1～8)，希律甚至認為耶穌是藉死了的約翰的能力來行奇事(參太十四1～12 // 可六14～29 // 路九7～9)。此外，約翰也有門徒(參太九14 // 可二18 // 路五33；太十一2 // 路七18；另參徒十八24～十九7)。

馬太福音記有耶穌對約翰的高度評價(參十一7～15)。耶穌在馬太福音比在馬可福音更明確地指出，約翰就是那要來的以利亞(參十一13～14，十七12～13)。馬太福音以希伯來聖經的以利亞主題在約翰身上應驗，為要表明救恩歷史由舊約過渡到新約的發展，把將要來的預備者的主題，應用到福音書裏的施洗約翰身上(參以下列表)。

書卷/時代	人物	工作
瑪拉基書	末後的先知(表徵「以利亞復生」〔Elijah redivivus〕)	預備上帝來臨施行審判
馬太福音(及對觀福音)	施洗約翰(表徵以利亞復生)	預備耶穌來臨施行審判

耶穌在馬太福音十一章11節說：「我實在告訴你們，凡女子所生的，沒有一個比施洗約翰大；但在天國裏，最小的比他還大。」這句子出現了一個弔詭性的問題：約翰大過所有「凡女子所生」，「但在天國裏」卻是最小的。耶穌為何這樣說呢？有學者認為約翰是處於兩個時代的轉接位。按猶太人傳統，耶穌看約翰為一個先知，甚至比舊約時代任何一位先知還要大，所以從人的角度看，他大過所有「凡女子所生」的。但是，律法和先知的時代都應止於約翰（參太十一13 // 路十六16），耶穌將要引入一個新的救恩時代。在這新的時代裏，天國的福音將要臨到地上。到這刻，若將約翰與天國相比，約翰確實是無比的低微；因此，「在天國裏，最小的比他還大」。這「最小的」就是「小孩子」（參卷下2.2.1.1「天國誰為大：要像小孩子〔十八1～5〕」）或「小子」（參卷下2.2.1.2「如何對待像小孩子的人〔十八6～14〕」）。如此看來，耶穌所指的「大」與「小」，是在於約翰是放置在哪一個時代，而不是他身分的高與低。❷

三、耶穌與施洗約翰的關係

當提到耶穌與施洗約翰的關係，讀者不期然會想起他們是親戚（參路一章），但不能忽略的是，耶穌很可能是施洗約翰的門徒，原因有三：❸

第一，新約聖經讓我們知道，施洗約翰早已收納一班門徒（參太九14，十一2），甚至在約翰死後，他的門徒仍然有聚在一起（參徒十九1～7）。或許不是每個受約翰施洗的人都會成為約翰的門徒，但約翰收納門徒是事實。耶穌是約翰的親屬，與約翰這麼的接近，要成為約翰的門徒也未嘗不會發生的事。此外，約翰福音保存了一條先於約翰福音成書前的傳統，指出耶穌與約翰曾經同時在不同的地方為人施洗（參約三22～23、25～26；另參約十40～42）。當耶穌住在約旦河東之時，他沒有為那些到他那裏去的人施洗，因為約翰在那裏為人施洗。再者，耶穌收納的最早兩個門徒，是從約翰那裏來的（約一35～37）。因此，耶穌與約翰除了有親屬關係，耶穌很可能也曾經聽過約翰的宣講，以及參與約翰的事奉，因而認識約翰的門徒，而耶穌很可能甚至曾經跟隨約翰。他是約翰的門徒這講法未必不成立的。

第二，約翰曾宣告説：「……那在我以後來的，能力比我更大，我就是給他提鞋子也不配……」（三11 // 可一7）。「在我以後」（*opisō mou*）的原文亦可以譯作「跟從我」。當耶穌呼召門徒説：「跟從我」（參四19）之時，這短句原文與「在我以後」相同。因此，施洗約翰宣告時，可能是以「……那來跟從我的……」來描述耶穌，表示即使耶穌曾跟過他，但他比自己還要大。若是如此，這可推測耶穌曾是約翰的門徒的另一個可能性。這樣的推論，也可假設耶穌先用「跟從我」這詞，而後來福音書作者寫作時，提到施洗約翰借用了耶穌這短語（當時耶穌還未出道）以暗示耶穌也曾跟隨他。這是從基督論的角度去看而有的，而不是歷史時序的自然結果。

第三，有一次，祭司長、文士和長老挑戰耶穌，質問他在聖殿裏做的一切事的權柄來源，耶穌卻反問他們有關施洗約翰的洗禮是從天上還是從人間而來（參二十一23～27 // 可十一27～33）。表面上，耶穌的問題好像只是要使對手陷入兩難，但他為何引用施洗約翰的洗禮來挑戰對手？這是要借助施洗約翰的權威，來堵住對手的口。為甚麼耶穌可以借助施洗約翰的權威？極可能因他曾經是約翰的門徒。

這讓我們看到，耶穌不只十分尊重約翰的洗禮，並且看似約翰的學生在引用老師的權威來與其他人討論。筆者認為，耶穌這做法顯示他可能曾經是施洗約翰的門徒，即使不是，他與約翰不止有親屬關係，在事奉關係也密切。

對於初代教會來説，耶穌曾是約翰的門徒這説法的確帶來尷尬。一方面，約翰比耶穌大(親屬關係和年紀上)，而這是事實，也是初代教會不能否定的；另一方面，初代教會一直都宣稱耶穌的位分比約翰大。因此，福音書重視耶穌的同時，也看重約翰的角色，將約翰的敍事收納至福音書的開頭，並且以他為耶穌的先鋒。如此，約翰的角色和地位不止沒有被否定，也藉著福音書作者對他的出現和工作的敍述，把耶穌的角色和工作襯托成比約翰更為重要。換言之，福音書之所以將施洗約翰置於耶穌的出道和事工之前，全因為這是從基督論的角度去看此事，而不是歷史時序的自然結果。

3.1.1.2 約翰的信息(三 7～12)

這段經文來自Q-典(路加福音記述的內容比馬太福音來得豐富，參三 7～18)，可分為兩段作探討：審判的信息(7～10 節)、審判的圖像(11～12 節)。

一、審判的信息(三 7～10)

關於審判的信息，經文用了「將要來的憤怒」(7 節)和「丢在火裏」(10 節)來表示審判的來臨。從他宣講的信息可見，約翰是一個宣告審判的先知。這段經文針對的對象是「許多法利賽人和撒都該人」(7 節上)。法利賽人和撒都該人在耶穌的時代屬於兩個不同的猶太社羣，他們各自有自己的神學觀點和生活行為規則，猶太人稱這類規則為「**哈拉卡**」(*halakhah*)。他們的規則可説各為其主，但因著施洗約翰可能是他們的共同「競敵」，以致他們能夠聯合一起去約翰

「哈拉卡」在希伯來文意指「行走」，引申解作生活行為，是猶太教口傳律法的文獻。這些文獻記述猶太教演進中逐漸形成的猶太宗教禮儀、日常生活和行事為人的律法和典章。

那裏質詢他有關宗教上的問題。7 節的「來受洗」(*erchomenous epi to baptisma autou*)中的「受洗」原文不是一個被動式動詞，而是由一個介詞和名詞組成的名詞短語；因此「也來受洗」原文可譯作「來到他所施行的洗禮那裏」。這短語表示他們來到約翰那裏不是為接受洗禮，而是要觀看、質詢，甚至反對約翰的洗禮，這與約翰接著警告他們的話甚為吻合(三 7 下～12)。約翰形容他們為「毒蛇的孽種」。約翰的信息顯示他們仗恃自己是亞伯拉罕子孫的身分，而忽略了結出與悔改的心相稱的果子。

「哈拉卡」與猶太人的關係

自被擄回歸後，除了重建聖殿外，猶太人更著重經書和傳統的蒐集與保存，五經(*Pentateuch*；即妥拉〔*Torah*〕)大概就是在這個時期成書。由第二聖殿時期開始，妥拉成了猶太人信仰生活中所依隨的重要基礎，即使他們也依隨其他的文獻來踐行信仰生活，但妥拉仍是他們最核心依隨的信仰規範和教導/教訓(即「律法」這詞的原來意思)，例如聖殿、守安息日、行割禮和守食物的律例等。從這個以妥拉為中心的信仰生活，衍生出對妥拉不同的詮釋，也帶來不同的經文應用，從而產生不同的「哈拉卡」，例如法利賽人有屬於他們自己的「哈拉卡」，藉此使他們與一般平民百姓及撒都該人分別出來。「哈拉卡」在希伯來文意指「行走」(walk)，引申解作「生活行為」(way of life)。

約翰的信息既包含審判又勸諭聽眾悔改。7 節的「誰指示你們逃避」、8 節的「你們要結出果子來，和悔改的心相稱」以及 10 節的主旨「現在斧子已經放在樹根上，凡不結好果子的樹就砍下來，丟在火裏」已提示約翰有給予人悔改的機會，只是聽者自己要作決定是否聽從，並結出相稱的果子來，好讓他們可以面對將臨的審判。

二、審判的圖像（三 11～12）

11 至 12 節延續審判的信息，但焦點不再是落在那些往約翰那裏去接受洗禮的人，也不是約翰自己，而是在他「以後來的，能力」比他更大的耶穌。約翰作為先鋒的角色在這裏再次出現，用以襯托出耶穌就是他為之預備道路的那位。這段經文提及耶穌將來有三方面比約翰更顯為大：他的「能力」、他的「地位」、他使用去完成他的任務的媒介不是水而是「聖靈與火」。因此，約翰「就是給他提鞋子也不配」。約翰是用水施洗，但那將要來的要用「聖靈與火」為人施洗。

在馬太福音裏，作者或許不是以身分，而是以「果子」來比作亞伯拉罕的後裔，這與五至七章耶穌所強調的門徒生活吻合，也與二十一章 28 至 32 節中的兩個兒子的比喻所凸顯的意思如出一轍，就是順服需要有相應的行動，而不是聽了但不去行。對猶太人來説，約翰的洗禮可視為結出悔改果子的記號；而「以後來的」那位——耶穌——相對於約翰的水禮，他帶來的是「聖靈與火」的洗。「聖靈與火」的洗所指的不是兩個洗禮，而是有如「烈燄的氣」（fiery breath）作為末後的審判（參賽四 4，三十 27～28；「以斯拉四書」〔*4 Ezra*〕13.8～11）。在約翰的眼中，那位在他後來出現的會比他更強，且應當是來作審判，而不是帶來救恩的。因此，後來當約翰從他的門徒口中聽到耶穌的事情，他感到耶穌的言行與他的期望不一樣，便派門徒去問個明白（參 6.1.1.1「約翰的困惑〔十一 2～6〕」，頁 203～204）。

聖靈的施洗抑或聖靈與火的施洗？

在新約聖經中，有關施洗約翰提及那將要來者帶來的洗禮有兩個版本，分別在最早成書的馬可福音（參可一7～8）和很早出現的Q-典（即路三16～17，亦即收於馬太福音和路加福音內的共同經文（路三16～17 // 太三11～12）。從表面的觀察，我們可以看見兩件事情：第一，馬可福音只用「聖靈」一詞（可一8），但馬太福音和路加福音卻用「聖靈與火」（太三11 // 路三16）；第二，馬太福音和路加福音都含有收割時將麥子和糠秕「簸揚的主旨」（winnowing motif；參三12 // 路三17）。如何詮釋「聖靈與火」，現有三個不同的方向：

1. 馬可福音是最原始的版本。
2. Q-典保留了最原始的版本，即「聖靈與火」。
3. Q-典可能經過編修。學者假設有兩方面的編修：首先，「靈」（*pneuma*）可解作「風」。因此，「聖靈與火」可能是譯自「風與火」，這與經文接著提及的收成/割主旨更吻合，❹ 至於「聖」（*hagios*）極可能是後來加上去的，於是最後便成了「聖靈與火」。又或許另一個可能性較微的說法是Q-典原本只有「火的施洗」，後來被馬太福音和路加福音引用時受到馬可福音的影響（可一8的「聖靈」）才加入了「聖靈」，最後成為「聖靈與火」。現列出經文作比較：

路三15～17	可一7～8	太三11～12
[15]百姓期待基督的來臨；他們心裏猜測，或許約翰是基督。[16]約翰對眾人說：「我是用水給你們施洗，但有一位能力比我更大的要來，我就是給他解鞋帶也不配。他要用聖靈與火給你們施洗。[17]他手裏拿着簸箕，要揚淨他的穀物，把麥子收在倉裏，把糠用不滅的火燒盡。」	[7]他宣講，說：「有一位在我以後來的，能力比我更大，我就是彎腰給他解鞋帶也不配。[8]我用水給你們施洗，他卻要用聖靈給你們施洗。」	[11]我是用水給你們施洗，叫你們悔改；但那在我以後來的，能力比我更大，我就是給他提鞋子也不配，他要用聖靈與火給你們施洗。[12]他手裏拿着簸箕，要揚淨他的穀物，把麥子收在倉裏，把糠用不滅的火燒盡。

3.1.2 約翰為耶穌施洗（三 13 ～ 17）

這段經文是有關約翰為耶穌施洗的記述，同時也是他工作的高峯。這選段將耶穌引入馬太福音的敍事世界裏，它可分為三小段：耶穌受洗的背景（13 節）、關於耶穌無罪性的對話（14～15 節）、耶穌是帶著聖靈能力的上帝兒子（16～17 節）。

3.1.2.1 耶穌受洗的背景（三 13）

從耶穌出生直至他往約旦河接受約翰的洗禮，這期間約三十年的所有事迹，除了馬太福音所記載的耶穌嬰孩時期被希律追捕的事迹（參二章），以及路加福音提及少年耶穌跟父母上聖殿（參二 41～52）之外，其他福音書都沒有任何關於耶穌成長的記述，而皆以耶穌受洗作為他出道敍事的開始（參可一 9～11；約一 29～34）。約翰為耶穌施洗這事件可能在早期教會中已經流傳甚廣，並且不能不被提及，以致最早的福音書也將這事件收錄在內（參可一 9～11），並賦予神學詮釋——耶穌一定是認同約翰的信息，否則他不會自願去接受約翰的洗禮。

3.1.2.2 耶穌的無罪性（三 14～15）

通常是較高地位（或分量較重）的人，為較低地位（或分量較輕）的人施洗。當約翰為耶穌施洗，這表示約翰比耶穌大。另外，約翰的洗一般被説為是「使罪得赦」的洗禮（參三 6；可一 4），當耶穌受約翰的洗，似乎暗示了耶穌也需要被赦罪。為免讀者有這想法，馬太福音的作者看來比馬可福音的作者小心。首先，他沒有提及馬可福音一章 4 節關於約翰的洗可「使罪得赦」；另外，他藉著約翰與耶穌的一問一答，以此回應耶穌要受約翰施洗的原因（參 14～15 節）。馬太福音的作者考慮到兩個問題：約翰的地位（或分量）是否比耶穌高？耶穌是否也需要被赦罪？

筆者在此略為討論約翰發出的問題：「我應該受你的洗，你怎麼到我這裏來呢？」（14 節）這問題顯示約翰知道耶穌比他大，也認為自己應該去耶穌那裏尋求赦罪，所以他反過來要求耶穌為他施洗（參一21，二十六 28；另參九 1～8），而不是他為耶穌施行「赦罪的」洗禮。耶穌消減他的疑慮，回應說：「暫且這樣做吧，因為我們理當這樣履行全部的義。」（15 節）

「義」（*dikaiosunē*；15 節）在馬太福音裏包含重要的意義，它代表著「上帝的心意」，而猶太人是透過「遵行」律法來滿足或達到上帝的心意。不過，在「登山寶訓」中，當耶穌論到律法時，他教導那些要進入天國的人的義，必須要勝過「文士和法利賽人的義」（五 20；參 4.2.1.1「延續律法的有效性〔五 17～20〕」，頁 116），因為他們不顧念上帝的心意，只著重自己在別人面前的表現（參二十三 1～36）。反之，馬太福音的作者稱約瑟是個「義人」，因為他遵行上帝在他夢中所啟示的心意（參一 19～25）。因此，當耶穌接受約翰的洗禮後，他們便「履行全部的義」，滿足了律法的要求，就是順服於上帝的心意而行。

當耶穌接受洗禮，從水裏上來的時候，從天上傳來了一把表示喜悅此事的聲音，說：「這是我的愛子，我所喜愛的。」（17 節）換句話說，作者要讓讀者知道，耶穌接受約翰的洗禮不是因為耶穌需要被赦罪，而是因為耶穌要「履行全部的義」。耶穌是上帝的兒子，他接受洗禮正正表明他作為上帝的兒子也需要去滿足律法的要求，順服上帝的話語。接著，我們將看見耶穌受約翰的洗這整個敘述都是作者在基督論的框架下表達出來的。

3.1.2.3 耶穌是上帝的兒子、受聖靈的加力（三 16～17）

「耶穌受了洗，隨即從水裏上來。天忽然為他開了，他看見上帝的靈降下，彷彿鴿子落在他身上。」（17 節；參撒上十六 13）聖靈的臨在是「加力」的表現，目的在於為耶穌將開始的事工作預備。希伯來聖經也有「天開了」的天啟描述，但從沒有記載過以鴿子來形容聖靈。基於創世記一章 2 節有出現「上帝的靈」，馬太福音記述的這個景像，可能是要表示新的創造始於耶穌；另外，希伯來聖經描述挪亞洪水過後有鴿子出現（參創八 8～12），以表示審判的日子已成過去，現時正是蒙福或得拯救的時候。

三章 17 節引自兩段希伯來聖經（參詩二 7「你是我的兒子」；賽四十二 1「心裏所喜悅的」），前者著重指出耶穌是上帝的兒子這身分；後者所引的是一篇「僕人之歌」裏的僕人如何得主人的喜悅，因此是著重指向耶穌的使命，並聖靈的同在（參 11～12 節）。耶穌受洗確定了耶穌是上帝的兒子這身分；同時，也表示他的教訓、施行的神蹟、醫病和趕鬼的能力乃源自聖靈。相對於馬可福音一章 11 節：「你是我的愛子，我喜愛你」，馬太福音的作者把第二人稱「你是……」改為第三人稱「這是……」。這樣的表達，似乎說明天上來的聲音不是單單對耶穌說，而是對當時在場的人說的。跟馬可福音不同，馬太福音不完全視之為耶穌個人的異象，反之是帶有公開性的。雖是如此，兩位福音書的作者（以及路加）同樣指出耶穌受洗的重要性，在於耶穌接受了聖靈的加力，以及宣告耶穌是上帝的兒子，他要完成天父上帝交託他的使命。

耶穌作為上帝的兒子

當讀到耶穌在這裏被天父稱為「我的愛子」（*ho huios mou ho agapētos*），我們不應太快下定論，將公元四世紀於尼西亞會議的決議，即耶穌是三位一體上帝的第二位格——神子，套入去理解馬太福音這段經文中，視耶穌為上帝的兒子。

馬太福音所講的兒子名分，並不是指希臘思想中所理解的有關性質和本性的探討，而是指在希伯來思想中，涉及到揀選和委派的範疇。「上帝的兒子」可以是指上帝所揀選或委派的人。在希伯來聖經中，作君王的可稱為上帝的兒子（參詩二篇）。在以賽亞書中，以色列整體地被稱為上帝的僕人（參「僕人之歌」，賽四十二1～4，四十九1～6，五十4～11，五十二13～五十三12）。同時，這僕人也指向外邦人，有別於前述的以色列民族，是經上帝揀選，被派去招聚和牧養以色列的使者，其中波斯王居魯士就被稱為上帝的牧人（參賽四十四28，四十五1）。耶穌作為上帝的兒子或「愛子」，是上帝揀選和藉由聖靈所膏立的，其經文背景可追溯至以賽亞書的「僕人之歌」。耶穌就是上帝所揀選的僕人，為要完成上帝交付他的工作及使命；同時，耶穌由上帝藉著聖靈親自膏立，也顯出耶穌作為上帝所揀選的君王角色（參詩二篇）。耶穌這兩個角色都指向他出來傳道的信息，就是傳講天國的福音。他不只宣告天國的臨近，同時天國的能力也隨著他的教導、宣講和醫治彰顯出來。就福音書的敘事層面而言，作為上帝兒子的耶穌，最重要的特徵在於他順服父上帝，而不是對他的存在本質進行哲學思辨，這特別可見於耶穌受試探的故事中（參專欄「耶穌是一位公元一世紀的猶太人」，頁267）。

3.2 耶穌受試探（四1～11）

緊接著耶穌的受洗，第四章是論到耶穌受試探。馬太福音跟隨馬可福音的次序，但在記述上，它比馬可福音更豐富地表達出這兩段敍述的情節，而路加福音則將耶穌的家譜放在這兩個敍述的中間。在耶穌受洗的敍述中，他得著聖靈的能力和被稱為上帝的兒子，因此耶穌是以上帝兒子的身分「被聖靈引到曠野，受魔鬼的試探」（1節）。

馬太福音有關耶穌受試探的記述，與路加福音的很相近，差別只在於耶穌受的第二和第三次試探的次序對調而已（參路四1～13）。這個耶穌受試探的敍述來自Q-典，馬太福音的版本似乎較貼近原來的Q-典的面貌：從地域上來説，是先從曠野，再到聖城，最後以高山為目的地，而試探涉及的是萬國的榮華，也是試探的高峯。從內容上來説，魔鬼在第一和第二次試探中分別以人的需要和上帝的話去試探耶穌。到了第三次試探，魔鬼才露出他的陰謀，最終是要誘惑耶穌向他下拜。因此，馬太福音的試探敍事在情節上比較自然和合理。甚至馬太福音這段Q-典的記述，極有可能就是原初的Q-典，而不是抄自馬可福音。戴歌德（Gerd Theißen）對這段Q-典的歷史起源有詳細的論述。❺ 現將馬太福音與路加福音這段經文的敍述作比較：

	馬太福音	路加福音
第一個情景	地點：曠野　受試探的事：食物	地點：曠野　受試探的事：食物
第二個情景	地點：聖城　受試探的事：能力	地點：高山　受試探的事：榮華
第三個情景	地點：高山　受試探的事：榮華	地點：聖城　受試探的事：能力

與一至二章比較，在四章耶穌受試探的敍述更接近出埃及這主旨，如：耶穌住在曠野，有四十晝夜。此外，耶穌回答魔鬼的試探，所引的經文都來自申命記六和八章。耶穌有如再次經歷昔日以色列作為上帝的兒子在曠野接受上帝的磨練（參申八2），但耶穌不如以色列人對上帝所表現出的不信和悖逆。兩者雖然同樣有上帝兒子的身分，但耶穌完全表現出他的順服，並願意遵行上帝的心意。這段經文的結構十分簡單，可以分為三部分作討論。

分段大綱（四 1～11）

一、引言（四 1～2）

二、三次試探的敘事（四 3～10）

三、結局（四 11）

3.2.1 引言（四 1～2）

馬太福音使用「魔鬼」（*diabolou*），而不是如馬可福音般稱作「撒但」（*Satana*）。「撒但」是音譯自希伯來文，而「七十士譯本」將之翻譯成「魔鬼」，意指「控訴者」，是指與上帝為敵的對頭（參十三 39），等同於「那惡者」（六 13）。

「耶穌被聖靈」引導，受魔鬼的試探。「試探」（*peirasthēnai*；1 節）這動詞也可解作「試煉」。雅各書指出，上帝「不試探人」（雅一 13「和合本」），故試探耶穌的不是上帝，而是魔鬼。當然，耶穌在聖靈的引導下受試探，是上帝所允許的（參伯一章）。在耶穌開始他的傳道之前，上帝容讓祂的「愛子」先面對試煉，而魔鬼也藉此試探耶穌，從耶穌自己的能力，以及他所擁有的權力與富貴入手去誘惑他，目的是要耶穌妄用自己身為上帝兒子的身分，來體貼自己的需要，進而活出偏離上帝心意的生命。耶穌受試探這整個敘述指出，耶穌不只勝過魔鬼的試探，更是一位順服並忠於上帝的上帝之子。

耶穌禁食四十晝夜，「後來就餓了」，這便成為魔鬼出來試探耶穌的良機。

3.2.2 三次試探的敍事（四3～10）

魔鬼的第一次試探（3～4節）和第二次試探都以「你若是上帝的兒子」（*ei huosei tou theou*；3、6節）為開始，但魔鬼的意圖並不是要耶穌把石頭變成「食物」（*artoi*；3節，原文是「麵包」）或從高處「跳下去」（6節）而不會受傷來證明自己是「上帝的兒子」。馬太福音的試探敍述是緊接著耶穌受洗之後的。那天上來的異象已清楚指出耶穌就是「上帝的兒子」。因此，魔鬼是在耶穌是「上帝的兒子」這基礎上，去試探耶穌作為「上帝的兒子」在能力上可作的事。魔鬼先提議耶穌把石頭變成「麵包」，可以立時滿足他當時的飢餓。耶穌引用申命記八章3節回應魔鬼的試探，說：「人活著，不是單靠食物，乃是靠上帝口裏所出的一切話。」耶穌沒有否定食物的重要性，但他同時指出，人不能沒有「上帝口裏所出的一切話」而活。耶穌不以食物與上帝的話看作對立的選擇，而是指出即使自己有飲食的需要，也不會聽取魔鬼的話。對耶穌而言，首要的是服從上帝的話和遵行祂的心意。

魔鬼在第二次試探中（5～7節）將耶穌帶到聖城耶路撒冷，「叫他站在聖殿頂上」。「聖殿頂上」（*to pterugion tou hierou*）在原文的意思不能被確定，可指「任何東西的尖端」、「頂」或「邊緣」。也許那是指聖殿東南角的一個地方，即是位於聖殿南面的皇室走廊的東面角落，從那裏及至下面汲淪谷的高度足以令人產生一份懾人的恐懼（參「猶太古史」15.412）。這一幕的試探敍述極可能不是在真實的場景發生，而是出現在耶穌的異象中（留意：保羅談及某人的屬靈經歷時，他也未能或不需要說出是「或在身內」，還是「或在身外」，參林後十二2）。與上一次的試探不同，這次魔鬼參考了耶穌在上一次引用希伯來聖經的回應，他引用詩篇九十一篇11至12節，提議耶穌從那裏「跳下去」。魔鬼之所以有這樣的提議，是因為耶穌是「上帝的兒子」。因著這身分，上帝一定會派祂的使者去保護耶穌，使他不致受傷。耶穌沒有受魔鬼唆使，他引用申命記六章 16 節「不可試探主—你的上帝」來回應魔鬼。雖然魔鬼使用聖經去建議耶穌作一些「上帝的兒子」可以做的事，但耶穌識破魔鬼的說話背後帶著「試探上帝」的動機——慫恿他從殿頂跳下去，要看看上帝是否真的會保守他。昔日以色列人在曠野不相信上帝的保守、埋怨上帝、向摩西投訴；耶穌深信上帝的保守，只是他沒有必要聽從魔鬼的提議，從殿頂跳下去證實，因此他沒有被魔鬼的試探所勝。

在第三次試探中（8～10 節）魔鬼把耶穌帶到「一座很高的山」，並「將世上的萬國和萬國的榮華都指給他看」。這裏就如摩西進入迦南之前的景象，他在毗斯迦山上觀望遠處流奶與蜜之地（參申三 27）。在這最後的試探中，魔鬼終於顯出他試探耶穌的最終目的。在此，他不是說「你若是上帝的兒子」，而是說「你若俯伏拜我」。前兩次試探提及的「若」的原文是 *ei*，而此處「若」的原文則是 *ean*，兩者在使用上是有差別的。*ei* 接著的動詞是直說式的，*ean* 接著的動詞則是帶假設性語氣。前者的意思是耶穌本來就是「上帝的兒子」，這點魔鬼是知道的，只是他假裝要求耶穌做一些行動來證明他的身分，但實質是要他不聽上帝的話。而在第三次試探中，魔鬼是在假設一個行動，謊稱只要耶穌「拜」他，便會把世上的一切賜給耶穌。魔鬼的建議可以使耶穌不用走十字架的路而得到「世上的萬國和萬國的榮華」，「拜」這一動作是一條捷徑，既不用受苦便可得到世界。耶穌對魔鬼的獻計不為所動，他曉得他配得的權柄是從父上帝而來的（參二十八 18），因此他斥責魔鬼提出的「成功之道」，引申命記六章 13 節回應說：「撒但，退去！因為經上記著：『要拜主—你的上帝，惟獨事奉祂。』」（另參申五9）9至10節出現了兩次「拜」（*proskuneō*），第一個是「拜」魔鬼，第二個是「拜」上帝，且與「事奉」（*latreuō*）上帝有關。在這最後的試探中，耶穌表明他不會向魔鬼低頭下拜，他只會單單敬拜和事奉主，這與第一次試探中耶穌說的「不是單靠食物，乃是靠上帝口裏所出的一切話」，在意義上同出一轍（另參六24），也與十誡中的「不可有〔拜〕別的神」相仿（出二十3）。

第三次試探是整個試探敘事的高峯。在這次試探中，耶穌是在「高的山」上受試探，與福音書結束之時，耶穌也是在山上受人的敬拜（參二十八16～20），形成一個前後呼應的作用：前者是開始，後者是結束；前者是魔鬼的獻議及他的「榮華富貴之道」，後者則是上帝的心意及作順服的兒子。耶穌的一生和他的事工果效，可說是出於對上帝的順服和沒有聽取魔鬼的建議，他是上帝所愛的兒子，是跟從他的門徒的模範。

3.2.3 結局（四11）

耶穌沒有接受魔鬼的建議，按著魔鬼的方法滿足自己的需要、顯示自己的能力和所擁有的權力與富貴，以致背棄上帝和不遵行上帝的心意。從耶穌勝過三次試探來看，背後可能也表達了作為上帝兒子的耶穌，如何滿足了以色列的「示瑪」（*Shema*）的要求（參申六4～5），活出了昔日以色列人在曠野未能活出之「盡心、盡性和盡力愛主上帝」。

3.3 耶穌的出道（四12～25）

馬太福音的作者陳述完施洗約翰的事工之後，轉而將描述的重點放在耶穌身上。這段經文就像是一段引言，概略地介紹耶穌傳道行程中所做的事情。這些事情不容易作分段，但仍可以概括地分為三大段：12～17節、18～22節、23～25節。

分段大綱（四12～25）

一、耶穌出來傳道（四12～17）
　1. 耶穌在加利利傳道（四12～16）
　2. 耶穌的傳道信息（四17）
二、耶穌呼召第一批門徒（四18～22）
三、耶穌傳道的撮要（四23～25）

3.3.1 耶穌出來傳道（四12～17）

12至17節可說是一個完整的段落，而17節是關鍵經文。一方面，這節經文像是要開始一個新的階段（參十六21；另參1.6.1.2「四大進路」提及的「三階段法」，頁17）；另一方面，12至17節其實是馬可福音一章14至15節的擴充版（12節對應馬可福音一章14節，17節對應馬可福音一章15節）。基於後者的考量，17節應與12至16節連在一起去理解。

這段落開始的記述：「耶穌聽見約翰下了監，就退到加利利去；後來離開拿撒勒，往迦百農去」，與二章19至23節相似，主要是關於地理上的轉移。前者從猶太地區（參三章）退到加利利，後者從「埃及……往加利利境內去」（參二19～23）。此外，兩段經文都提及這樣的行蹤應驗了希伯來聖經中先知的預言（參二23，四14；另參二15）。當12至17節被視作一整體，再加上三章2節和四章17節（約翰和耶穌皆同樣宣告：「你們要悔改！因為天國近了。」）猶如「首尾呼應」的作用，這顯示約翰的淡出和耶穌時代的來臨。誠然，四章17節是一個新的階段的開始，作者將見證福音書真正的主角——耶穌的言（五～七章）與行（八～九章）。

3.3.1.1 耶穌在加利利傳道（四12～16）

這段經文可分為兩小段：第一，關於耶穌出道時在地理上的轉移（12～13節）；第二，補充第一小段為神聖安排的結果（14～16節）。在這段經文的起首，約翰下監標誌著耶穌開始出來傳道。作者引用以賽亞書九章1至2節來指出耶穌所去的地方，是按聖經的預言發生的。作者這樣的表達，可能是要回應那些認為彌賽亞不會出於**加利利**的觀點。❻因此，作者引用希伯來聖經的重點是「外邦人的加利利」。自公元前722年北國以色列被亞述滅後，西布倫、拿弗他利、沿海一帶和約旦河東邊等地都居住了不少外邦人。馬太福音的作者雖沒有直言，但似乎暗示，耶穌在加利利的傳道是穿插於猶太人與外邦人之中，因為若不是耶穌有接觸外邦人的機會，他就不會向門徒說不可向外邦人的路走去（參十5～6），也不會對著一個外邦人說：「我奉差遣只到以色列家迷失的羊那裏去。」（十五24；耶穌最後還是救了這外邦婦人的女兒）這理解更能凸顯馬太福音的作者對耶穌的傳道使命和傳道對象的刻劃。同時，這預言的引用也暗示了救恩將要臨到外邦人，二十八章的「大使命」正是對這個預言的一個回應和延伸，將馬太福音的耶穌所教導的一切由猶太人傳至「萬民」，使「萬民」都作主的門徒。

在解經歷史中，曾有學者（以德國的古特曼〔Walter Grundmann〕為代表）指出，耶穌不是猶太人，而是加利利人（即外邦人）。

3.3.1.2 耶穌的傳道信息（四 17）

這節經文是以「從那時候」（*Apo tote ērxato*）作開始。全本聖經只有這裏及十六章21節出現這短語。有學者認為這短語是一個重要的分段標誌（參1.6.1.2「四大進路」的「三階段法」，頁17）。基於筆者不採用「三階段法」作馬太福音的結構分段，故在此不將這經文切割為屬於下一段落的開始。這節的重點是總結耶穌的出道和他的信息。耶穌的主要信息是關於「天國」的來臨（這可從他的言行中窺見）。有趣的是，耶穌沒有如施洗約翰所預期，「施行」與約翰相同的一個洗禮（參3.1.1.2「約翰的信息〔三7～12〕」中的第二點：「審判的圖像〔三11～12〕」，頁73）。取而代之，耶穌所傳的，只是與約翰相同的宣告：

施洗約翰	耶穌
在那些日子，施洗的約翰出來，在猶太的曠野宣講（三1）	從那時候，耶穌開始宣講（四17）
「你們要悔改！因為天國近了。」（三2）	「你們要悔改！因為天國近了。」（四17）

「近了」（*ēggiken*）這動詞的原文是以完成式表示由過去的活動／事件帶來現在的情況或結果，用以強調一個新的狀況之過去和現在的維度，故可用「既濟與未濟」（already-but-not-yet）來形容這樣的狀態。

到目前為止，施洗約翰已淡出，換耶穌登場。此刻讀者應知道這位耶穌是誰，他就是「亞伯拉罕的後裔」（一1）、「大衛的子孫」（一1）、「基督」（一1）、「以馬內利」（一23）、施洗約翰所宣告那「以後來的」（三11），和從天而來的聲音所宣告的「我的愛子」（三17）。至此，只有「人子」這稱號仍未出現。與此同時，讀者也應知道耶穌的信息——「天國近了」——是指甚麼，而作者更會在五至七章加以說明這「天國」的奧祕，並在八至九章以耶穌的行動彰顯天國的臨到。

3.3.2 耶穌呼召第一批門徒（四 18～22）

作者跟隨馬可福音，記下耶穌出來傳道的第一件事，就是呼召門徒（參可一 16～20）。這呼召的描述猶如希伯來聖經的以利亞呼召以利沙為徒（參王上十九 19～21），兩者所不同的，在於耶穌的呼召比昔日以利亞的呼召更有迫切感，以致跟隨耶穌的門徒就連與父母親嘴告別的機會及時間也沒有。

耶穌「沿著加利利海邊行走」（18 節），有如以利亞在田間走動（參王上十九 19），他呼召兩對兄弟，先是「西門」和「安得烈」，然後是「雅各」和「約翰」。這裏的「西門」在馬太福音裏是第一次出現，作者補充説這人又稱為「彼得」。這四人作了身為門徒應有的回應，就是「立刻捨了……」（*eutheōs aphentes*；20、22 節），強調受呼召作門徒的要立時作出抉擇並以行動回應，這是一種服從呼召的人的一種激烈表現。「西門」和「安得烈」捨下的是「網」，「雅各」和「約翰」捨下的除了「船」（相等於放下網），同時也辭別了父親。

在這段經文裏，雖然沒有出現「門徒」（*mathētēs*）這個詞，但另一個與「門徒」有關連的詞「跟從」卻出現在經文中，這詞説明了作「門徒」的態度。這動詞在原文是以兩個不同的詞表達：當耶穌呼召「西門」和「安得烈」時，所用的「跟從」是 *opisō*（19 節；參「附篇」提及的「三、耶穌與施洗約翰的關係」，頁 69～71）；而當門徒回應「跟從」耶穌時，所用的是 *akoloutheō*（20、22 節）。耶穌的呼召所要求門徒的，是徹底的轉變，以致門徒願意放下網和船，並辭別父親。這屬於一種對「徹底的呼召」（radical calling）的回應，原則上強調被召者的即時服從（參八 18～22，十九 16～22、27），這種被召的門徒將以耶穌巡迴佈道的方式生活（參六 11、25～33，十 5～14）。誠然，這種徹底的呼召是一種神學表達多於真實的描述。福音書中也多次提到耶穌渡海（參八 23～28，九 1，十三 2，十四 13、22～34，十五 39，十六 5），他所徵用的船隻很可能仍是屬於彼得或約翰的；換句話說，為耶穌放下一切，把自己的財產放在耶穌面前，為他而用，全屬以終末性與基督論為出發點的考慮。此外，耶穌發出這種的邀請並不是臨到每一位被他呼召的人，因為在被呼召的人中耶穌也沒有要求每一位都需要立時放下一切。這一類的耶穌跟隨者猶如在家作門徒（resident disciples），他們在耶穌的巡行佈道上接待他，例如提供地方和飯食（參八 14～15，十 40～42，二十六 6～13；路十 38～42；約十一 1～44）。

耶穌與後來的拉比不同，他不是坐著等學生來找他，而是主動去尋覓學生。另外，耶穌不只是教導門徒律法，還與門徒一起去傳道，與他們一起生活。他期望門徒「得人如得魚一樣」（*halieis anthrōpōn*；19 節），這句子的原文是一組名詞短語，以「賓語式所有格」（objective genitive）表達，可直譯為「〔捕捉〕人的漁夫」，或「〔為得著〕人的漁夫」。從耶穌的表達反映出，他來的目的與施洗約翰截然不同。他來不是像約翰般宣講審判的信息，而是要將人從審判中拯救出來。因此，門徒的工作不是負面的，而是正面的；他們「跟從」耶穌，傳遞拯救的好消息——福音。

3.3.3 耶穌傳道的撮要（四 23～25）

這段經文除了撮要地描述耶穌的傳道（包括醫治和趕鬼），也為鋪排五至七章和八至九章的內容作預備。四章23節與九章35節在用詞上十分相似，似乎作者有意以耶穌在五至七章的言論及八至九章的行動作為「天國」福音的內容。

作者在這段經文中基本上再次跟隨馬可福音的記述，但他刪減了耶穌在會堂中趕鬼的一段經文（參可一21～27），再將西門的岳母被醫好的經文移到八章14至16節（參可一29～34）。作者也把馬可福音中的「加利利」改為「敍利亞」（四24；參可一28），所指的應是羅馬省分的敍利亞。

到目前為止，耶穌的名聲傳遍加利利一帶。23節用了三個動詞綜合耶穌的傳道工作：「教導」（*didaskōn*）、「宣講」（*kērussōn*）和「醫治」（*therapeuōn*）。另外，「在各會堂裏」（*en tais sunagōgais autōn*）可直譯為「在他們的會堂裏」。究竟「他們」所指何人（另參九35，十17，十二9，十三54，二十三34）？是指猶太人還是純粹不接受耶穌傳道的猶太人（另參七29「他們的文士」，十一1直譯「他們的城」）？這是否也暗示，馬太社羣已經與猶太人區別出來，又或這是馬太社羣建立自己的身分的技巧？筆者較為傾向認為他們可能還是在猶太社羣羣體當中，但卻要把自己從他們中間識別出來（參1.1.2「馬太社羣與其他猶太社羣」，頁3～7）。

最後，筆者在此要為三至四章的經文作一個總結。在耶穌出生和長大之後（一～二章），馬太福音的作者正式介紹耶穌的傳道工作。而在耶穌出場之前，他先是提到了施洗約翰按希伯來聖經的預言出現，藉以帶出耶穌傳道工作的要點（三1～四11）。耶穌受約翰的洗，並得著聖靈的能力和被稱為「上帝的兒子」，他勝過魔鬼的試探，表明他是順服上帝的兒子。約翰宣講審判的信息，耶穌則宣講天國來臨的信息。他呼召門徒跟從他，並在加利利一帶傳講天國的信息，以教導、宣講和醫治作為他事工的中心。自此，他的名聲傳遍了敍利亞一帶（四12～25）。

一章1節至四章25節是耶穌的出生到他出來傳道的一個預備期，其中道出了耶穌是以色列的彌賽亞，也是上帝的兒子的信息。同時，它也指出耶穌傳講的信息與約翰——他的師父——不一樣。與約翰所期待的不同，耶穌並不傳講審判，他的信息是關於天國在他的言與行中臨近的好消息。雖然，耶穌自出生以來已經有敵擋者——大希律與耶路撒冷的宗教領袖——出現，但同時也不乏支持耶穌的人，就是藉觀星從東方來的博學之士、施洗約翰、他的門徒和一切就近耶穌，要聽他的教導、宣講，和尋求他醫治的人。

信仰反省

馬太福音用了四章的篇幅去描述耶穌正式出來傳道前的預備，這讓人想起一個事奉者在事奉以先的預備和等候的重要性。耶穌的出生是要應驗希伯來聖經的預言，以表明上帝早有預備。耶穌在地上以凡人的身分過活，他的事奉雖有父上帝作屬靈導引，但在地上他仍需要施洗約翰作他的啟蒙老師。這為傳道者的事奉立下了榜樣，凡事奉的人都需要經過預備和等候的階段，因這是一切事奉的開始。當耶穌受洗時，父上帝再次肯定和認定他的身分和使命，為他注入了「靈力」和方向。在他離開約翰，將要出來傳道之前，他在聖靈的帶領下接受魔鬼三次嚴峻的考驗並最後得勝。經過這一切以後，耶穌才出來傳道，向眾人宣講「天國近了，你們當悔改」的信息。耶穌大概只活了三十多歲，為何在他短短的人生中，要到最後幾年才出來傳道？按人的角度看，豈不是愈早出來傳道，所達成的工作會愈多，所做的事會愈大嗎？

這都是人的觀點，但上帝自有祂的計劃，人是急不來的，惟有經過預備和等候的階段，事奉的人才能體會上帝的心意。只要事奉者不是抱著一己心意，而是為天國的福音，上帝會照著祂的時間為人預備一切。所以，當事奉者真誠地為上帝而事奉，與上帝同工，事奉的年日就不再是重點了。

另外，不能忽視的是，在馬太福音筆下的施洗約翰是一位十分了解自己作為「預備者」身分的上帝僕人。從現代人的眼光來看，他可說是一位成功的傳道者。他的講道震撼人心，使多人悔改。他收納門徒，又有許多的跟隨者，甚至耶穌也可能是其中一位。即使如此，他心中掛念的仍是上帝的事。他知道耶穌才是主，所以當耶穌出來傳道時，他便謙卑自己，讓耶穌作主，自己卻退下來(參約一35～37)。後來，他在獄中因擔心耶穌所傳的信息有異於自己所領受的，更會差派自己的門徒去問個究竟。他的一生就是如此專心地事奉，不為自己、不為他人，只為上帝的國。他的事奉態度同樣為後世的事奉者立下美好的榜樣。

釋經短註

❶ 有關「天國」與「上帝的國」這兩個名詞如何被耶穌所用，可參 Joachim Jeremias, *New Testament Theology* (London: SCM Press, 1971), 97。

❷ 有關十一章11節「凡女子所生的，沒有一個比施洗約翰大；但在天國裏，最小的比他還大」的解釋，可參 Donald A. Hagner, *Matthew 1~13*, WBC 33A (Dallas: Word, Incorporated, 1998), 305～306。

❸ 有關耶穌是施洗約翰的門徒的討論，可參 Gerd Theißen & Annette Merz, *The Historical Jesus: A Comprehensive Guide* (London: SCM Press, 1998), 196～213；James H. Charlesworth, *The Historical Jesus: An Essential Guide* (Nashville, TN: Abingdon Press, 2008), 77～79。

❹ 泰泊（Charles H. Talbert）認為馬太福音三章11至12節是以審判為主題。故此，他提議「風」與「火」才是正確的翻譯。他的論點可參 Charles H. Talbert, *Matthew*, Paideia (Grand Rapids, MI: Baker Academic, 2010), 54。

❺ 有關戴歌德（Gerd Theißen）對四章1至11節這段Q-典的歷史起源的討論，可參Gerd Theißen, *The Gospels in Context: Social and Political History in the Synoptic Tradition*, trans. Linda M. Maloney (Edinburgh: T & T Clark, 1992), 203～234。

❻ 有關古特曼（Walter Grundmann）所理解的「非猶太人」耶穌，甚至「反猶太人」耶穌（non-Jew or anti-Jewish Jesus），可參 Susannah Heschel, *The Aryan Jesus: Christian Theologians and the Bible in Nazi Germany* (Princeton, NJ: Princeton University Press, 2010), 152～161。

溫習及思考問題

1. 如果「天國」的意思並非指某個地域，它會否與約翰福音的「永生」觀相同？若真的如此，信徒所追尋的永生是在甚麼時候發生的呢？若「天國」是指上帝的王權及管治，這與我們在上帝面前過一個順服的生命有何關係？
2. 教會羣體就是天國的體現嗎？我們有真正讓上帝管治嗎？還是我們都自己作王？
3. 耶穌的受洗對他理解自己的身分和使命重要嗎？呼召的經歷對一個人去認識他的門徒身分和履行他的使命有必然關係嗎？
4. 耶穌基督既是完全的神，也是完全的人，那麼在他受洗時，是否只是完全的人，所以才需遵行律法，行在諸般的義當中？
5. 耶穌作為一個完全的人，這更加能反映出他真是道成為肉身，這是否表示他作為人的時候仍然甚麼都能作？讀入耶穌的神人二性，對於理解福音書更有幫助嗎？
6. 若耶穌是完全的人，那麼我們就再沒有藉口說耶穌不會犯罪只因為他是神。耶穌的言行可以給我們甚麼借鏡？
7. 耶穌受洗後，在聖靈引導之下面對魔鬼的試探，最終得勝了。他勝利的原因何在？
8. 面對試探，是歸信者不感陌生的事。對於初信者而言，能夠勝過信耶穌後所遭遇的一連串試探與誘惑是靠著甚麼？
9. 魔鬼試探耶穌時，與耶穌回應魔鬼時，他們都同樣引用了聖經。兩者的分別何在？
10. 耶穌是猶太人，這個提醒對於今天的我們重要嗎？

第二篇

（五1～十六20）

成功與衝突

第四章

登山寶訓

（五1～八1）

- 緒論
- 「登山寶訓」主體內容
- 兩個選擇
- 總結

經文

5 1耶穌看見這一羣人，就上了山，坐下後，門徒到他跟前來，
2他開口教導他們説：3「心靈貧窮的人有福了！因為天國是他
們的。4哀慟的人有福了！因為他們必得安慰。5謙和的人有福了！
因為他們必承受土地。6飢渴慕義的人有福了！因為他們必得飽
足。7憐憫人的人有福了！因為他們必蒙憐憫。8清心的人有福了！
因為他們必得見上帝。9締造和平的人有福了！因為他們必稱為上
帝的兒子。10為義受迫害的人有福了！因為天國是他們的。11人若
因我辱罵你們，迫害你們，捏造各樣壞話毀謗你們，你們就有福
了！12要歡喜快樂，因為你們在天上的賞賜是很多的。在你們以前
的先知，人也是這樣迫害他們。13你們是地上的鹽。鹽若失了味，
怎能叫它再鹹呢？它不再有用，只好被丟在外面，任人踐踏。14你
們是世上的光。城造在山上是不能隱藏的。15人點燈，不放在斗底
下，而是放在燈臺上，就照亮一家的人。16你們的光也要這樣照在
人前，叫他們看見你們的好行為，把榮耀歸給你們在天上的父。
17不要以為我來是要廢掉律法和先知。我來不是要廢掉，而是要成全。
18我實在告訴你們，就是到天地都廢去，律法的一點一畫也不能廢去，
直到一切都實現。19所以，無論誰廢掉這誡命中最小的一條，又教導
人也這樣做，他在天國裏要稱為最小的。但無論誰遵行並如此教導人
的，他在天國裏要稱為大。20我告訴你們，你們的義若不勝過文士和法
利賽人的義，絕不能進天國。21你們聽過有對古人說：『不可殺人』；
『凡殺人的，必須受審判。』22但是我告訴你們：凡向弟兄動怒的，必
須受審判；凡罵弟兄是廢物的，必須受議會的審判；凡罵弟兄是白痴
的，必須遭受地獄的火。23所以，你在祭壇上獻祭物的時候，若想起有
弟兄對你懷恨，24就要把祭物留在壇前，先去跟弟兄和好，然後來獻祭
物。25你同告你的冤家還在路上，就要趕快與他講和，免得他把你送交
給法官，法官交給警衛，你就下在監裏了。26我實在告訴你，就是有

一個大文錢還沒有還清,你也絕不能從那裏出來。[27] 你們聽過有話說:
『不可姦淫。』[28] 但是我告訴你們:凡看見婦女就動淫念的,這人心裏
已經與她犯姦淫了。[29] 若是你的右眼使你跌倒,就把它挖出來,丟掉。
寧可失去身體中的一部分,也不讓整個身體被扔進地獄。[30] 若是你的右
手使你跌倒,就把它砍下來,丟掉。寧可失去身體中的一部分,也不
讓整個身體下地獄。[31] 又有話說:『無論誰休妻,都要給她休書。』[32] 但
是我告訴你們:凡休妻的,除非是因不貞的緣故,否則就是使她犯姦
淫了;人若娶被休的婦人,也是犯姦淫了。[33] 你們又聽過有對古人說:
『不可背誓,所起的誓總要向主謹守。』[34] 但是我告訴你們:甚麼誓都
不可起。不可指著天起誓,因為天是上帝的寶座。[35] 不可指著地起誓,
因為地是祂的腳凳;也不可指著耶路撒冷起誓,因為耶路撒冷是大君
王的京城。[36] 又不可指著你的頭起誓,因為你不能使一根頭髮變黑變
白。[37] 你們的話,是,就說是;不是,就說不是。若再多說,就是出
於那惡者。[38] 你們聽過有話說:『以眼還眼,以牙還牙。』[39] 但是我告訴
你們:不要與惡人作對。有人打你的右臉,連另一邊也轉過去由他打。
[40] 有人想要告你,要拿你的裏衣,連外衣也由他拿去。[41] 有人強迫你走
一里路,你就跟他走二里。[42] 有求你的,就給他;有向你借貸的,不可
推辭。[43] 你們聽過有話說:『要愛你的鄰舍,恨你的仇敵。』[44] 但是我告
訴你們:要愛你們的仇敵,為那迫害你們的禱告。[45] 這樣,你們就可以
作天父的兒女了。因為祂叫太陽照好人,也照壞人;降雨給義人,也給
不義的人。[46] 你們若只愛那愛你們的人,有甚麼賞賜呢?就是稅吏不也
是這樣做嗎?[47] 你們若只請你弟兄的安,有甚麼比別人強呢?就是外邦
人不也是這樣做嗎?[48] 所以,你們要完全,如同你們的天父是完全的。」

6 [1]「你們要謹慎,不可故意在人面前表現虔誠,叫他們看見,若是
這樣,就不能得你們天父的賞賜了。[2] 所以,你施捨的時候,不可
叫人在你前面吹號,像那假冒為善的人在會堂裏和街道上所做的,故
意要得人的稱讚。我實在告訴你們,他們已經得了他們的賞賜。[3] 你

施捨的時候，不要讓左手知道右手所做的，4 好使你隱祕地施捨；你
父在隱祕中察看，必然賞賜你。5 你們禱告的時候，不可像那假冒為善
的人，愛站在會堂裏和十字路口禱告，故意讓人看見。我實在告訴你
們，他們已經得了他們的賞賜。6 你禱告的時候，要進入內室，關上
門，向那在隱祕中的父禱告；你父在隱祕中察看，必將賞賜你。7 你們
禱告，不可像外邦人那樣重複一些空話，他們以為話多了必蒙垂聽。
8 你們不可效法他們。因為在你們祈求以前，你們所需要的，你們的父
早已知道了。9 所以，你們要這樣禱告：『我們在天上的父：願人都尊
你的名為聖。10 願你的國降臨；願你的旨意行在地上，如同行在天上。
11 我們日用的飲食，今日賜給我們。12 免我們的債，如同我們免了人的
債。13 不叫我們陷入試探；救我們脫離那惡者。因為國度、權柄、榮
耀，全是你的，直到永遠。阿們！』14 你們若饒恕人的過犯，你們的天
父也必饒恕你們；15 你們若不饒恕人，你們的天父也必不饒恕你們的過
犯。16 你們禁食的時候，不可像那假冒為善的人，臉上帶著愁容；因為
他們蓬頭垢面，故意讓人看出他們在禁食。我實在告訴你們，他們已
經得了他們的賞賜。17 你禁食的時候，要梳頭洗臉，18 不要讓人看出你
在禁食，只讓你隱祕中的父看見；你父在隱祕中察看，必然賞賜你。
19 不要為自己在地上積蓄財寶；地上有蟲子咬，能銹壞，也有賊挖洞來
偷。20 要在天上積蓄財寶；天上沒有蟲子咬，不會銹壞，也沒有賊挖洞
來偷。21 因為你的財寶在哪裏，你的心也在哪裏。22 眼睛是身體的燈。
你的眼睛若明亮，全身就光明；23 你的眼睛若昏花，全身就黑暗。你裏
面的光若黑暗了，那黑暗是何等大呢！24 一個人不能服事兩個主；他
不是恨這個愛那個，就是重這個輕那個。你們不能又服事上帝，又服
事瑪門。25 所以，我告訴你們，不要為你們的生命憂慮吃甚麼喝甚麼，
或為你們的身體憂慮穿甚麼。生命不勝於飲食嗎？身體不勝於衣裳
嗎？26 你們看一看那天上的飛鳥，也不種也不收，也不在倉裏存糧，
你們的天父尚且養活牠們。你們不比飛鳥貴重得多嗎？27 你們哪一個
能藉著憂慮使壽數多加一刻呢？28 何必為衣裳憂慮呢？你們想一想野

地裏的百合花是怎麼長起來的：它也不勞動也不紡線。[29] 然而我告訴你
們，就是所羅門極榮華的時候，他所穿戴的還不如這些花的一朵呢！
[30] 你們這小信的人哪！野地裏的草今天還在，明天就丟在爐裏，上帝
還給它這樣的妝飾，何況你們呢？[31] 所以，不要憂慮，說：『我們吃
甚麼？喝甚麼？穿甚麼？』[32] 這都是外邦人所求的。你們需要這一切東
西，你們的天父都知道。[33] 你們要先求上帝的國和祂的義，這些東西都
要加給你們了。[34] 所以，不要為明天憂慮，因為明天自有明天的憂慮；
一天的難處一天當就夠了。」

7 [1]「你們不要評斷別人，免得你們被審判。[2] 因為你們怎樣評斷別
人，也必怎樣被審判；你們用甚麼量器量給人，也必用甚麼量器
量給你們。[3] 為甚麼看見你弟兄眼中有刺，卻不想自己眼中有梁木呢？
[4] 你自己眼中有梁木，怎能對你弟兄說『讓我去掉你眼中的刺』呢？[5] 你
這假冒為善的人！先去掉自己眼中的梁木，然後才能看得清楚，好去
掉你弟兄眼中的刺。[6] 不要把聖物給狗，也不要把你們的珍珠丟在豬面
前，恐怕牠們踐踏了珍珠，轉過來咬你們。[7] 你們祈求，就給你們；
尋找，就找到；叩門，就給你們開門。[8] 因為凡祈求的，就得著；尋
找的，就找到；叩門的，就給他開門。[9] 你們中間誰有兒子求餅，反
給他石頭呢？[10] 求魚，反給他蛇呢？[11] 你們雖然不好，尚且知道拿好
東西給兒女，何況你們在天上的父，祂豈不更要把好東西賜給求祂的
人嗎？[12] 所以，無論何事，你們想要人怎樣待你們，你們也要怎樣待
人，因為這就是律法和先知的道理。[13] 你們要進窄門。因為通往滅亡
的門是寬的，路是大的，進去的人也多；[14] 通往生命的門是窄的，路是
小的，找到的人也少。[15] 你們要防備假先知。他們到你們這裏來，外
面披著羊皮，裏面卻是殘暴的狼。[16] 豈能在荊棘上摘葡萄呢？豈能在蒺
藜裏摘無花果呢？憑著他們的果子，就可以認出他們來。[17] 這樣，凡好
樹都結好果子，而壞樹結壞果子。[18] 好樹不能結壞果子，壞樹也不能結
好果子。[19] 凡不結好果子的樹就砍下來，丟在火裏。[20] 所以，憑著他們

的果子就可以認出他們來。[21] 不是每一個稱呼我『主啊，主啊』的人都
能進天國；惟有遵行我天父旨意的人才能進去。[22] 在那日必有許多人對
我說：『主啊，主啊，我們不是奉你的名傳道，奉你的名趕鬼，奉你的
名行許多異能嗎？』[23] 我要向他們宣告：『我從來不認識你們，你們這
些作惡的人，給我走開！』[24] 所以，凡聽了我這些話又去做的，好比一
個聰明人把房子蓋在磐石上。[25] 風吹，雨打，水沖，撞擊那房子，房子
總不倒塌，因為根基立在磐石上。[26] 凡聽了我這些話而不去做的，好比
一個無知的人把房子蓋在沙土上。[27] 風吹，雨打，水沖，撞擊那房子，
房子就倒塌了，並且倒塌得很厲害。」[28] 耶穌講完了這些話，眾人對他
的教導都感到驚奇，[29] 因為他教導他們正像有權柄的人，不像他們的
文士。

8 [1] 耶穌下了山，有一大羣人跟著他。

馬太福音五至七章一般被稱為「登山寶訓」（Sermon on the Mount），是耶穌五大講論的第一講（有關五大講論，可參 1.6.1.2「四大進路」，頁 17）。這一講收集了耶穌的重要教導，主要講論有關「天國的福音」的內容（四 23，參九 35）。當耶穌復活後向門徒提及「凡我所吩咐你們的，都教訓他們遵守」（二十八 20），耶穌所指的可能就是他在五至七章教訓門徒的話。「登山寶訓」以眾所周知的「八福」作開始（參五 1～12），而主禱文（參六 9～13）則放置於「登山寶訓」的中間位置，同時也是在兩個不同主題的論述之間，即關於禱告的論述（參六 5～8）和虔敬的規矩（參六 1～4、16～18）。「登山寶訓」的主要內容是可見於五章 17 節至七章 12 節：以律法的成全為始（五 17～20），以以金科玉律為終（七 12），從而涵蓋了「律法和先知」（五 17，七 12）的道理。它的結構可以簡單列出如下：

緒論（五 1～16）	主要內容（五 17～七 12）	結語（七 13～八 1）
登山（五 1～2）	律法的成全（五 17～20） 六組對照句（五 21～48）	第一段審判（七 13～27）
八福（五 3～12）	與天父的關係（六 1～18）	第二段審判（七 28～29）
鹽和光（五 13～16）	生活勸誡（六 19～七 11）	下山（八 1）
	金科玉律（七 12）	

耶穌極可能不是一次過宣講「登山寶訓」，他可能多次上山宣講，而馬太福音的作者之後從不同的資料來源把耶穌的宣講串連成一篇完整的講章，構成了馬太福音裏五大講論的第一講。從內容來看，「登山寶訓」保留了很多耶穌對不同議題的教導，這與路加福音中的「平原寶

訓」(Sermon on the Plain)有不少重疊(參路六20～49)。可見馬太福音的這段「登山寶訓」是屬於Q-典的經文，但作者以自己的特別材料擴充了Q-典的內容。❶

蘊藏在「登山寶訓」中的是「天國的福音」，是一個談及個人道德的福音，它指向人的行為。「你們是世上的光」(五14)就是指門徒作為光，他們的工作和他們工作的果效(參五16)；「遵行並如此教導」(五19，參七24～27)則是指聽道和行道是不能分割的，因在終末的審判，人要因自己的行為受審判(參七21～23；另參二十五31～46)。須留意的是，這並不是猶太人傳統的教導，而是出於耶穌口中的新教導。馬太福音中的「登山寶訓」完全沒有宣揚人要靠行為得救的意圖，但也沒有像後來馬丁路得推行宗教改革時那樣將人的信心與行為分開。對耶穌而言，履行上帝的義就是去遵行祂的旨意，這是那些向上帝禱告、尋求祂的人應作的事(參六7～15，七7～11)。從人的角度看，這是激進的，這可從五章17至48節的教導看出，尤其是44節吩咐「要愛你們的仇敵」。

「愛人」的誡命在「登山寶訓」中佔有重要的位置，它的內容包含生活的每一個小節，但並不意味律法中其他大小的律例都要廢掉。馬太福音的耶穌以六組「對照句」(五21、27、31、33、38、43)來表達這方面的信息，表示他不是要以此取締猶太教的律法；反之，它們是要成全律法，也就是指耶穌所倡議的「義」是要「勝過文士和法利賽人的義」(五20)。作為耶穌的門徒，在「完全」的事上要比猶太人作得更多(五48)，內外表現上要比猶太人更加一致(參六2～6、16～18)，並且要拒絕行假冒為善的事(參二十三章)。

今天的學者在解釋「登山寶訓」上提出不同的重要問題：「登山寶訓」是否只為那些追求「完全」的人而設？「登山寶訓」是否只應用在有

信仰的人，還是也適用於沒有信仰的人？「登山寶訓」是否只是對社會提出的一個激進的改革？「登山寶訓」是否只是耶穌對他離世之後至終末來臨之前活在地上的人的要求？「登山寶訓」的宗旨是否不在於如何行事，而在於為世界提供一個對生活另一種新的意義？「登山寶訓」是否為了不能實踐所要求的來使人覺醒到自己的無能（因而知罪），抑或是為基督的傳道作預備工夫（即所謂「鋪路」）？這裏沒有固定的答案，新教對「登山寶訓」的解釋也不能一概而論，但這些都是讀馬太福音時值得思考的問題。對筆者而言，「登山寶訓」不只對那些要作「完全」的人有效用，它更是為所有基督徒而設，並且要引導人認識自己是個罪人。當然，這一個概念帶著強烈的保羅神學——即「因信稱義」——的影子，但這裏完全沒有律法與福音相違背之意。

「登山寶訓」（參五1～八1）本身已是一個獨立的環狀結構（參上文列表），但同時也可以被理解為一個更大結構的第一部分，也就是五大講論的第一講（參1.6.1.2「四大進路」，頁17）。此外，四章23節及九章35節的內容十分相似，就像前後呼應結構，把「登山寶訓」與八至九章的醫病和趕鬼等敘事相連在一起，使整個大段落成為代表耶穌「言與行」的其中一部分（參3.3.3「耶穌傳道的撮要〔四23～25〕」，頁88～89）：

四23	五～七章	八～九章	九35
耶穌走遍加利利，在各會堂裏教導人，宣講天國的福音，醫治百姓各樣的疾病。	登山寶訓	神蹟、醫病、趕鬼	耶穌走遍各城各鄉，在他們的會堂裏教導人，宣講天國的福音，又醫治各樣的病症。

馬太福音的耶穌不只是「亞伯拉罕的後裔」（一1）、「大衛的子孫」（一1）、「基督」（一1）、「上帝的兒子」（四3）和「人子」（八20），他更是一位如摩西一般的律法頒布者（即「新摩西」），所不同之處在於他頒布的不是律法，而是「登山寶訓」（參五～七章）。耶穌的教導沒有否定摩西律法的精神，反之，他的教導所反映出來的精神，甚至比文士和法利賽人對律法的要求更高（參五20）。再者，耶穌的教導不像文士，因為耶穌的教導帶著權柄（參七29），而他的權柄就是藉著他在八至九章裏所行的神蹟、醫病和趕鬼顯明出來。因此，耶穌的「言與行」是分不開的，也即是說，他的教導、宣講和醫治都是他傳道的內容，並藉此彰顯天國的來臨。

「登山寶訓」可以分為四大部分作討論。首先是緒論，內容略為提及「登山寶訓」發生的地點與人物（五1～16），接著是「登山寶訓」整個主體內容（五17～七12），然後再以門、果樹及房屋的根基來比喻作門徒的兩種選擇（七13～27），最後是總結（七28～八1）。

4.1 緒論（五1～16）

這段經文可以分為兩大部分作分析。首先，作者引入「登山寶訓」發生的地點及與此有關的人物（1～2節），接著便是以「八福」的講論作為「登山寶訓」的引子（3～16節）。

分段大綱(五 1～16)

一、引言(五 1～2)
二、論「八福」(五 3～16)
1.「八福」的內容(五 3～12)
2.「八福」的踐行(五 13～16)

4.1.1 引言(五 1～2)

四章 23 節是耶穌傳道的撮要，由於他的名聲傳遍各地，25 節提到「有一大羣人從加利利、低加坡里、耶路撒冷、猶太、約旦河的東邊，來跟從他」。接著的五章 1 至 2 節開始進入新的敘事段落，作者引入事件的人物與地點。耶穌的「登山寶訓」不只給門徒，也給「一羣人」(*ochlous*)。耶穌「看見一羣人，就上了山」，以老師的姿態開口教導門徒和眾人。❷

4.1.2 論「八福」(五 3～16)

4.1.2.1「八福」的內容(五 3～12)

「登山寶訓」以「八福」開始，是十分恰當的，因為這裏描述凡跟隨寶訓的教導去生活的人，都會得到從上帝而來的應許，這剛好與「登山寶訓」裏講及的三個比喻(七 13～14、17～18、24～27)相呼應。

原文裏，這短語是一個複數形容詞，而且出現在句子的開首。

「八福」的格式很特別：通常有「……有福了」(***makarioi***)

這短語，這樣的格式已早出現在希伯來聖經中的詩歌書裏（參詩一一九1～2），並且也見於智慧文學中（箴八32～36；另參「便西拉智訓」〔*Sirach*〕14.1～2）。這格式也散見於馬太福音的其他經文中（參十一6，十三16，十六17，二十四46），但馬太福音的作者將這八個福放在一起是有其獨特之處。根據此格式，作者重複用了「有福了」共八次，因而得名「八福」，不過「有福了」（*makarioi*）這詞在原文共出現九次，故也有說應是「九福」。由於第九個福的格式與其他的不同，而且跟第八個福的內容相似，故常被視為第八個福的內容的延伸，因此即使有九個「福」字，但仍然被稱為「八福」。這裏的「福」不是指「上帝要賜福」，也不只是指「開心、滿足」的感受，而是指一種從內心湧現快樂和滿足的生命狀態。至於這個「有福了」是在現世可以實現，還是將來在終末日子後才完全落實，耶穌則沒有明説，但兩者不一定是非此即彼的選擇。4至9節的賜福應許用了將來式時態：「必得安慰」（*para klēthēsontai*）、「必承受……」（*klēronomēsousin ……*）、「必得飽足」（*chortasthēsontai*）、「必蒙憐憫」（*eleēthēsontai*）、「必得見……」（*opsontai ……*）、「必稱為……」（*klēthēsontai ……*），這不是用來表示時間性，更是為強調上帝的應許必然會應驗。現列出「八福」的內容。

以賽亞書六十一章1節「和合本」：「主耶和華的靈在我身上，因為耶和華用膏膏我，叫我報好信息給貧窮的人，差遣我醫好傷心的人，報告被擄的得釋放，被捆綁的得自由。」

一、心靈貧窮的人有福了！（五3）

第一至三個福所描述的人（即「貧窮」、「哀慟」、「謙和」）都在**以賽亞書六十一章1節**提及過（「貧窮」與「謙和」來自同一個希伯來文字 *ʿānāy*，暗示這詞同時包含「貧窮」和「謙和」的意思）。根據中文聖經，「貧窮」（*ptōchos*）的希獵文有「絕對貧窮」之意思，與另一個同樣譯作「貧窮」（*penēsin*；參林後九9，在新約聖經只出現一次；希

伯來文字是 *ʾebyônîm*；參伯二十四4）的希獵文意義不同，這名詞所指的多是「相對的貧窮」或「有需要的人」。「心靈貧窮」（*ptōchos tō pneumtō*）在耶穌的時代以先，這相類似的描述已在詩篇出現（參詩六十九29，三十四18；賽六十一1），所指的是不高傲、不自恃和不倚仗其他事物，只倚靠上帝。猶太典外文獻如「所羅門詩篇」（*Psalm of Solomon*）也提到「貧窮人」，所指的也是對上帝忠心的人（參「所羅門詩篇」5.2, 10.6, 18.2）；昆蘭社羣更用「心靈貧窮」來形容他們自己（參「戰卷」〔*War Scroll*〕1QM 14.7）。因此，「心靈貧窮」這描述指向人與上帝的關係多於人的心靈狀態或外在貧窮。馬太福音的「心靈貧窮」不是把「貧窮」屬靈化，也不是表示本來富足，但甘願成為「貧窮」，而是作者以這個詞組來形容人與上帝的關係的狀態，表示人看見自已極度需要與上帝有密切關係。這意義有別於路加福音所強調，上帝是站在經濟及社會上「貧窮」的人的那方，並且扶助他們（參路六20）。當人倚靠上帝，便把接受上帝的心意成為自己生活的方向——即讓上帝掌權，並運行和彰顯在他身上。凡這樣的人也就是天國的承受者，上帝應許「天國是他們的」，這樣的人因而活得開心和滿足。

二、哀慟的人有福了！（五4）

「哀慟」（*hoi penthountes*）這詞帶著哀痛、呻吟的意思。人生在世，難免哀慟，特別在耶穌的時代，猶太人都為亡國和生活在羅馬的政權下而感到「哀慟」。從屬靈角度來看，或可以說是為世上仍充滿罪惡和敵擋上帝的勢力而感到「哀慟」。但是，這並不是上帝為人所預備的心意。慶幸的是，「哀慟的人」會體會在憂苦中的人的傷痛；換言之，會「哀慟」的人更會與傷心的人同行。人並不會一面倒的只在憂傷中，他們仍可以開心、滿足，因為經過憂傷之後，「他們必得安慰」。

這安慰並不是從世界來，而是上帝親自安慰他們（參二18；另參賽六十一2～3；「便西拉智訓」48.24）。

三、謙和的人有福了！（五5）

如上文所提，「謙和」與「貧窮」來自同一個希伯來文字 *ʿānāy*，因此「謙和的人」（*hoi praeis*）猶如第一個福描述的人，是那些不是倚仗自己，而是倚靠上帝的人。在古代世界，「謙和」是指到柔弱或軟弱，而不是一種美德，但馬太福音的耶穌卻是形容自己「心裏柔和」（十一29），並且要應驗先知所說猶如君王「謙和地騎著驢」進入耶路撒冷（二十一5；參亞九9）。耶穌稱許這第三個福，基本上是節錄自**詩篇三十七篇11節**。在現實生活中，若有些人因自己的「謙和」而導致損失地土，或遭受剝削、欺負，他是不需要失望沮喪，總有一天，或在終末的日子來臨之時，上帝應許「他們必承受土地」（參十九23～30；另參申四1）。

詩篇三十七篇11節：「但謙卑的人必承受土地，以豐盛的平安為樂。」

四、飢渴慕義的人有福了！（五6）

「飢渴慕義」（*hoi peinōntes kai dipsōntes tn dikaiosunēn*）就是對「義」有追求的人，甚至到一個地步如「飢渴」求水般的人。這種表達可追溯到詩篇裏詩人切慕上帝就如鹿切慕溪水一樣（詩四十二1～2）。這節經文提及的「義」並不是保羅所指那那「因信基督稱義，不因律法的行為稱義」的理解（加二16），而是作者一直表達的「義」，就是指履行上帝的心意的行為。追求這「義」的人，就是追求履行上帝心意的人，也就是在生活上追求活出合乎上帝心意的行為表現。「他們必得飽足」是指是上帝必不使他們落空，因為上帝的心意必然成就（參六33；另參詩一〇七4～9）。

五、憐憫人的人有福了!(五 7)

作為耶穌的門徒,其中一個特質是要作一個「憐憫人的人」(*hoi eleēmones*;六 12)。從反面看,不饒恕人的就是一個沒有「憐憫」心的人(參不饒恕的比喻;十八 21～35)。馬太福音的耶穌兩次提到「我喜愛憐憫,不喜愛祭祀。」(**九 13,十二 7**;另參二十三 23),表示耶穌重視「憐憫人」過於遵循繁文縟節行事。希伯來聖經也提到「憐憫人」是蒙福的(箴十四 21「和合本」)。在「七十士譯本」,「憐憫」(*eleeō*)這個希臘文字等同於希伯來文一個重要的字詞 *ḥeseḏ*,通常譯作「恩慈/慈愛」。在耶穌來看,「憐憫」人是蒙福的,「因為他們必蒙憐憫」。「蒙憐憫」(*eleēthēsontai*)是以被動式動詞表達,表示凡憐憫人的,最後也得蒙上帝的憐憫。

九章 13 節及十二章 7 節來自何西阿書六章 6 節:「我喜愛慈愛,不喜愛祭物;喜愛人認識上帝,勝於燔祭。」

六、清心的人有福了!(五 8)

「清心的人」(*hoi katharoi tē kardia*)是指那些擁有仰望上帝這生命特質的人,與「心靈貧窮的人」(3 節)和「謙和的人」(5 節)的福相似,也道出了這些人與上帝有美好的關係。上雅威(耶和華)的山的人需要有一顆「清心」(參詩二十四 3～5;另參詩七十三 1),「清心」是上雅威的山的人必備的基礎,表示著尋求上帝的人之宗教禮儀表現和個人操守,是不可分割的(參詩十一 7,十七 15)。這樣清心的人必不致失望,「因為他們必得見上帝」。「得見上帝」是形容人與上帝很親近。將「清心」和「得見上帝」放在一起,可被屬靈地理解為對上帝的專注或專一的尋求祂,因而看見祂在世界上的作為。在耶穌的時代,聖殿仍然存在,登上雅威的山的人必定看見上帝的殿(也就是指「得見上帝」);可惜的是,聖殿已於公元 70 年被毀,自始上雅威的山就不再看見聖殿，反而轉變為看見一幅審判的圖畫。若馬太福音寫於聖殿被毀之後（參 1.5.2「寫作日期」，頁 14），它的讀者不復再看見聖殿，因此「必得見上帝」於他們是將來的事。不論如何，「清心的人」即使看見的只是上帝的審判，他也不用怕，因為他終有一天可以「得見上帝」，故此，這是值得開心、滿足的。

七、締造和平的人有福了！（五 9）

「締造和平的人」（*hoi eirēnopoioi*）指的不是一種心態，而是具體涉及人際關係，它不只是指一種被動的等候或停止對立的場面，更是要主動活出一種使人和睦生活的追求。這是敬畏上帝的道和愛生命的表現（詩三十四 11～14）。因此，當人能「締造」從上帝而來的「和平」，這些人「必稱為上帝的兒子」，因為他們所行的與上帝的相同。

八、為義受迫害的人有福了！（五 10～12）

第八個福是給「為義受迫害的人」（*hoi dediōgmenoi heneken dikaiosunēs*），它與第一個福形成前後呼應，因為兩者都以「天國是他們的」作為賞賜。11 至 12 節在內容上被納入第八福裏，所敘述的也是第八福的演繹版。在追求和平的過程中難免會遭遇對立和仇怨，甚至被「迫害」，但這都將會被天上的賞賜所蓋過（參十 16～42）。馬太福音的作者指出昔日先知們也曾受過迫害，暗示了也要有心理預備會遭遇「迫害」。與此同時，作者也要指出在耶穌時代發生在門徒身上的逼迫，是耶穌早已預告的事。但是，耶穌對此要給予肯定，並且勸諭他們要因著「為義受迫害」而感到開心、和滿足。

小結：八福（或九福）雖在格式上是八句（或九句）簡短的祝福語，但實際上不能劃分清楚，例如「飢渴慕義的人」和「為義受迫害的人」都與「義」有關，而「心靈貧窮的人」又與「謙和的人」十分接近。雖然如此，八福（或九福）所描述的對象卻是清楚的，都是指那些聽了並且行出「登山寶訓」的教導（參五17～七12）的耶穌門徒。更重要的是，雖然在世上活出「八福」的生命是困難的，但他們必被看為是有福的人，因為上帝會看顧著他們，並且賞賜他們。因此，即使活出「八福」是會受苦，但仍值得高興、滿足。這是作者在「登山寶訓」所給予凡跟隨耶穌的教訓的人的另一種價值觀。

4.1.2.2「八福」的踐行（五13～16）

這裏以鹽和光兩個比喻來表達門徒按「八福」生活而發出的作用。它表明了信徒活出「八福」是必須的，就如鹽和光是人生活的基本需要。從古至今，「鹽」都是很重要，它幫助儲存食物，也有潔淨物品之用，亦可以用來調味。「光」則是不能被隱藏的，並且有引領作用。當提及到「光」，自必然令讀者想到以賽亞先知曾預言：以色列在終末的日子將要成為引領萬民歸向雅威的光，就是將上帝的救恩帶到全地（賽四十九6；另參賽四十二6）。當門徒領受了耶穌的信息，他們便要發揮如鹽和光的作用，以他們的好行為去榮耀上帝和傳揚天國的福音。

作者沒有如保羅所講「因信稱義」去理解「八福」，他不諱言門徒的「好行為」是要讓別人看得見，以致看見的人可以「把榮耀歸給……天上的父」（16節）。究竟16節的「他們」（另參六1）是指誰人呢？會不會就是後來提及的「文士和法利賽人」（20節）？因為馬太福音的耶穌說，門徒的義要勝過他們的義才可進入天國，而五至七章的內容正正就是關於天國福音的教導。

* 圖示高聳的碑以希伯來文刻成的「八福」

4.2「登山寶訓」主體內容(五17～七12)

分段大綱(五17～七12)

一、更高的「義」(五17～48)

1. 延續律法的有效性(五17～20)

2. 六組對照句(五21～48)

二、真實的虔敬(六1～18)

1. 虔敬生活的原則(六1)

2. 虔敬生活的表現(六2～18)

三、天國門徒的生活(六19～七12)

1. 生活與憂慮(六19～23)

2. 生活與交託(七1～12)

4.2.1 更高的「義」(五17～48)

馬太福音的耶穌在17節説得很清楚,他來不是要「廢掉」律法,反之是要「成全」律法。在耶穌眼中,人當履行的「義」,並不是如文士和法利賽人所履行的,因此他要重新演繹「義」,而且是更高的義。這部分可以分為兩大段落作討論,第一段是耶穌發表延續律法的有效性(17～20節),另一段是以六組對照句來闡釋律法的新義(21～48節)。

4.2.1.1 延續律法的有效性（五 17～20）

在耶穌發表他自己對律法的不同觀點之先，馬太福音清楚指出耶穌的基本立場。耶穌的教導並不是「廢掉律法和先知」（17 節），也即是說，耶穌不是來廢掉希伯來聖經記述的所有內容（包括妥拉、先知和聖卷，不過當時的聖卷仍未被正典化），相反，耶穌的目的是要「實現」這一切（18 節）。他沒有小看律法上的一點一畫，反而強調人對遵行律法教導的態度，是會影響他在天國裏的大小（19 節）。不過，須留意的是，一向遵行律法的「文士和法利賽人」（20 節），卻不能進入天國，因為他們的態度不是耶穌所認同的。由此可見，耶穌不是廢除律法，而是重新演繹律法，以此來延續它的有效性。在這個大前題之下，作者以六組對照句，來表達耶穌的觀點。

4.2.1.2 六組對照句（五 21～48）

信義宗將「十誡」中第一至三誡看為第一部分，餘下是第二部分。

這六組對照句跟「**十誡**」和以色列人的律例典章有緊密關係：第一、二組對照句與「十誡」有關；第三、五、六組對照句與律例典章有關，第四組對照句則混合律例與「十誡」。這些對照句（除了第三對句；參 31 節）全都出現一個格式：「你們〔又〕聽過有對古人說/你們聽過有話說/又有話說⋯⋯但是我告訴你們⋯⋯」。而 48 節是為這六組對照句作總結。在這六組對照句中，耶穌不是要「廢除」律法，而是要把律法加以「尖銳化」（radicalisation）地表達，使之比文士和法利賽人的要求更嚴厲，並且必須落實在生活中，才算符合上帝對「義」的要求。這種要求並不是進入天國的條件（與進入「得救」的景況無關），而是屬於天國的人——門徒——生命質素的展現，即門徒是否在生活中履行上帝的心意。

一、論殺人（五 21～26）

> 希伯來聖經參考經文：出二十 13；申五 17。有關懲治的經文，參出二十一 12；利二十四 17；民三十五 16～21。

正如上文所說，耶穌不是要「廢除」律法，而是將律法尖銳化地表達出來，並且在日常生活中遵行。耶穌在第一組對照句中首先重新演繹的是**「十誡」中的第五誡**「不可殺人」。他先指出一個律法上的事實，就是「凡殺人的，必須受審判」（21 節），但他在此提出了新觀點，就是「凡向弟兄動怒的，必須受審判」（22 節上）。「殺人」、「弟兄」和「動怒」這些字眼可能很快就令認識希伯來聖經的讀者想到創世記四章所記載該隱與亞伯的故事，那是聖經記載的第一件謀殺案。對於馬太社羣來說，「弟兄」也可以是指他們社羣內的成員。耶穌尖銳化地視發怒猶如殺人，他將焦點從外在可見的行為，轉到內裏的心態。馬太福音的耶穌嚴懲發怒，並視之為嚴重的罪，因為它能破壞社羣的關係。因此，要處理這個問題，便要在人的關係仍未去到破裂的時候，先要平息怒氣，挽回和諧（參弗四 26）。只有這樣做，一個社羣才可以健康地存在和繼續發展下去。評論完這主題後，耶穌引用了三個在社羣中出現的例子來支持這論說。

第一個例子是指人在言語上侮辱人。耶穌說：「凡罵弟兄是廢物的，必須受議會的審判；凡罵弟兄是白痴的，必須遭受地獄的火。」（22 節下）換言之，若以口侮辱別人，必受審判。「廢物」來自希伯來文 *rēqāʾ*（「和合本」譯作「拉加」），指的是「空白的頭腦」，而「白痴」（*mōre*）是指「愚蠢」。

第二個例子是獻祭的禮儀（23～24 節）。耶穌相信一個人的宗教狀況與他內心的景況是成正比的。若一個人心中與別人有不解之「恨」，他就不能帶著這「恨」去到「祭壇上獻祭物」。耶穌暗示了這樣的祭是上帝所不接納的，所以人要先解決那「恨」才可以獻禮物給上帝。

第三個例子是有關欠債的事（25～26 節）。若有人因為欠債而與別人結怨，欠債的人就應盡快解決這怨恨，因為債主會不放過欠債的人，會因這結怨而去訴訟。

以上提及第一與第二個例子，都有主動自制的意思，這説明怒氣是可以控制的，並且能轉化為好的行動，從而不單消除怒氣，更得以建立關係。但是，第三個例子所面對的狀況較為複雜，因為欠債的可能未必能夠即時還清所欠的而隨時惹上官司，欠債是觸犯法律，可以被捉去收監（參十八 28～30）。這三個例子究竟與「殺人」有何關連？它們的關連在於三者都有人際關係上的不協調，這些不協調若不及早解決，便會種下「恨」的禍根。

二、論姦淫（五 27～30）

馬太福音的耶穌論及姦淫的新觀點與論發怒同出一轍，不只以外在行為，而是以內在動機作為判斷的標準。耶穌的「但是我告訴你們……」是建基在「十誡」的基礎上（出二十 14；申五 18），耶穌補充説：「凡看見婦女就動淫念的，這人心裏已經與她犯姦淫了。」耶穌同時指出男性也會犯姦淫。相對於當時以男性為主的社會背景，馬太福音的耶穌在這裏提出的兩方面事情十分「前衛」。第一，耶穌當時是向著男性説話。在一個女性仍要蒙頭、長衣蔽體，看男性侵犯女性為女性引誘男性的社會裏，耶穌的説話將男性不可逃避的責任放回男性身上。第二，耶穌視淫念等同淫行，也就是説一個人即使只在思想上動了淫念，他亦算為已犯了姦淫罪；從另一個角看，淫行背後出自淫念，所以雖然未去到產生行為的地步，但淫行已開始了，因此淫念也同樣被視為犯了姦淫罪。耶穌所指的淫念，並不單純是看見一個女人，霎時衝動引起的思想，他的説法有兩個意思：第一，「凡看見婦女」（*pas ho blepōn gunaika*）這短句所用的動詞是一個現在式的分詞，它有延續和停留的意思，表示有一個男人一直注視著一個女人，並讓自己產生淫念；第二，「就動淫念的」（*pros to epithumēsai autēn*）包含兩個觀念：介詞 *pros* 加定冠詞 *to* 及不定詞 *epithumēsai* 在句式上表示了一個目的句子；此外，*epithumeō* 意指「渴望〔想得到〕」、「貪婪」，也可解作「貪戀／圖」（參第十誡：出二十 17；申五 21），它可口語化譯為「佔便宜」。「婦女」（*gunaika*）一詞也可用作解為「〔別人的〕妻子」，若參照摩西律法的意思，全句便更清楚地意譯為：「凡懷著想佔人便宜意圖，意淫淫地不停看著別人妻子的人……。」這不是說若「意淫淫地不停看著婦人」便不算是罪，只是沒有比「意淫淫地不停看著「〔別人的〕妻子」嚴重，因為在希伯來聖經沒有一處指出若一個男性或有婦之夫與一個婦人發生關係就是犯姦淫，但若一個男性與別人的妻發生關係，就構成「姦淫」（*moicheuō* / *moicheia*）罪。就是由淫念萌生引至行動上犯姦淫。對付這種不應有的行為，耶穌用了很嚴酷的圖象——挖眼、砍手——去表達要徹底遠離它，不被它所影響。

三、論休妻（五 31～32）

「休妻」這議題不是來自「十誡」，而是首先出現在申命記（參申二十四 1～4）。論到「休妻」，馬太福音的作者在十九章會再處理這問題（參卷下 2.3.1「門徒與婚姻、離婚和獨身〔十九 3～12〕」，頁 47～51）。在此，他只簡單交代，為要說明耶穌對休妻的一些原則，也可能是因為上文正討論有關「姦淫」的問題。「給妻子休書」在當時是休妻的正式程序，對女方來說，「給她休書」遠比沒有休書的制度，只單單由丈夫口頭提出休妻便了事更為完善。這個機制某個程度保障了作妻子的一方，並且可視為今日所謂的「冷靜期」，是一個要想清楚才作決定的行動。「休妻」是男方的動作，並且「休書」不會解釋休妻的原因，那只是決定休妻後的跟進程序。在耶穌出生的敘述中，當約瑟發現馬利亞有了身孕（對約瑟來說，馬利亞是「不貞」），他本也想休了馬利亞，他這樣做乃合乎律法。耶穌並沒有反對休妻（即離婚），他關注的是導致休妻的原因。耶穌認為除非是因妻子的「不貞」（*porneia*）而休妻，否則就會導致妻子被扣上「犯姦淫」的嫌疑或罪名。

為何「凡休妻的，除非是因不貞的緣故，否則就是使她犯姦淫了」（32 節上）？這與耶穌如何理解婚姻有密切關係。於耶穌看，即使有「休書」，休妻這事也不能廢除上帝所配合的婚約（參十九 4～6），而惟一可以休妻的原因就只能是妻子有「不貞」的行為。換句話說，基於耶穌只接受「不貞」為惟一休妻的理由，「凡休妻的」就判定了他的妻子是「不貞」的，也即是「犯姦淫了」。此外，為何「人若娶被休的婦人，也是犯姦淫了」（32 節下）？從以上的邏輯可衍生出兩個結果：第一，若這婦人真是「不貞」，她就是「犯姦淫了」，那她便是淫婦。她雖是被休了，但上帝所結合的婚約仍有效用，因此和她結婚的後夫便「也是犯姦淫了」。❸ 第二，若這婦人是無辜的，她沒有做出「不貞」的行為，丈夫就不應隨便休了她。在上帝所結合的婚約仍有效用的大前題下，妻子雖然被休了，但她仍是她丈夫的妻子，後來誰與她結婚，便因而犯了姦淫。耶穌這番話是對著男性說的，而「除非」這詞就顯得相當重要。耶穌的重點不是在可不可以離婚或寫「休書」，更不是在妻子是否「犯姦淫」，而是在提醒作為耶穌門徒的男性，不能在婚姻的事上掉以輕心，隨意判定自己妻子為「犯姦淫」，以及隨意「休妻」。

四、論起誓（五 33～37）

耶穌在「論起誓」這一點，是混合律例（參利十九 12；民三十 2；

另參詩五十14）及「十誡」中的第二誡（參出二十7）作評論。當人要起誓，就表示他要為一件事尋求保證，但他的話不夠分量，所以需要另一個比自己更可信的人來作最後的保證（原理與以物作擔保相似）。當人「背誓」，就表示起誓的人不能信守諾言，那起誓的話就落空。當猶太人不敢以上帝的名起誓，便以其他不同的名稱，如「天」、「地」、「耶路撒冷」和「頭」起誓。耶穌將這些名稱與上帝連上關係，表示一切源於上帝，即使以不同的名稱，這些全都是歸到上帝那裏。因此，背棄這些被指著起誓的不同名稱，就等同於背棄上帝，最終也是一種罪，就如背棄指著上帝所起的誓一樣。耶穌不是叫人要承諾所起的誓，而是「甚麼誓都不可起」，表示他對這些起誓行為全予以否定。耶穌認為人只須要誠實，「是，就說是；不是，就說不是。若再多說，就是出於**那惡者**」。

「那惡者」（tou ponērou）這名詞的原文可以屬陽性所有格或中性所有格，故未能確定這名詞是指「那惡者」（陽性意思）抑或「邪惡」（中性意思）。

五、論報復（五38～42）

耶穌在此帶出「報復」的主題，這一點與律例有關（參出二十一23～25；利二十四19～20）。耶穌說：「你們聽過有話說：『以眼還眼，以牙還牙。』」（38節）這律例的原意在於為暴力定上限，不讓報仇所帶來的傷害或損失大過原先所受的。但耶穌卻吩咐人不只不要報復，更加「不要與惡人作對」（39節上），意思是不要與那些作惡事在你身上的人作對。這話同時也是一種行動，意思是不要縱容人任意在你身上作不好的事，因為當你與這些人作對，會令他們繼續以惡行對待你，如此就是縱容他們行惡了。若用現代的字眼來表達，耶穌其實是教導「以非暴力行為去回應」（non-violence response）暴力的行為。俗語說：「冤冤相報何時了？」耶穌在此列出了非暴力的四個例子來說明，都與收起自己可以報復的心去打破以暴易暴的惡性循環有關。

第一個例子是被人打臉（參39節下）。在一個普遍以右手強過左手的世界裏，而被打的是右面的臉，那麼，打人的是用右手背打人，這是一種凌辱。在這情況下，耶穌呼籲受害者也讓人打另一邊，這是打人者所料想不到的，以致他們自慚形穢。這亦都是被打者的一種自衞方法，因為若果還手，恐怕傷的會更大。

第二個例子是衣服被拿走（參40節）。經文開始之時，作者指出「有人想要告你……」，表示這是一個訴訟的場景。究竟被告是否冤枉是不得而知，但他應該被判要拿出「裏衣」，這可能是一宗民間訴訟。拿走「裏衣」還要給人「外衣」，他就是赤著身離開法庭，若他是窮人都再沒有衣服蔽身。按摩西律法規定，外衣是窮人在夜間作禦寒用的，故不可拿走別人的外衣（參出二十二25～27）。從人的眼光看來，是不可能的，耶穌卻呼籲他門徒要這樣行，其精意在於不要為自己作申辯，寧願受屈（參林前六7）。

第三個例子是被強迫走路（參41節）。「強迫」（*angareuō*）這個字在馬太福音只出現兩次，是一個從波斯借過來用的希臘字，可能是一通行的詞，用來描述統治者迫使當地人搬運重物或提供服務的行為。在耶穌的時代，羅馬兵丁有權命令被羅馬統治的地方的人民為他們服務，上至強迫人或庸人為他們作事，下至強迫人借出動物去作搬運行李或軍備之用（參「猶太古史」13.52；「巴比倫他勒目」之「論聖日」〔*B.T. Yoma*〕25b）當耶穌背十字架時，羅馬兵丁強迫路人為耶穌背十字架便是一個好例子（參二十七32）。同樣地，在耶穌當時的社會處境中，有羅馬兵丁強逼人去幫他們揹背包，並要求走陪他們一里路時，受害者不但沒有抗拒，還要陪他們走多一里路，多出的一里路是出於愛的行動。

最後的例子是涉及請求幫忙和借貸的問題：「有求你的，就給他；

有向你借貸的，不可推辭。」（42 節）當別人有需要來求你的時候，不可因為他早前沒有按你的要求借東西或借錢給你，你就不借給他。他勒目裏的一個故事（參「巴比倫他勒目」之「論聖日」23a）提到因為懷恨或報仇而不願意借出工具（或金錢），可能會是這第四個例子要針對的背景。這裏也許同時涉及要求免息貸款的問題（參申十五 7～11）。這個例子其實與愛仇敵有關係，因此自然地在主題上承接到下一段有關「論愛仇敵」的經文。

基本上，耶穌以上的教導可說是從「以眼還眼，以牙還牙」改為「不報復」。耶穌這教導並不是獨特的，因在希伯來聖經中，除了「以眼還眼，以牙還牙」的原則外，還有另一種做法，就是「你的仇敵若餓了，就給他飯吃，若渴了，就給他水喝」（箴二十五 21）。換句話說，耶穌沒有反對律法的要求，他只是在原本的傳統上加上自己的見解，而這見解都是涉及一個更高的「義」的層次問題。

六、論愛仇敵（五 43～48）

這這是最後的一組對照句，與律例有關。「要愛你的鄰舍」（43 節上）來自利未記十九章 18 節「你要愛鄰如己」，指的是在以色列民中間的人，大家要彼此忠誠對待、互相照應（參太十九*19*，二十二*39*）。「恨你的仇敵」（*43* 節下）在希伯來聖經中找不到，但在昆蘭社羣中的文獻卻找到相似的思想（「社團守則」〔*Community Rule*〕1QS 1.10）。「愛」在這節經文裏所指的並不是一種情感，而是對盟約內的人（即以色列人）所釋出的忠誠行為。因此，耶穌叫跟隨他的人「要愛你們的仇敵」（44 節上），是指在行動上愛他們，甚至「為那迫害你們的禱告」（44 節下）。這是超出人性常態的表現，但能夠這樣作的——根據更高的「義」的原則——便是「作天父的兒女」的明證（45 節上；另參五9)。馬太福音的耶穌繼續指出,上帝待人是沒有分彼此(參45下~47節)。因此,能夠愛仇敵是因為上帝釋出的那分不分「義人」和「不義的人」的愛,以至人能活出這個超出人性常態的表現。再者,即使那些被猶太人看不起的「稅吏」也懂得去愛那愛他們的人,作為上帝子民的就更應如此。如此理解,「所以,你們要完全,如同你們的天父是完全的」(47節)的「完全」(*teleioi* / *teleios*),指的不是道德上的完全而言,而是指對不同人的態度。

48節可說是結束了第六組對照句,同時也是這六組對照句的總結。耶穌所帶來的「新的義」,是如何滿足「舊的義」的要求?正如馬太福音的耶穌就律法和先知所說的:「我來不是要廢掉,而是要成全」(17節);並且相對於法利賽人和文士的「義」,那是一種更高的「義」。在上帝不偏不倚的大前題下,耶穌說:「所以,你們要完全,如同你們的天父是完全的。」(48節)這句話指的不是道德的完全,而是對人不厚此薄彼,公平地互相對待。由此可見,耶穌對律法的新觀念比舊的更貼近上帝的心意。

4.2.2 真實的虔敬(六1~18)

六章1至18節開始了另一個話題,是有關「虔敬」的問題,這其實也是五章17至48節的延續,以探討在更高的「義」之下(五20)何謂「虔敬生活」。

猶太人所著重的虔敬包括三方面的生活表現:施捨(2~4節)、禱告(5~8、9~15節)和禁食(16~18節)。這三段經文在希臘原文同樣有著相同的格式:「〔當〕⋯⋯我實在告訴你們⋯⋯」(*hotan ...*

amēn legō humin）。

4.2.2.1 虔敬生活的原則（六 1）

這節經文是六章 1 至 18 節整段經文的標題，主要是圍繞在如何過一個更高的「義」的生活（「和合本」譯作「善事」）；「和修版」則譯作「虔誠」）。「虔誠」（*dikaiosunē*）原文的意思是「義」，與五章 20 節的「義」相同。在這標題裏耶穌說明了一個重要的原則，就是這更高的「義」是要活在上帝面前，而不是故意行在人的面前。

在這段落裏，耶穌以「你們」作開始，表示這不是關於個人屬靈操練的問題，而是社羣的見證。做虔敬的事是對的，但不要以錯誤的動機作正確的事，這正是耶穌要指出的 —— 裏外一致。這是否自相矛盾？因為馬太福音的耶穌在前一章才說門徒是鹽是光，他們的好行為要在人前被見到（參五 13～16），但如今卻說：「不可故意在人面前表現虔誠。」其實作者並不是前後不一，他在此要強調的是，門徒的虔敬要源於內在質素，即「修於內形於外」，而不是像那些「做表面工夫」、「假冒為善的人」一樣（2、5、16 節）。

4.2.2.2 虔敬生活的表現（六 2～18）

說出原則之後，馬太福音的耶穌再以一些生活例子作論證。他以三個生活的狀況來說明內外對比的虔敬表現：

	外在	內在
施捨（2～4節）	你施捨的時候，不可叫人在你前面吹號，像那假冒為善的人在會堂裏和街道上所做的，故意要得人的稱讚。（2節）	你施捨的時候，不要讓左手知道右手所做的。（3節）
禱告（5～8、9～15節）	你們禱告的時候，不可像那假冒為善的人，愛站在會堂裏和十字路口禱告，故意讓人看見。（5節）	你禱告的時候，要進入內室，關上門，向那在隱祕中的父禱告。（6節）
禁食（16～18節）	你們禁食的時候，不可像那假冒為善的人，臉上帶著愁容；因為他們蓬頭垢面，故意讓人看出他們在禁食。（16節）	你禁食的時候，要梳頭洗臉，不要讓人看出你在禁食。（17～18節）

從上文列出之外在與內在虔敬的比較可以看見，它們各自的獎賞也有不同的來源，前者是來自人的（參2下、5下、16節下）而後者則來自在隱祕中的天父（參4下、6下、18節下）。馬太福音的耶穌沒有否定，也沒有批評這些虔敬工夫的重要性，他處理的是有關這些虔敬行為背後的動機問題。他要求門徒要裏外一致，不要像他所譴責的那些假冒為善的文士和法利賽人（參二十三章）。真正的虔敬是出於對上帝的愛慕，而不是為了得別人的讚賞。

在馬太福音中，「假冒為善」這詞共出現了13或14次（六2、5、16，七5，十五7，二十二18，二十三13、〔14〕、15、23、25、27、29，二十四51），所表達的全都是負面的意思，即行動和動機不一致，施捨的背後沒有憐憫，有的只是想得別人的稱讚。

一、論施捨（六2～4）

第一件耶穌提出的是「施捨」（*eleēmosunēn*）。這是每一個猶太人都應該要行的事，這個字與五章7節的「憐憫」（*eleēmones*）出於同一個字根（*eleos*），也是憐憫的意思。施捨時「叫人在你前面吹號」是作者誇張的寫作手法，但足以表達出一種「**假冒為善**」（*hupokritai*）的行為。這裏的「假冒為善」在馬太福音是第一次出現。這個詞在希羅世界裏，是指歌劇裏的某個角色或面具背後的演員，而馬太則用以表示人所扮演出來的虔敬，因為他們想得到的，實際上是自己的榮耀，多於是對上帝的傾愛或是對人的關心。馬太福音的耶穌沒有否定公開形式的施捨，只是這樣的行為已經得了人的讚賞。反之，耶穌鼓勵人施捨不為人知道或不求別人的稱讚，好比左手也不知道右手所做的相似，因為人「隱祕地施捨」，上帝「在隱祕中察看，必然賞賜」（4節）。「在隱祕中」（*en tō kruptō*）原文是「祕密行動」的意思。從原文語法表達上，這形容詞在句子中可用來形容「察看」或「賞賜」，或形容行動者，但若用來形容行動者，會是較自然的組合。

二、論禱告（六5～15）

論到禱告，馬太福音的耶穌從三方面去講述。首先，他說明禱告應有的態度（5～8節），然後他以一個禱文作例子，說明禱告應有的內容（9～13節），之後再從禱文內容中藉饒恕這題目指出如何將禱告應用在生活上（14～15節）。

■　禱告的態度（六5～8）

當耶穌談到禱告的態度時，他提到禱告在質和量兩方面的問題。在質方面，耶穌指出，禱告不是為了給別人看見或要被人稱讚，因為禱告不是一件用來炫耀自己靈性長進的一種表現；相反，禱告是向那「在隱祕中」（6節）的父上帝作的，雖然沒有人能看見，但「在隱祕中」的父是知道並垂聽禱告的。這再次帶出虔敬背後的動機問題：真實和動機純正的禱告是向上帝發出的，而非為人的私心，並故意作在人的面前。馬太福音的耶穌選了「內室」作為禱告的地方，這個詞所指的可能是廚房或儲藏室，就是那最不起眼的地方，以表示在暗中禱告，不讓人看見。在量方面，禱告在古代世界是很普遍的宗教活動，外邦人也會向他們的神祇禱告。耶穌引用外邦人的禱告作例子，指出他們以為禱告愈長、話愈多，禱告便蒙垂聽（參 7 節）。外邦人向神祇禱告大都十分公式化，且帶有一種交易方式。當時的人對禱告有一種理解，這可從一個他們通用的拉丁文 *do ut des* 表達出來，這拉丁文的意譯是「我求……我給你禮物，你給我成就我所想所求！」耶穌吩咐門徒「不可效法他們」（8 節），因為天父在人未祈求以先，已知道人的需要；禱告多話，不等於上帝必然垂聽。在耶穌看來，禱告不是個交易，即使禱告得蒙應允，也不表示這是一個交易的結果。禱告的重點不在於內容，而在於關係。交易式禱告與恆切式禱告之不同，就在於前者著重條件，後者則著重關係。人透過禱告與上帝溝通並建立關係，因此耶穌沒有否定人恆切尋求上帝並禱告的重要性（參七 7～11）。在講論有關禱告的事情後，耶穌接著教導門徒禱告。因這是耶穌示範的禱告，而他又是我們的主，故稱之為「主禱文」，即主教導的禱文。

■ 主禱文（六 9～13）

主禱文共有七個祈求（路加福音的主禱文只有六個祈求；參十一 2～4），分為兩大部分，頭三個為父上帝的心意臨到而求（9～10 節），後四個為人的需要而求（11～13 節）。❹ 這十分符合馬太福音的耶穌將要說出存於上帝與人之間的優先次序——「你們要先求上帝的國和祂的義，這些東西都要加給你們了」（33 節）。

耶穌不只自己稱上帝為「父」，在禱詞的第一部分（9～10 節），他更教導他的門徒稱上帝為「我們在天上的父」。耶穌指出我們的禱告對象雖高高在天上，但祂也是「在隱祕中」察看和賞賜我們的那一位，祂知道我們所需要的,就如我們的父一樣。耶穌教導門徒要尊上帝的「名為聖」。上帝的「名」不完全等同上帝,但卻是人在地上可以藉此名求問的尊稱。**「申典歷史」**(Deuteronomistic History)**學派**將上帝與上帝的名分開,意思是人求問的不是住在所羅門聖殿的上帝,因為上帝不住人手所建的殿,聖殿不過是作為上帝之名的居所(參所羅門王的禱告〔王上八22～53〕,特別留意27至30節)。這種希伯來聖經的上帝觀,也正是路加筆下的司提反所理解的(參徒七46～50)。「願你的國降臨」是耶穌出來傳道的主題信息(參四17),其主旨即在於上帝的「旨意行在地上」,而「願你的旨意行在地上」則是要求人遵照上帝的心意而行,也就是遵行(耶穌所理解的)律法,換另一個説法,就是門徒追求義和滿足義的要求(參33節,三15)。另外須留意的是,「願人都尊你的名為聖」、「願你的國降臨」和「願你的旨意行在地上」這三句所指向的都是同一個意思,就是先將上帝放在首位,其次才為自己的需要禱告(參33節)。

「申典歷史」學派是指一羣持申命記史觀去記載歷史的人。他們曾於被擄後撰寫及編修申命記至列王紀下(不包括路得記)歷史。

禱文的第二部分(11～13節)主要是祈禱者説出個人的需求。從11節起作者由第三人稱單數「我們在天上的父」轉為第一人稱複數「我們」;從以上帝為主角祈求,轉到為禱告者自己求。這裏共有四個祈求:

- 「我們日用的飲食,今日賜給我們」。「日用」(*epiousios*)的原文真正的意思難以追溯,但通常解作每天或明日。綜觀整個祈求,因為接著「我們日用的飲食」之後是「今日賜給我們」,這表示耶穌不是要門徒求將來的飲食,而是求當下的飲食。另外,「飲食」(*artos*)的原文指的是耶穌時代吃的主糧,即烤薄餅。
- 「免我們的債」的「債」不是指錢債,而是猶太人表達「罪」的用法。

赦罪是耶穌的使命和傳道中的一個重要題目（參一21，四17，九2～8），這與悔改有著密切的關係。至於「如同我們免了人的債」中的「債」當然可以指錢債，但若承接上一句，也可指赦免別人的罪，即饒恕別人（參五7、38～42、43-47，十八21～35）。

- 「不叫我們陷入試探」是四個祈求中惟一的負面表達，是祈求者求上帝不要讓自己陷入試探。「陷入」的原文是 *eisphero*，意指主動「引入」或「帶入」的意思。「試探」（*peirasmos*）這個詞也可譯作「試煉」，但若與相連的下一句「救我們脫離那惡者」一起理解，此處的翻譯應是「試探」，而不是試煉。其實，在猶太人的智慧文學裏的約伯記（參一～二章），上帝才是那使人接受、遇上或陷入「試練」和「試探」的最終源頭。因此，人惟有向上帝祈求，禱告這些事不要臨到自己的身上。
- 「救我們脫離那惡者」。這與上一個祈求相近。耶穌當然要他的跟隨者提防「那惡者」的攻擊（另參五37），但更重要的是不要看自己太高，以為自己一定可以得勝有餘，最好的預防就是祈求上帝把自己從「那惡者」救出來，這是人在本位上最有智慧的祈求。耶穌在客西馬尼園作了很好的示範（參二十六36～46）。

13節下的「因為國度、權柄、榮耀，全是你的，直到永遠。阿們！」（參代上二十九11）緊接最後一個祈求，結束了主教導的禱文。收錄於路加福音內的主禱文是沒有這段頌讚文作結尾的，這段讚頌文只在馬太福音出現。由於很多馬太福音的古抄本也沒有收錄這段經文，加上與它相似的讚頌文也在「十二使徒遺訓」中找到，大多學者都視這段讚頌文是後來被早期教會加入，使主禱文成為在崇拜時用的完整禱文。

■ 補充應用(六14～15)

14至15節是在主禱文結束後加插的教導，內容是論及寬恕與和解，跟主禱文裏為自己祈求的「免我們的債」有關，也與第一組對照句(「論殺人」；五21～26)、第五組對照句(「論報復」；五38～42)、第六組對照句(「論愛仇敵」；五43～48)的教導方向一致。由此可見，馬太福音的耶穌十分著重在社羣中的和諧和生活倫理(另參十八1～35，特別是15～17、21～35節)。社羣中弟兄姊妹的相處關係，同時絕對反映出上帝與人之間的關係。

主禱文與現代靈修觀

主禱文只出現在馬太福音和路加福音裏，「來源鑑別學」(source criticism)視之為來自Q-典的傳統，一般以路加福音所記載的主禱文較為貼近Q-典的原來面貌。雖然收錄於兩本福音書中的主禱文來自不同的「生活場景」(*Sitz im Leben*)——馬太福音的來自崇拜處境的使用，而路加福音的來自老師對門徒的教導——但這禱告是主耶穌教導他的門徒使用的禱文，這點應是不容否定的。

若馬太福音的「生活場景」是這樣，主禱文開頭用的字眼「所以，你們要這樣禱告」(*houtōs oun proseuchesthe humeis*；9節上)便很有指示性。「要這樣」(*houtōs*)是指「照著這樣」；換句話說，馬太福音的耶穌期望他的門徒如他所說的一樣去禱告，不只在祈求的內容上，也在使用的詞彙上。主耶穌吩咐他的門徒用他所用的詞彙去禱告的這個傳統由早期教會流傳至今，今天很多教會仍在主日崇拜中以主禱文作公禱(因此主席不應說：「我們背主禱文」，因為在崇拜中誦讀主禱文不是在背經文，而是真的是用主禱文作為主教導門徒的禱文來禱告)。主禱文在路加福音中出現是基於門徒要耶穌教導他們一個禱告，可以藉此把他們從其他社羣分別出來，例如施洗約翰的社羣。因此，主禱文有它建立身分的作用，以便從其他不同信念的社羣分別出來；換句話說，它可以用作建立基督徒的身分認同。當教會以主禱文禱告的時候，是向世界或其他不是基督信仰的表示：我們如何理解上帝和我們與祂的關係（主禱文的第一部分），以及我們如何理解我們與他人的關係（主禱文的第二部分）。

三、論禁食（六 16～18）

這段經文可以與「八福」中的第一個福一併讀，而以賽亞書五十八章 3 至 7 節也提供了這段「論禁食」的經文背景。禁食可以是個人的虔敬操練，但也可以與如何對待鄰舍的愛心行動有關。禁食不是為追求任何利益或個人的榮耀，而是求上帝公義的彰顯。那「假冒為善」、故意在別人面前禁食的，目的就是要讓其他人知道他們在禁食，以此表揚自己是一個何等虔敬的人。耶穌指出在人面前禁食的人「已經得了他們的賞賜」（16 節），因為他們已得到了人的掌聲，目的亦已達到，只是上帝不會因此而賞賜他們！相對於這樣的禁食，耶穌要他的門徒在暗中進行禁食，並且在禁食時「要梳頭洗臉」。這與那「假冒為善」、「臉上帶着愁容」和「蓬頭垢面」的表現形成強烈對比。如同施捨和禱告，禁食也應不為人所知，這樣，在隱祕中察看的天父必然會賞賜。須留意的是，馬太福音的耶穌沒有否定禁食，而禁食背後的動機才是耶穌針對的問題（參九 14～17）。

4.2.3 天國門徒的生活（六 19～七 12）

在這大段落中作者收集了不同題材的耶穌傳統，主要的內容圍繞著門徒在天國所要求的原則下應有的社羣生活。這段落可以分為兩大部分，第一部分關於生活與憂慮（六 19～34），第二部分關於生活與交託（七1～12）。

4.2.3.1 生活與憂慮（六19～34）

19至34節指出門徒依靠的對象和心態。他們一方面依靠看得見的財富（19～24節），但在心態上，卻有看不見的擔憂（25～34節）。

一、看得見的財富（六19～24）

19至24節討論關於財富的問題，這一小段經文的特色是它有三對的對句，為說明三種的選擇。第一，有「兩種財富」，分天上的和地上的（19～21節）。人究竟要積蓄天上的抑或地上的財富，這是關乎心之所屬的問題。第二，有「兩種眼光」，就是明亮的和昏花的眼睛（22～23節）。這是關乎人所關注的焦點的問題。第三，有「兩個主」，但人只能服事一個主（24節）。這是關乎策動事奉或服事的性質的問題。

馬太福音的耶穌明白「你的財寶在哪裏，你的心也在哪裏」（21節）的真諦，他清楚指出甚麼才是真財寶（參19～20節）。另外，人習慣以看得到的為實際，所以耶穌便帶出眼睛與視域的問題（參22～23節）。這反映了人的心和眼睛常以地上財富為關注的焦點（參卷下2.3.3.2「看待財富之兩個道理〔十九23～二十16〕」的第二點「園主雇用工人的比喻〔二十1～16〕」提及二十章15節「就眼紅了」的解釋，頁56～58），但「眼睛是身體的燈」，惟有明亮的眼睛，才能沐浴在上帝的光明中，得著天上的賞賜。因此，作為天國的門徒不能服事兩個主，他必須要作出決定，就是愛上帝甚於「瑪門」（24節）。

二、看不見的擔憂（六 25～34）

在 25 至 34 節，耶穌進一步指出作為天國的門徒就是要以信心去克服生活中的擔憂，雖然這種信心不像財富般實在和看得見。馬太福音的耶穌不是在提倡一種無痛苦的生活，他絕對知道人間的疾苦（參九 36），但他鼓勵人以信心過無憂的生活。在這短短的十節經文中，他提出了七個原因教人不要走進無補於事的擔憂中，七乃代表完全的數字。

第一，耶穌首先說出他在這段話的要點，就是人所經常憂慮的事情，他說：「所以，我告訴你們，不要為你們的生命憂慮吃甚麼喝甚麼，或為你們的身體憂慮穿甚麼。」（25 節上）這裏的「憂慮」並不是指一般的憂慮，而是特別指對上帝缺乏信心而產生的憂慮。耶穌同時指出，這些憂慮都不是關心「生命」和「身體」的，而是外在的「吃甚麼」、「喝甚麼」和「穿甚麼」。因此，耶穌反問：「生命不勝於飲食嗎？身體不勝於衣裳嗎？」（25 節下）

第二，耶穌強調人的貴重性。他指出天上的飛鳥都只是一些微小的動物，上帝尚且養活牠們。他再次反問：「你們不比飛鳥貴重得多嗎？」（26 節）馬太福音的耶穌提醒門徒要對天父有信心。

第三，人是有限的，沒有能力改變歲數。耶穌說：「你們哪一個能藉着憂慮使壽數多加一刻呢？」（27 節）所以「憂慮」是無補於事的，但人卻經常活在憂慮中。

第四，身體勝於衣裳，既然憂慮不能延長歲數，人就不應「為衣裳憂慮」（28 節上）。耶穌以上帝看顧「野地裏的百合花」（28 節下）為例子，指出那些憂慮衣裳的是「小信的人」。耶穌說：「你們這小信的人哪！野地裏的草今天還在，明天就丟在爐裏，上帝還給它這樣的妝飾，何況你們呢？」（30 節）耶穌以大自然的一景一物再次提醒門徒要對天父有信心。很明顯，這節提到的「小信」（*oligopistos*）不是指「不信」，而是指「信〔心〕不足」，這是在馬太福音中關乎門徒的一個重要議題（參八26，十四31，十六8，十七20）。「信」與「不信」（參十三58，十七17）當然有很多分別，但在「信」的人中，「信」與「小信」仍有分別。耶穌邀請他的門徒學習全心信靠天父上帝。

第五，耶穌說：「所以，不要憂慮……這都是外邦人所求的。」（31～32節上）外邦人為衣食憂慮，是因為他們不知道有一位慈愛關顧的上帝，但門徒需要的「這一切東西……天父都知道」（32節下；參六8下）。

第六，「你們要先求上帝的國和祂的義，這些東西都要加給你們了。」（33節）在此馬太福音的耶穌提出了生命的優先次序，就是先顧念「上帝的國和祂的義」。在原文裏，有些抄本沒有「上帝的」（*tou theou*）這短語，所以可以直譯為「國和祂的義」。即使沒有將之譯出來，其意思都帶有祂的國的意味（「和合本」譯作「祂的國和祂的義」）。

第七，既然作耶穌的門徒意味著進入對上帝有信心的關係基礎中，門徒就不只是要知道天父愛每一個對他有信心的人，並且在生活中要先求上帝的國降臨和致力彰顯上帝的義在地上；如此，門徒便可安穩在天父的看顧和保守中。所以，馬太福音的耶穌在總結時呼籲他的門徒：「不要為明天憂慮，因為明天自有明天的憂慮；一天的難處一天當就夠了。」（34節）

總括來說，這一段落可說是對六章11節的演繹，道出了給予的是天父上帝，若門徒能夠學習全心信靠，如同耶穌一樣，便能在生活上減少很多不必要的擔憂。

4.2.3.2 生活與交託（七 1～12）

六章 1 至 34 節主要是針對作為耶穌的門徒如何活出不是以自己，而是以上帝為中心的生命，所指的是「先求上帝的國和祂的義」，並依靠上帝而「不要為明天憂慮」，這是直接關乎門徒與上帝的關係。在七章 1 至 12 節中，耶穌轉了他的話題，教導如何與他人相處，是關於門徒在馬太社羣中的相處之道。這其中包括兩點，然後是總結。

一、不評斷人（七 1～6）

「不要評斷」（mē krinete）的原文是以命令式語氣表達。

馬太福音的耶穌先以一個**命令式語句**來開始他的倫理相處之道：「你們不要評斷別人。」（1 節）其原因是免得自己也被審判。這裏所指的「評斷」，應該不是一般對人的客觀評估或衡量，而是一種只有單一向度，且帶有不良動機的評斷。「評斷」近乎「定罪」。若用較正面的話來重組「不要評斷」的意思，就是對別人的過錯要留多一點仁慈、忍耐和包容。這個方向的詮釋可令讀者更明白第 2 節的意思：「因為你們怎樣評斷別人，也必怎樣被審判；你們用甚麼量器量給人，也必用甚麼量器量給你們」。「審判」（*krithēsesthe*）與「量」（*metrethēsetai*）的原文都是被動式動詞，表示這是「上帝」的工作，意思是你怎樣「評斷」別人，你也怎樣被上帝「審判」；你用甚麼量器「量」給人，上帝也用甚麼量器「量給」你。綜合 1 和 2 節，作者在第 1 節命令「不要評斷」，第 2 節則指出因為上帝才是最終的審判者。因此，若想得到上帝的仁慈、忍耐和包容的看待，耶穌的門徒對別人也應如此。耶穌的教訓十分生動，可能他是木匠的緣故（參十三 55），他引用了一個在這方面工作的誇張例子來說明他的道理（參 3～4 節）。5 節與 1 至 2 節的內容相近，這節經文更清楚表示，並不是不可以「去掉你弟兄眼中的刺」，但首先要「先去掉自己眼中的梁木」;也即是說,不是不可以「評斷」,而是不要只「評斷」別人的問題,而忘了檢討自己本身也有問題,甚至自以為是個沒有問題的人。耶穌斥責這樣「評斷」的人是「假冒為善的人」。經文提及的「弟兄」指的是馬太社羣內的人(參十八 15~17),可見「評斷」很容易帶來不合一,最後導致社羣的分裂或分黨,門徒應慎防。

6 節是一節難解的經文,因為今日我們不能確定它的原來背景,故此也無法確定它的原本意思。事實上,從表面內容來看,它也與上下文沒有明顯的關連。若根據猶太人的慣常用法,「聖物」被視作父的名(參六 9),「狗」用作描繪外邦人(參十五 26),「珍珠」代表天國(十三 45~46),而「豬」與外邦人同樣被視為不潔等等,那麼這諺言可被理解為一種警告,就是不用向外邦人述說有關天國的事。但這詮釋最大的問題,在於這個警告與上下文理脫節。不過,亦有另一種詮釋將這句經文與評斷別人相提並論,可看為如下:

	人所作的	因所作的而得到的結果
1~5 節	評斷別人	被審判
6 節	不要把聖物給狗, 也不要把你們的珍珠丟在豬面前,	恐怕牠們踐踏了珍珠, 轉過來咬你們

評斷別人的人以為自己很了不起,誰知他也會有犯錯的時候,就如「把聖物給狗」和「把……珍珠丟在豬面前」,最後卻換來不是預期的結果或反應。因此,這和以上有關不可評斷的詮釋一樣,都可被理解為一個警告,「叫人慎思明辨」(call for discernment),不要評斷別人,因會遭遇還擊,即評斷別人者也會被人評斷,甚或被上帝審判。

二、祈求就得著（七 7～11）

緊接著「評斷」之後，就是有關祈禱的教導。作者有如此的鋪排是有特別用意的。這裏所講的並不單是關於禱告蒙應允的教導，還必須緊貼 1 至 6 節的不可評斷人這段落來理解。7 至 11 節是講述為何不要評斷別人的原因。這段經文再次指出上帝作為天父的信實和看顧，祂就如在地上的好父親一樣。耶穌說出了天父的性情，就是不會冷待孩子們的祈求：「你們中間誰有兒子求餅，反給他石頭呢？求魚，反給他蛇呢？你們雖然不好，尚且知道拿好東西給兒女，何況你們在天上的父，祂豈不更要把好東西賜給求祂的人嗎？」（9～11 節）在耶穌的時代，「餅」和「石頭」、「魚」和「蛇」都分別在外形上十分相似，容易帶來混淆，所以耶穌將它們用作比喻來講解一個道理：既然天父是這麼明白祂在地上兒女的需求，並且祂是慷慨的施恩者，當門徒明白這道理，在社羣中遇到人際關係的問題時，他們可以不（先）去評斷別人，以免帶來社羣的傷害，他們將事情交託天父，好讓天父作最終的審判者。

三、總結：金科玉律（七 12）

若從以上的詮釋去理解 7 至 11 節，那麼 12 節作為整個小段落的總結便顯得十分合情理。這裏處理的仍是個人在羣體中與別人相處的指引：「所以，無論何事，你們想要人怎樣待你們，你們也要怎樣待人。」它總意要指出，人不能只為自己而活，特別對於生活在一個社羣中的成員來說，他們如何對待別人，也與別人如何對待自己有莫大的關聯。換言之，這是愛人如己的另一種表達。

要知道，這條「金科玉律」不是耶穌首先提出的，與耶穌這番言論相似的話早在猶太文化（參「多比傳」〔*Book of Tobit*〕4.15；「巴比倫他勒目」之「論安息日」〔*B.T. Shabbath*〕31a）和希羅世界中（參艾索克拉底〔Isocrates〕的著作〔*Nicocles* 49, 61〕）存在，甚至遠至中國的孔子也講過相近的話：「己所不欲，勿施於人。」（《論語》）耶穌和孔子所講的意思基本上是一樣的，但耶穌是從正面出發，而孔子則是從反面出發；兩者最大的分別在於前者表達了主動要做的事，而後者則偏向被動不做的事。此外，對馬太福音的耶穌來説，他所教訓的都不是新的道理，「因為這就是律法和先知的道理」。從這個角度看，12節不只指向7至11節的內容，也可說是總結了耶穌在五章17節至七章11節中所包含有關「律法和先知」的教訓。馬太福音的耶穌沒有廢掉他祖宗的教訓，只是把原來的道理變得更活潑和生活化，這正是新舊教訓兼併的絕好例子（參十三52）。

4.3 兩個選擇（七13～27）

在七章13至27節，耶穌強調若要確實知道一個人是否有行在義路上，就要看他是否按上帝的心意而行事。須留意在這裏所強調的聽和做，並不涉及靠行為得救的教導，這也是在馬太福音中一個很重要的主題（參二十一28～32）馬太福音的耶穌用了三個作對比的比喻以凸顯此重點：第一，兩扇門與兩條路的對比（13～14節）；第二，兩種樹和果子與真假先知的對比，説明人可以憑他們的果子而鑑定他們的好壞（15～20節），以及分辨他們是靠嘴巴還是以順服和行動來作門徒（21～23節）；第三，建房打根基在磐石或沙土上與聽了去做和不做的對比（24～27節）。

分段大綱（七13～27）

一、兩扇門的比喻（七13～14）
二、兩種樹和果子的比喻（七15～23）
三、兩種〔房屋〕根基的比喻（七24～27）

4.3.1 兩扇門的比喻（七13～14）

這三個對比都是關乎作門徒的抉擇。在第一個比喻中，門的「窄」與「寬」分別代表所選擇的是生命與滅亡之路。這是智慧文學中常見的「兩條路」的主題，也是在律法書與先知書中可以找到的主題（參申三十15～20；耶二十一8）。「通往生命的門是窄的，路是小的，找到的人也少。」（14節）這是指作門徒的人少（參九37～38），因為跟隨耶穌並不是容易的事（參十六24～26）。

4.3.2 兩種樹和果子的比喻（七15～23）

「假先知」所指的是從馬太社羣以外來的巡迴佈道者。希伯來聖經以先知的話有否應驗來判定真假先知（參申十八20～22）；在馬太社羣中，要識穿他們的真正身分，是從他們的「果子」來辨認，也就是指從他們的行為來判定。後來的「十二使徒遺訓」（11.1～12）跟隨這個方向，判定凡留宿多過兩天及求取金錢的巡迴佈道者為假先知。馬太福音的耶穌要他的門徒防備這樣的人。羊與狼的形象清晰分明（參十

16），這等人猶如「外面披著羊皮，裏面卻是殘暴的狼」（15節）。最後，耶穌也指出誰才是他的真門徒。22節的「在那日」指到末日的時候，凡口稱耶穌為主的，凡奉耶穌的名傳道、趕鬼、行異能的不一定都是耶穌的門徒，惟有那些「遵行……天父旨意的人」（21節）才可以進天國（參二十五31～46）。可見作者雖然著重門徒的行為，但行為不代表一切，作耶穌門徒最重要的是要活出履行上帝旨意的生命。

4.3.3 兩種〔房屋〕根基的比喻（七24～27）

耶穌最後講了一個建造房屋的比喻來總結他的教訓，這比喻也如前兩個對比一樣，都是指出作耶穌的門徒要如何作抉擇，是「聽了我這些話又去做的」（25節）還是「聽了我這些話而不去做的」（26節）？在「登山寶訓」將近結束之前，馬太福音的耶穌向在場聽了他教訓的人清楚地指出：真正的門徒，是那些凡聽了他的教導便付諸行動的人，這樣的人就像將房屋建在磐石上。「磐石」常被用作形容上帝（參申三十二4、18、31；詩十八2），代表穩固的根基，後來也用於彼得認信基督的敘述中（參十六15～18）。換言之，實踐耶穌教導的門徒，就是站在穩固的根基上，並有上帝同在（參二十八20）。反之，若聽了不去行，他不單是一個「無知的人」，在「風吹，雨打，水沖」的時候，意思是指在末日的時候，他所建立的房子最後也必「倒塌」，並且「倒塌得很厲害」（27節）。

4.4 總結（七28～八1）

在這「登山寶訓」最後一段經文裏，耶穌為他之前所講的作總結。

他提到這教訓背後的權柄（28～29 節），之後他便「下了山」（八 1），結束了「登山寶訓」。

分段大綱（七 28～八 1）

一、教導與權柄（七 28～29）
二、耶穌下山了（八 1）

4.4.1 教導與權柄（七 28～29）

經文的開始是「耶穌講完了這些話」（28 節上），這是指 24 和 26 節所指的「我這些話」，內容應包含整個五章 2 節至七章 27 節的教訓，這也表示馬太福音的耶穌已講完他的第一個講論（參十一 1，十三 53，十九 1，二十六 1）。「眾人對他的教導都感到驚奇，因為他教導他們正像有權柄的人，不像他們的文士。」（28 下～29 節）這強調了耶穌是律法權威的詮釋者，而文士只是引述其他有名氣的拉比的話作教導，沒有自己的見地。

4.4.2 耶穌下山了（八 1）

耶穌上山後是坐下來教訓眾人，他猶如一位老師，宣講他在馬太福音中的第一個信息。現在，他的講論已經完結，他便下山，結束了整個「登山寶訓」。

總括而言，耶穌所傳的道，是有關天國的信息（參四17）。在五至七章，馬太福音的作者將耶穌的語錄收集和整理，成為一篇延續的信息，也組成了馬太福音五大講論的第一個講論。在這個有關天國福音的內容中，我們得以窺見馬太福音的耶穌對門徒的教導，同時也透過耶穌的演繹而明白上帝的心意。

信仰反省

「登山寶訓」和「八福」是基督徒十分熟悉的聖經經文，耶穌的這些教訓不只是要讓讀者知道更多有關天國的事情，更重要的是遵行上帝的心意，活出作天國門徒的生命。由始至終，馬太福音比其他福音書更著重信仰的踐行，雖然如此，它不是要門徒靠行為得救，而是藉著行道活出天父的心意，就是履行上帝的義，並藉此榮耀上帝。所以，「登山寶訓」（及「八福」）不是門徒入門的「門檻」，它是履行上帝的義和藉此榮耀上帝的指南。

要了解「登山寶訓」（及「八福」），必須要考慮到馬太福音成書的背景，否則我們今天作讀者的會誤以為馬太福音的耶穌有意將他的教訓取代昔日猶太人的教訓。在六組「對照句」中，耶穌以他自己的話來對應和「代替」當時猶太人對律法的理解，這是因為耶穌要他的門徒活出比當時法利賽人更高的義。這反映了馬太社羣與法利賽派在公元七十年後「社羣競逐」的情況，特別若馬太社羣仍理解自己是屬於猶太（象徵）世界的一分子，馬太福音的耶穌所教導的，其實也就屬於當時猶太人的教導的一個分支。因此，耶穌所講的「你們聽過有話說……但是我告訴你們……」不涉及任何替代論，充其量只能說耶穌激化了律法的真義，或提升了律法的標準，好讓他的門徒比文士和法利賽人行出更高的義。在此再次強調，這是屬於社羣間競爭的語言，絕不是說「基督教」取替了「猶太教」。

最後，「登山寶訓」（及「八福」）十分著重信仰的踐行，但它所指的不是做表面功夫，而是發自內心的行為。知行合一可說是「登山寶訓」（及「八福」）的一個重要基礎，這正是馬太福音的耶穌所講的真實的虔敬，與「假冒為善」所展示出來的宗教行為形成強烈的對比。

「登山寶訓」(及「八福」)呈現的倫理觀是一個理想化的倫理境界，雖然它不是起點，但若作門徒的和教會能在社會中負起當盡的責任作鹽和作光，「登山寶訓」(及「八福」)追求的「大同世界」或許有一天能實現「在地如在天」。

釋經短註

❶ 根據學者的觀察和比較，路加福音對 Q-典作出的改動較少，因而學者以路加福音所呈現的 Q-典較近似原來 Q-典的次序，並以路加福音的章節作為 Q-典的章節，例如Q-典三章 16 至 17 節即路加福音三章 16 至 17 節。當然，Q-典是一份今天已失傳或不存在的經文重構文本，只隱藏於馬太福音和路加福音中。有關 Q-典在馬太福音和路加福音中的鋪排，可參 James D. G. Dunn, *The Evidence for Jesus* (Louisville, KY: Westminster Press, 1985), 9。

❷ 盧齊(Ulrich Luz)認為耶穌的「登山寶訓」是先給門徒，後給眾人的。參 Ulrich Luz, *The Theology of the Gospel of Matthew*, trans. J. Bradford Robinson (Cambridge, UK: CUP, 1995), 42～45。

❸ 有關被休的妻仍是前夫的妻子的觀念，可參 Craig A. Evans, *Matthew*, NCBC (Cambridge, NY: CUP, 2012), 125～126。

❹ 不同學者以不同的聖經鑑別學方式去解釋馬太福音的主禱文，從而帶出它與路加福音的主禱文之不同。有關這方面的討論，可參周兆真：《凡有耳的就應當聽：啟示與釋經》(香港：道聲出版社，2002)，頁 127～138。

溫習及思考問題

1. 耶穌的「登山寶訓」很著重作門徒的行為，它的信息如何與保羅所傳講的「因信稱義」的救恩配合？
2. 耶穌如何看律法？這對我們今天看律法有甚麼影響或帶來甚麼意涵？
3. 若「義」是指履行上帝的心意，那麼五章6節則可解釋為「在生活上渴望活出上帝心意的人，上帝必不使他們落空」。試默想六章33節「你們要先求上帝的國和祂的義，這些東西都要加給你們」這節經文，它與「飢渴慕義」可以一起理解嗎？若能整合起來，會是甚麼意思？在你的生命中，你認為甚麼才是滿足上帝的心意而非自己的心意？
4. 不論是「論發怒」或「論姦淫」，耶穌都將人的思想放在人的行為之先，這如何影響我們今日理解罪的指向？罪是外表行為性的，或是內在意念性的？上帝看罪和人看罪有何不同？
5. 很多弟兄姊妹常說「背」主禱文，若這真是耶穌教門徒用的禱文，是否我們應說：「請用主禱文一同禱告」，而不是說：「我們背主禱文」？當我們以主禱文禱告時，我們是抱著甚麼心態作這事？
6. 禱告既然是門徒與上帝建立關係的途徑，為甚麼很多人說不懂祈禱呢？你認為真實的祈禱是怎樣的呢？是否必須要有「屬靈的宗教字眼」呢？上帝悅納的祈禱又是怎樣的呢？
7. 馬太福音中的耶穌如何活出主禱文的第一部分？
8. 如果我們的信仰不是一種無痛的生活，意思是我們在理性上已經有心理準備，認知這是一條窄路，為甚麼當我們遇上逆境時，仍會懷疑上帝的愛，仍會帶著埋怨？耶穌到底給我們甚麼應許和出路，以致我們在逆境中仍可享受豐盛的生命，並且有智慧地選擇過一個討上帝喜悅的生活？
9. 耶穌在「八福」或「登山寶訓」中的教訓是否只適用於基督信仰羣體，抑或也可應用於自由的社會中？
10. 若要為「登山寶訓」作一總結，你認為哪方面的內容對你而言最為突出和重要？

第五章

耶穌的醫治與趕鬼

（八2～十一1）

- 十個神蹟
- 作門徒的使命與代價

經文

8 [2]這時，一個痲瘋病人前來拜他，說：「主啊，你若肯，你能使我
潔淨。」[3]耶穌伸手摸他，說：「我肯，你潔淨了吧！」他的痲瘋
病立刻就潔淨了。[4]耶穌對他說：「你要注意，不可告訴任何人，只
要去，讓祭司為你檢查，並獻上摩西所吩咐的祭物，作為證據給眾人
看。」[5]耶穌進了迦百農，有一個百夫長進前來，求他，[6]說：「主啊，
我的僮僕癱瘓了，躺在家裏，非常痛苦。」[7]耶穌說：「我去醫治他。」
[8]百夫長回答：「主啊，你到舍下來，我不敢當；只要你說一句話，我
的僮僕就會痊癒。[9]因為我在人的權下，也有兵在我以下。我對這個
說：『去！』他就去；對那個說：『來！』他就來；對我的僕人說：『做
這事！』他就去做。」[10]耶穌聽了就很驚訝，對跟從的人說：「我實在告
訴你們，這麼大的信心，就是在以色列，我也沒有見過。[11]我又告訴
你們，從東從西，將有許多人來，在天國裏與亞伯拉罕、以撒、雅各
一同坐席；[12]本國的子民反而被趕到外邊黑暗裏去，在那裏要哀哭切齒
了。」[13]耶穌對百夫長說：「你回去吧！照你的信心成全你了。」就在那
時，他的僮僕好了。[14]耶穌到了彼得家裏，見彼得的岳母正發燒躺著。
[15]耶穌一摸她的手，燒就退了，於是她起來服事耶穌。[16]傍晚的時候，
有人帶著許多被鬼附的來到耶穌跟前，他只用一句話就把邪靈都趕出
去，並且治好了一切有病的人。[17]這是要應驗以賽亞先知所說的話：
「他代替了我們的軟弱，擔當了我們的疾病。」[18]耶穌見許多人圍著他，
就吩咐渡到對岸去。[19]有一個文士進前來對他說：「老師，你無論往哪
裏去，我都要跟從你。」[20]耶穌說：「狐狸有洞，天空的飛鳥有窩，人
子卻沒有枕頭的地方。」[21]又有一個門徒對耶穌說：「主啊，容許我先
回去埋葬我的父親。」[22]耶穌說：「讓死人埋葬他們的死人。你跟從我
吧！」[23]耶穌上了船，門徒跟著他。[24]海裏忽然起了猛烈的風暴，以致
船幾乎被波浪淹沒，耶穌卻睡著了。[25]門徒去叫醒他，說：「主啊，救

命啊，我們快沒命啦！」[26]耶穌說：「你們這些小信的人哪，為甚麼膽
怯呢？」於是他起來，斥責風和海，風和海就大大平靜了。[27]眾人驚訝
地說：「這是怎樣的一個人？連風和海都聽從他。」[28]耶穌渡到對岸去，
到加大拉人的地區，有兩個被鬼附的人從墳墓迎著他走來。他們極其
兇猛，甚至沒有人敢從那條路經過。[29]他們喊著說：「上帝的兒子，你
為甚麼干擾我們？時候還沒有到，你就上這裏來叫我們受苦嗎？」[30]離
他們很遠，有一大羣豬正在吃食。[31]鬼就央求耶穌，說：「若要把我們
趕出去，就打發我們進入豬羣吧！」[32]耶穌對他們說：「去吧！」鬼就出
來，進入豬羣。一轉眼，整羣豬都闖下山崖，投進海裏，淹死了。[33]放
豬的就逃進城去，把這一切事和被鬼附的人所遭遇的都告訴眾人。[34]全
城的人都出來迎見耶穌，見了他以後，就央求他離開他們的地區。

9 [1]耶穌上了船，渡過海，來到自己的城裏。[2]有人用褥子抬著一個
癱子到耶穌跟前來。耶穌見他們的信心，就對癱子說：「孩子，
放心吧，你的罪赦了。」[3]這時，有幾個文士心裏說：「這個人說褻瀆
的話了。」[4]耶穌知道他們的心思，就說：「你們心裏為甚麼懷著惡念
呢？[5]說『你的罪赦了』，或說『你起來行走』，哪一樣容易呢？[6]但要
讓你們知道，人子在地上有赦罪的權柄」，於是對癱子說：「起來！拿
你的褥子回家去吧。」[7]那人就起來，回家去了。[8]眾人看見都畏懼，歸
榮耀給上帝，因為祂把這樣的權柄賜給人。[9]耶穌從那裏往前走，看見
一個人名叫馬太，在稅關坐著，就對他說：「來跟從我！」他就起來跟
從耶穌。[10]耶穌在屋裏坐席的時候，有好些稅吏和罪人來，與耶穌和
他的門徒一同坐席。[11]法利賽人看見，就對耶穌的門徒說：「你們的老
師為甚麼與稅吏和罪人一同吃飯呢？」[12]耶穌聽見，就說：「健康的人
用不著醫生；有病的人才用得著。[13]經上說：『我喜愛憐憫，不喜愛祭
祀。』這句話的意思，你們去揣摩。我不是來召義人，而是召罪人。」
[14]那時，約翰的門徒來見耶穌，說：「我們和法利賽人常常禁食，你的
門徒卻不禁食，這是為甚麼呢？」[15]耶穌對他們說：「新郎和賓客在一

起的時候，賓客怎麼能哀慟呢？但日子將到，新郎要被帶走，那時候
他們就要禁食了。[16] 沒有人把新布補在舊衣服上；因為所補上的會撕破
那衣服，裂口就更大了。[17] 也沒有人把新酒裝在舊皮袋裏，若是這樣，
皮袋會脹破，酒就漏出來，皮袋也糟蹋了。相反地，把新酒裝在新皮
袋裏，兩樣就都保全了。」[18] 耶穌說這些話的時候，有一個會堂主管
來，向他下跪，說：「我女兒剛死了，求你去按手在她身上，她就會活
過來。」[19] 耶穌就起來跟他去；門徒也跟了去。[20] 這時，有一個女人，
患了經血不止的病有十二年，來到耶穌背後，摸他的衣裳繸子；[21] 因為
她心裏說：「我只要摸他的衣裳，就會痊癒。」[22] 耶穌轉過來，看見她，
就說：「女兒，放心！你的信救了你。」從那時起，這女人就痊癒了。
[23] 耶穌到了會堂主管的家裏，看見吹鼓手和亂哄哄的一羣人，[24] 就說：
「退去吧！這女孩不是死了，而是睡著了。」他們就嘲笑他。[25] 眾人被
趕出後，耶穌就進去，拉著她的手，女孩就起來了。[26] 於是這消息傳遍
了那地方。[27] 耶穌從那裏往前走，有兩個盲人跟著他，喊叫說：「大衛
之子，可憐我們吧！」[28] 耶穌進了屋子，盲人就來到他跟前。耶穌說：
「你們信我能做這事嗎？」他們說：「主啊，我們信。」[29] 耶穌就摸他們
的眼睛，說：「照著你們的信心成全你們吧。」[30] 他們的眼睛就開了。
耶穌嚴嚴地叮囑他們說：「要小心，不可讓人知道。」[31] 他們出去，竟
把他的名聲傳遍了那地方。[32] 他們出去的時候，有人把一個被鬼附的啞
巴帶到耶穌跟前來。[33] 鬼被趕出去，啞巴就說出話來。眾人都很驚訝，
說：「在以色列，從來沒有見過這樣的事。」[34] 法利賽人卻說：「他是靠
著鬼王趕鬼的。」[35] 耶穌走遍各城各鄉，在他們的會堂裏教導人，宣講
天國的福音，又醫治各樣的病症。[36] 他看見一大羣人，就憐憫他們；因
為他們困苦無助，如同羊沒有牧人一樣。[37] 於是他對門徒說：「要收的
莊稼多，做工的人少。[38] 所以，你們要求莊稼的主差遣做工的人出去收
他的莊稼。」

10 1耶穌叫了十二個門徒來，給他們權柄，能驅趕污靈和醫治各
樣的疾病。2這十二使徒的名字如下：頭一個叫西門（又稱彼
得），還有他弟弟安得烈，西庇太的兒子雅各和雅各的弟弟約翰，3腓
力和巴多羅買，多馬和稅吏馬太，亞勒腓的兒子雅各，和達太，4激進
黨的西門，還有出賣耶穌的加略人猶大。5耶穌差遣這十二個人出去，
吩咐他們說：「外邦人的路，你們不要走；撒瑪利亞人的城，你們不要
進；6寧可往以色列家迷失的羊那裏去。7要邊走邊傳，說『天國近了』。
8要醫治病人，使死人復活，使痲瘋病人潔淨，把鬼趕出去。你們白白
地得來，也要白白地給人。9腰袋裏不要帶金銀銅錢；10途中不要帶行
囊，不要帶兩件內衣，也不要帶鞋子和手杖，因為工人得飲食是應當
的。11你們無論進哪一城、哪一村，要打聽那裏誰是合適的人，就住在
他家，直住到離開的時候。12進他家時，要向那家請安。13那家若配得
平安，你們所求的平安就臨到那家；若不配得，你們所求的平安仍歸
你們。14凡不接待你們，不聽你們話的人，你們離開那家，或是那城
的時候，要跺掉你們腳上的塵土。15我實在告訴你們，在審判的日子，
所多瑪和蛾摩拉地方所受的，比那城還容易受呢！」16「看哪！我差你
們出去，如同羊進入狼羣，所以你們要機警如蛇，純真如鴿。17你們
要防備那些人，因為他們要把你們交給議會，也要在會堂裏鞭打你們。
18你們要為我的緣故被送到統治者和君王面前，對他們和外邦人作見
證。19當人把你們交出時，不要擔心怎樣說話，或說甚麼話。到那時
候，必賜給你們該說的話，20因為不是你們自己說的，而是你們父的靈
在你們裏面說的。21兄弟要把兄弟、父親要把兒女置於死地；兒女要起
來與父母為敵，害死他們。22而且你們要為我的名被眾人憎恨。但堅
忍到底的終必得救。23有人在這城迫害你們，就逃到另一城去。我實
在告訴你們，以色列的城鎮，你們還沒有走遍，人子就要來臨。24「學
生不高過老師，僕人不高過主人。25學生所遭遇的與老師一樣，僕人所
遭遇的與主人一樣，也就夠了。既然有人罵一家的主人是『別西卜』，
更何況他的家人呢？」26「所以，不要怕他們，因為掩蓋的事沒有不顯

露出來的，隱藏的事也沒有不被知道的。[27]我在暗中告訴你們的，你們
要在明處說出來；你們耳中所聽的，要在屋頂上宣揚出來。[28]那殺人身
體但不能滅人靈魂的，不要怕他們；惟有那能在地獄裏毀滅身體和靈
魂的，才要怕他。[29]兩隻麻雀不是賣一銅錢嗎？你們的父若不許，一隻
也不會掉在地上。[30]就是你們的頭髮也都數過了。[31]所以，不要懼怕，
你們比許多的麻雀還貴重！」[32]「所以，凡在人面前認我的，我在我天
上的父面前也必認他；[33]凡在人面前不認我的，我在我天上的父面前也
必不認他。」[34]「你們不要以為我來是帶給地上和平，我來並不是帶來和
平，而是刀劍。[35]因為我來是要叫『人與父親對立，女兒與母親對立，
媳婦與婆婆對立。[36]人的仇敵就是自己家裏的人。』[37]愛父母勝過愛我
的，不配作我的門徒；愛兒女勝過愛我的，不配作我的門徒。[38]不背自
己的十字架跟從我的，不配作我的門徒。[39]得著性命的，要喪失性命；
為我喪失性命的，要得著性命。」[40]「接納你們的就是接納我；接納我的
就是接納差遣我來的那位。[41]把先知當作先知接納的，必得先知的賞
賜；把義人當作義人接納的，必得義人的賞賜。[42]無論誰，只因門徒的
名，就算把一杯涼水給這些小子中的一個喝，我實在告訴你們，他一
定會得到賞賜。」

11 [1]耶穌吩咐完了十二個門徒，就離開那裏，往各城去傳道，教
導人。

當「登山寶訓」結束的時候，眾人都被耶穌的講論所震懾，因為耶穌的教導帶有權柄，是文士所沒有的，而這權柄更在耶穌將要行的神蹟和醫治中凸顯出來。馬太福音的作者在這裏將耶穌的言（五～七章）與行（八～九章）緊扣在一起，透過前後呼應的相似字句（「教導」、「宣講」、「醫治」；四23，九35），把耶穌的「登山寶訓」與他行的神蹟、醫病、趕鬼一同被理解為不可分割的天國福音。換句話說，人不只從耶穌的口中聽到福音的信息，同時也在耶穌的身上經歷到福音改變生命的能力。五至七章記述了耶穌的第一個講論，同時也展現了天國福音的「教導」和「宣講」，接著的八至九章將會描述耶穌的「醫治」如何臨到凡就他前來的人。

繼耶穌的言與行之後，馬太福音的作者以耶穌新一輪的講論（十1～42）帶出耶穌門徒的角色——就是把耶穌天國福音的言與行繼續傳開。這不只是耶穌在馬太福音中的第二篇講論，也是在耶穌的事工中一個十分重要的過渡期：從耶穌的個人傳道，轉到他傳授與差遣門徒出去傳道。因此，馬太福音十章會交代十二使徒的授命、他們的使命，以及他們將會面臨的挑戰與回應。

大體而言，這部分經文可分為兩大段：耶穌的行動（八1～九38）和耶穌如何將他的事工繼續傳開（十1～42）。八至九章包含十個神蹟醫治，可歸類為三組「三重神蹟醫治」的系列。在每一個系列之間，馬太福音的作者都放置了不同的敘事材料。這些敘事一方面展示了耶穌是誰，另一方面也記載了不同人對耶穌的事工的反應。十章1節講述耶穌開始呼召十二門徒出去傳道，這可從九章36至38節看出端倪，因為「要收的莊稼多，做工的人少」（九37）。耶穌視羣眾如同羊羣沒有牧人般，又將傳福音的人比喻為收莊稼的工人。在此之前，跟隨耶穌的人並沒有一個特定的角色，但從此以後，耶穌的門徒便從「眾人」

（*ochlos*；七 28）中分別出來。耶穌在十章的講論中，以第二人稱複數「你們」來稱他的十二個門徒，而內容主要圍繞門徒傳道的問題，包括呼召、使命、分賜他們能力與權柄，以及不同人對他們的回應。

5.1 十個神蹟（八 2～九 38）

這段經文可以分為兩大部分處理：十個神蹟的敘述（八 2～九 34）；十個神蹟的撮要和前瞻（九 35～38）。有學者認為這段經文只有九個神蹟敘述，而不是十個。究竟是十個還是九個神蹟醫治，這可有以下兩種説法：

第一，可將這十個神蹟分為三個「三重神蹟醫治」的系列，合共九個神蹟，再加上第三個系列中的其中一個神蹟醫治是以三文治結構夾著另一個醫治敘述，因而合起來成了十個神蹟醫治。第二，另一個解釋是以十災為藍圖。昔日摩西帶領以色列人出埃及的時候行了十個神蹟，因此，這可能是十個神蹟在這裏被集成一個段落的原因。也有學者看摩西的十個神蹟，同樣是由三個「三重神蹟」的系列所組成。

不論這裏合共有十個或九個神蹟，經文編排的背後仍可説是帶有「出埃及主旨」（參 1.1.1「馬太社羣」，頁 3）。八至九章混合了耶穌的神蹟、醫治和趕鬼的敘述，其中也加插了一些關於耶穌呼召門徒的敘事。除了第二個醫治的神蹟（參八 5～13）是來自Q-典，其餘的都可在馬可福音裏找到，只是馬太福音的作者沒有完全跟著馬可福音的記述次序。

分段大綱(八2～九38)

一、十個神蹟的敘述(八2～九34)
1. 第一個神蹟(八2～4)
2. 第二個神蹟(八5～13)
3. 第三個神蹟(八14～15)
4. 撮要:眾人對耶穌的回應(八16～17)
5. 第一段插曲:兩個要求跟隨耶穌的人(八18～22)
6. 第四個神蹟(八23～27)
7. 第五個神蹟(八28～34)
8. 第六個神蹟(九1～8)
9. 第二段插曲:三個敘事(九9～17)
10. 第七與第八個神蹟(九18～26)
11. 第九個神蹟(九27～31)
12. 第十個神蹟(九32～34)

二、撮要與前瞻(九35～38)

5.1.1 十個神蹟的敘述(八2～九34)

第一至第三個神蹟是描述耶穌如何治好有病的人(八2～15)。隨後作者為耶穌的事工作了一個撮要(八16～17),其中提及耶穌的事工除了治病,也包括趕鬼,也提到得醫治的是一羣人,而不是一個人。引入第四個神蹟之前是第一段插曲,內容關於兩個人來到耶穌面前,要求耶穌容讓他們跟隨他(八18～22)。接著的第四個神蹟的內容是與大自然有關(八23～27),第五個神蹟詳細地描述耶穌趕鬼的事迹(八28～34),第六個神蹟雖然是一個治病的神蹟,但涉及的似乎是與罪有關(九1～8)。第六個神蹟之後是另一段插曲,作者加插了三個敍事,談論有關「呼召」這議題(九9～17)。第七與第八個神蹟是以「三文治結構」方式出現,記載兩個的醫治事件(九18～26)。第九個神蹟是醫治兩個盲人(九27～31)。第十個神蹟是趕鬼同時也是治病(九32～34)。

5.1.1.1 第一個神蹟(八2～4)

第一個醫治敍述,就是使一個「痲瘋病人」得潔淨。這人來到耶穌面前「拜」(*proskuneō*)耶穌。這動詞的原文是帶有「敬拜」的意思,所以這病人不只是「跪拜」耶穌,也是對他有尊崇的態度。作者如此描述,為要凸顯耶穌是配受敬拜的(參二十八17;另參二1～12)。在耶穌的時代,凡患皮膚病的,全都稱為**「痲瘋病」**,所指的不一定是今日所理解的「漢生病」(Hansen's disease;「痲瘋病」的學名)。但是,在耶穌時代的猶太人對潔淨禮儀的理解下,凡痲瘋病人都是「生人勿近」的(參利十三45～46)。當耶穌伸手摸這痲瘋病人,耶穌完全沒有考慮自己會因而成為不潔淨(參利五3),耶穌又用他的話潔淨了這病人。馬可福音的作者在這段經文中,曾描述耶穌「動了慈心」(*splangchnistheis*;可一41)這強烈的情感反應。基本上,馬太福音的耶穌較被描述為理性的、不易動情的,故未必對事情有強烈情感反應(另參5.1.1.10「第七與第八個神蹟〔九18～26〕」,頁173～175)。耶穌吩咐這病人不可將這事告訴任何人,反而要去到祭司那裏為他「檢查,並獻上摩西所吩咐的祭物,作為證據給眾人看」(參利十三～十四章〔特別參十四1～32〕;另參路

「痲瘋病」是由桿菌引起的一種慢性傳染病。這些病菌會侵蝕人的神經系統、呼吸道、皮膚及眼睛。被侵蝕的地方會出現肉腫及永久潰瘍。這病會導致人失去痛的感覺。若病人某些肢體出現嚴重潰爛,便需要切除這些肢體。

十七14）。馬太福音的耶穌在此表現出他對律法的遵從，他按著猶太人的潔淨規例要求那被治好（或潔淨）的人履行律法的義務，好讓其他人因為看見他去見祭司的行為，確定他已經得潔淨。馬太福音的耶穌叫那人不要將這事告訴任何人，這不是基於保密的原因，而是他不想因他的醫治工作而成名，他來是要遵行上帝的心意，而不是吸引人去注意他的（醫治）工作。

從另一角度看，馬太福音的耶穌並沒有拒絕遵行律法的要求，反而他分外叮囑被他潔淨的人去履行律法的要求。

5.1.1.2 第二個神蹟（八5～13）

這段敘事同時出現於路加福音七章1至10節，這段落與耶穌受試探的敘述是Q-典中兩個僅有的敘事文體，其他都是耶穌的語錄。敘事開始之時，「耶穌進了迦百農」（5節）。有一位百夫長來到耶穌面前，求耶穌醫治他的「僮僕」（*pais*）。「僮僕」的原文可譯作「幼童」或「僕人」（路加福音所用的原文是「僕人」〔*doulos*〕；參路七2），大部分聖經譯本都譯作「僕人」，「和修版」則譯作「僮僕」，表示這僕人十分年輕。馬太福音的作者稱這位求耶穌的人為「百夫長」，表示他是一位羅馬官長。從11至12節看，耶穌的說話只反映出這百夫長是外邦人。那麼，他是否羅馬人？這機會也不大。公元44年希律亞基帕離世後，加利利才開始有羅馬駐軍。不過，羅馬人都會徵用很多僱傭兵，例如以東人或敍利亞人，在不同地方駐守。這位「百夫長」很可能是屬於其他種族的人。在耶穌的傳道事工中有外邦人來到他的跟前尋求幫助，這是一件很特別的事件（參十五24）。馬太福音的作者描述這人「進前來」，表示他是主動且直接來到耶穌面前求助。路加福音則記載這人是透過友人作通傳的（七1～10）。路加有這樣的記述，表達了當時一些社會背景，就是猶太人不會與外邦人接觸，所以耶穌也不會主動接觸外邦人。這正是路加的神學，耶穌所傳的福音要留待使徒時代才藉著教會將福音直接傳講給外邦人。無論那「百夫長」是直接抑或間接去見耶穌，這實在是一件難得的事。❶於猶太人而言，他們素來不與外邦人往來，因為他們認為這會引來不潔。因此，當耶穌與百夫長接觸，耶穌就會被視為不潔，但耶穌沒有迴避百夫長的請求，且更是主動提出要進到他家中去醫治他的「僮僕」(7節)。不過，驚訝的是，百夫長拒絕耶穌到他的家，只要求耶穌說一句話，「僮僕就會痊癒」。百夫長沒有講出拒絕耶穌到他家的原因，只說：「主啊，你到舍下來，我不敢當；只要你說一句話，我的僮僕就會痊癒。因為我在人的權下，也有兵在我以下。我對這個說：『去！』他就去；對那個說：『來！』他就來；對我的僕人說：『做這事！』他就去做。」(8～9節)首先，這位百夫長認為他不配受耶穌進入他的家。然後，他以自己能吩咐他權下的人為他效力的權力，與耶穌的權力作對比，可見他是相信耶穌也有同樣的能力，而且可能比他還要大，甚至認為只要耶穌「說一句話」，事情就必這樣成就。接下來，耶穌稱讚他的信心，這表示百夫長對耶穌醫治的能力有十足的把握。

因百夫長這番話，耶穌稱讚他的信心，甚至到一個地步，認為他的信心在以色列中也未必能找到(參十五28)。因此，馬太福音的耶穌說：「從東從西，將有許多人來，在天國裏與亞伯拉罕、以撒、雅各一同坐席；本國的子民反而被趕到外邊黑暗裏去，在那裏要哀哭切齒了。」(11～12節；另參路十三28～29)。結果，馬太福音的耶穌沒有拒絕這位外邦人的請求，遙距地醫好了他的「僮僕」(13節)。

「百夫長」的「僮僕」或許也不是猶太人。耶穌醫治「僮僕」不在於他是否猶太人，而在於百夫長的信心。這個醫治的敘事道出了福音的普世性，並成就了萬國要在終末的日子裏要因亞伯拉罕得福的預言，也道出以色列人在這點上的缺失。外邦人在終末的日子將會朝拜雅威，這種思想早在以賽亞書有記載（賽二十五6～9，五十六章），將來外邦人要登上雅威的山，問題只是這些事會在甚麼時候發生。上帝的福音將在終末之日藉著以色列臨到萬邦，而以色列人的角色是重要的，他們並沒有被忽視。因此，這段經文也不存在「反猶太」思想。須留意的是，「從東從西，將有許多人來」（11節）的「人」所指的應是外邦人，他們可以與列祖一同坐席，但「本國的子民反而被趕到外邊黑暗裏去」。耶穌是要指出「本國的子民」中，也有被趕走的，暗示上帝不會看所有以色列人都是亞伯拉罕的後裔，但外邦人終有一天可以進入天國與列祖「一同坐席」。既然一同坐席，就再沒有所謂潔淨與不潔的問題出現了，因為「不潔」是不存在於「天國裏」的（參加二1～10）。這是否足以反映出馬太社羣的組合和情況？

因著「百夫長」的信心，耶穌醫好了他的「僮僕」。但這信心所指的，仍然不是因信稱義的信心，而是來找耶穌幫助的行動背後表現出來的信心，也就是指對耶穌的醫治完全信任。因著這信心，他的「僮僕」得到醫治。他得以醫治，是與求醫的人的信心有很大的關係（十三53～58〔特別是十三58〕；另參可六1～6）。

耶路撒冷的聖殿在公元70年被羅馬人夷為平地，自此猶太人和羅馬人的關係理應變得很緊張。但是，馬太福音仍能收錄這段經文，而當中特別提到耶穌治好了一位羅馬官員的「僮僕」，正正表達了馬太福音的作者藉著耶穌在「登山寶訓」中提出有關接納（即愛仇敵；參五38～48）的教導。

5.1.1.3 第三個神蹟（八 14～15）

第三個神蹟發生在「彼得家裏」，耶穌在那裏醫治彼得岳母的病。按經文記載，他的岳母「正發燒躺著」。作者沒有說明耶穌用哪種方法治好她，只簡要地說這婦人得到醫治。從這裏我們得知，彼得是已經結婚（參林前九 5）。若彼得的家是在迦百農，他的家很可能就是耶穌在迦百農傳道時經常去的地方，那麼，耶穌很可能是主動去醫治彼得的岳母的。這是惟一描寫耶穌主動去醫治人的敍述。彼得的岳母得到醫治之後，便馬上服事耶穌（馬可福音記述她是服事「他們」，即包括「門徒」；參可一 31）。「服事」（*diakoneō*）可解作安排膳食，她對耶穌所作的回應也可以被視為她作門徒應有的回應。

5.1.1.4 撮要：眾人對耶穌的回應（八 16～17）

這小段落與上文提及的不同，之前的都是指耶穌治好了「一個」人，但在此是指「一羣」人。在這裏，耶穌不但「治好了一切有病的人」，也有趕鬼。作者形容耶穌「只用一句話」（*logō*）把「被鬼附的」和「邪靈」趕走（16 節）。在聖經裏，說話可以是上帝彰顯權柄的工具。在創世記中，上帝「說」要有光，就有了光（創一 3）。馬太福音的耶穌的說話是帶有權柄，這對於當時的猶太人有另一重意義，他們深信有一位「創造天地之主」（***Avinu Malkeinu***）。在五經中，上帝是用說話創造天地萬物，而馬太福音的作者強調耶穌以說話成就他的事工，並醫治有病的人和趕出污鬼（參 32 節），讓當時的猶太人不其然將耶穌的事工聯想到那位創造天地的獨一上帝。這種聯想特別在下一段經文尤其凸顯（23～27 節），這段經文是將說話與創造相連在一起。

Avinu Malkeinu 是猶太人在新年慶典及贖罪日的集會中背誦禱文之前加上的一句話。

這段經文亦可說是上文提及三個神蹟的撮要。為了強調耶穌的醫治工作，作者引用了希伯來聖經以賽亞五十三章4節，是「僕人之歌」(賽四十～五十五章)的部分內容，這反映了馬太福音的作者及耶穌時代的門徒，他們將耶穌理解為以賽亞書所指向的那位僕人(參3.1.2.3「耶穌是上帝的兒子、受聖靈的加力〔三16～17〕」，頁77)。

5.1.1.5 第一段插曲：兩個要求跟隨耶穌的人(八18～22)

基於人多之故，耶穌就「渡到對岸去」(18節)，有兩個人來到耶穌那裏說要跟隨他。第一個見耶穌的是一位「文士」，他稱呼耶穌為「老師」，但耶穌的回應並不是他想像的。耶穌回答說：「狐狸有洞，天空的飛鳥有窩，人子卻沒有枕頭的地方。」說明了耶穌是以「靈力遊行佈道」者的方式過傳道的生活(參十5～15)，他沒有一個固定的住處。因此，跟隨他的人也要如此生活。馬太福音的作者沒有記述那未曾經過深思熟慮的「文士」的反應，但這更顯出他沒有跟隨耶穌，可能他要回家、坐下，好好計算作門徒要付出的代價。

另一個見耶穌的人是「一個門徒」，作者如此的稱呼他，暗示了他可能已經跟隨耶穌，他也稱耶穌為「主啊」。他可能有心志想跟隨耶穌，而且也願意與耶穌一起過那種不穩定的生活，但他有重要的家庭責任在身，他要求耶穌容許他「先回去埋葬」他的父親。他要先辭別一段時間，然後再跟隨耶穌(參王上十九19～20)。耶穌的回答同樣是出其不意的，他說：「讓死人埋葬他們的死人。」這說話聽來十分不近人情，因為若是如此，人就不能履行第四誡的「孝敬父母」(參出二十12；「多比傳」6.14～15)。其實這句說話的總意是很清晰的：作天國門徒的要求比要履行今生的義務更重要和優先。這正是遊行佈道者的傳道生活方式。換句話說，這是優先次序的問題。若我們換轉一個屬靈的角度去詮釋馬太福音的耶穌向這位門徒提出的要求，耶穌的意思就是讓不注重屬靈生命的人幫那些不注重屬靈生命的人做事。這門徒認為履行家庭責任比一切重要，正是這個原因，他向耶穌提出延遲來跟隨主。不過，耶穌沒有因此而放過他，仍向這個人發出邀請，說：「你跟從我吧！」作者沒有論述那人的決定，也許與第一位的文士相同，最後都沒有跟上來。這人也許放不下家庭責任去跟隨主，未能把遵行耶穌的吩咐放於首位（參十 37～39）。「你跟從我吧！」或許是馬太福音的耶穌向所有讀者發出的呼籲。如此，這二人的決定相對地變得不重要，其重要在於讀者如何作決定。

這兩個人的出現成一對比，就是主動呼召人的是耶穌，而不是人可以自薦跟隨他。再者，讀者須再思想：為何當時會有人主動要求跟隨耶穌？究竟耶穌在他們心目中的形象是如何的？與此同時，讀者也要思想耶穌也會主動呼召人成為他的門徒。這些議題將會在接下來的內容作思考。

這段落中出現「人子」（20 節）這名號，它在馬太福音是第一次出現的，源出於但以理書（希伯來文：*bar ʾĕnāš*；但七 13～14、27），在馬太福音共出現二十九次，主要是耶穌的自稱，分別地形容他的受難、受死和復活（參十七 22）、在地上的（赦罪）權柄（參九 6），以及在終末的日子在榮耀作審判（參二十四 30～31）。

5.1.1.6 第四個神蹟（八 23～27）

由這段落開始，是另一個神蹟醫治的系列。不過，這段落的主題是緊接上文的。「跟隨」（*akoloutheō*）這個動詞與上文的連繫：首先是一位沒有經過深思熟慮的文士想「跟從」耶穌（19 節）；然後是耶穌向一位正在抉擇之際的準門徒發出「你跟從我吧」的邀請（22 節）；最後，是耶穌上了船，門徒「跟著」他（23 節）。雖然這是一個與自然界有關

的神蹟，但它的用意是針對門徒的需要，多於顯示耶穌的能力和他的身分。門徒在懼怕中的「小信」是這個段落的主題。❷

馬太福音的作者更改了馬可福音中耶穌被動的狀態，刪除了馬可福音的「他們就請他一同去」（可四36），這凸顯耶穌是主動帶領門徒的。

「耶穌上了船，**門徒跟着他**」（24節），「海裏忽然起了猛烈的風暴」。「風暴」（*seismos*）原文有「大地震」的意思，因地搖撼使海上起了大風暴，「以致船幾乎被波浪淹沒」。「淹沒」（*kalyptō*）原文解作「遮蓋」，即形容風浪有如一塊布將船遮蓋。對於門徒來說，這個場景形成了一幅活生生的生活圖像：在一個危險的世界裏，耶穌卻睡著了。從門徒的呼救和耶穌對他們的回應來看，這個風暴的敘事有其寓意。馬太福音的耶穌在此不只對船上的門徒說話，也向馬太福音的讀者說話。耶穌的說話既是安撫，同時也是提醒。耶穌說他們是「小信」（*oligopistoi*）和「膽怯」的，兩者好像一個銅錢的兩面。因著他們的「小信」，所以他們「膽怯」；換句話說，若不「小信」，便不會「膽怯」。在這敘述中「小信」帶來「膽怯」，但接著的十四章31節那裏提到的「小信」則帶來「疑惑」（另參二十八17）。這裏的「小信」明顯地是作耶穌的門徒不應有的表現。「小信」將會是門徒在馬太福音裏一個典型的信仰記號。耶穌教導門徒之後，他便「斥責風和海，風和海就大大平靜了」。

當眾人看見耶穌能平靜風和浪的，不禁問：「這是怎樣的一個人？連風和海都聽從他。」在希伯來聖經中，只有上帝才擁有使海浪平復的力量（參詩一〇七23～32，七十四12～14，八十九9～12；賽五十一9～10）。因此，對於認識希伯來聖經的讀者來說，這問題的答案已經在他們心中。這個涉及自然界的神蹟帶有基督論的意味，說明耶穌是有掌控自然界的能力，就連風和浪也聽從他的話。耶穌主動帶領門徒在風暴中渡過困難和挑戰，就如在希伯來聖經中的上帝一樣平復風和海。因此，耶穌就是這位擁有如此能力而又可以保護門徒的主。與此同時，這段落也提出了一個問題：「這是怎樣的一個人？」這正是門徒和準門徒在往後的日子要不斷提出的問題。

5.1.1.7 第五個神蹟（八 28～34）

馬太福音的記載與馬可福音的相同，但馬太福音的作者將馬可福音中不能確定的格拉森（Gerasa）改為加大拉（Gadara）。兩個地點都在低加坡里（Decapolis）境內。加大拉離開海岸約 10 公里，但根據約瑟夫的記述，它延伸至加利利海（參「約瑟夫生平」〔Vita〕9.42）。

耶穌又渡到岸的另一邊，來到「**加大拉**人的地區」。那裏有養豬的地方，基於猶太人不養豬，所以那地方是一個屬於外邦人的地區。耶穌下船後「有兩個被鬼附的人從墳墓迎著他走來」（八 28），這是馬太福音中第一個具體趕鬼的敍事。事實上，馬太福音的作者撮寫了馬可福音的內容（參可五 1～20），當中最明顯的改動是馬太福音記述「有兩個被鬼附的人……」，將馬可福音中的一個人改為兩個人，作者在其他段落也有這樣的改動（二十 30 // 可十 46）。這兩個被鬼附的人的行為十分「兇猛」，沒有人可以接近他們。這刻耶穌來了，他們便上前到耶穌那裏，問耶穌：「上帝的兒子，你為甚麼干擾我們？時候還沒有到，你就上這裏來叫我們受苦嗎？」這兩個被鬼附的人所提出的問題，暗示了他們早已認識耶穌，只是福音書的作者沒有交代而已。他們稱耶穌為「上帝的兒子」，對耶穌身分的理解十分正確，呼應了耶穌受洗後聽到上帝對他說的話（三 17）。到此為止，除了魔鬼（參四 1～11），還未有人能對耶穌發出這個認信（參二十七 54）。

耶穌作為上帝的兒子，所強調的是他的使命。他的使命是要傳講天國，隨之而來的便是福音能力的彰顯：治病和趕鬼（參四 23；九 35；及十二 28）。這兩個被鬼附的人說「你為甚麼干擾我們？」他們極可能知道耶穌來是要做甚麼事。在耶穌還未回答這問題前，他們便「央求」耶穌釋放牠們，打發牠們進入豬羣。猶太人若知道耶穌將鬼趕入豬羣這事，他們會發出會心一笑，因為不潔之靈進入不潔之物，然後一同被毀滅，顯然是件好事。在這個趕鬼敘述中，耶穌沒有多説話，只説一聲「去吧！」鬼就應聲而行，走到豬羣裏。當然這對當地的養豬業帶來打擊，難怪那地方有人求耶穌離開他們。須留意的是，「全城的人」（34節）和污靈（31節）也「央求」耶穌離開！耶穌在那裏成了不受歡迎的人物。從商業角度看，豬死了是一種浪費，但耶穌視那二人的需要比起「一大羣豬」更寶貴。耶穌再次上船走了（九1）。

5.1.1.8 第六個神蹟（九1～8）

離開了加大拉，耶穌乘船「來到自己的城裏」，若以彼得的家為耶穌旅行佈道的基地，這城應該是迦百農（參5、14節；另參可二1）。「有人用褥子抬著一個癱子到耶穌跟前來，耶穌見他們的信心……」。這裏的「信心」所指的，可能是癱子的朋友將癱子帶來耶穌面前，求他醫治癱子的信心。馬太福音跟隨馬可福音敘述的次序，只是撮要地敘述這件神蹟。馬可福音記述了一些馬太福音的讀者所不知道的事情（參可二1～12）。馬太福音沒有記載癱子的朋友是如何將癱子帶到耶穌面前。癱子的朋友因為知道人多擠擁，所以他們要先把屋頂蓋拆掉，才能將癱子從屋頂弔下去給耶穌醫治。這是馬可福音中的耶穌所看到的信心表現。馬太福音沒有記述這部分，所以它所指的「信心」就只在於癱子被朋友抬到耶穌那裏求醫治。耶穌的回應與之前醫治的神蹟不同，他對這癱子説：「孩子，放心吧，你的罪赦了」，而不是説「你的病治好了」。耶穌這番話是否假設了將疾病的原因歸到罪上的世界觀？耶穌在其他場合曾反對人有這樣的看法（參約九1～41），故此，他不會將病看為是罪的後果，但當耶穌這樣説之時，表示了耶穌知道這人的病確實是與他的罪有關連。這人可能是因犯了某些罪而導致他成為癱子的。當罪得赦免，癱瘓便會離開。耶穌所做的並不是新事，「昆蘭文獻」也有記載一個人被赦罪後可得痊癒的事件（參「拿波尼度的祈禱」〔Prayer of Nabonidus〕4Q PrNabar）。當時在場的幾個文士看見此事，心裏卻認為耶穌說了「褻瀆的話」（*blasphēmein*），意即耶穌做了只有上帝才可以作的事——赦罪。當然，耶穌所作的是挑戰著耶路撒冷聖殿的功能，因為猶太人是藉著獻祭尋求赦免的。但是，如今耶穌卻說自己可以赦免人的罪，於猶太人的領袖看，這當然就是「褻瀆」了。耶穌看穿他們所想的，他主動打破沉靜，開聲回應他們，問他們：「說『你的罪赦了』，或說『你起來行走』，哪一樣容易呢？」實質上，對耶穌來說，兩者沒有難易之分，但卻有先後之分。因著赦罪，馬太福音的耶穌使那癱子起來，並拿起他的褥子回家。反過來看，因著癱子可以「起來行走」，他的罪也應該得赦免了。在旁的人及讀者必然會想到，耶穌先赦了人的罪，然後使人「起來行走」。這敘事充分表現出耶穌的自我宣告：「人子在地上有赦罪的權柄」。對馬太福音的讀者來說，耶穌作在癱子身上的，正是耶穌這名字所要表達的（參一21），而馬太福音的耶穌能夠赦罪，不是因為他為癱子作了一個醫治的神蹟，而是在於他為人付出那代贖的犧牲（二十六28）。

第二個神蹟醫治的系列即將結束，在這個系列中，以「耶穌是誰」這主題尤為明顯。在希伯來聖經的記載中，只有上帝能使風和海聽從祂，如今耶穌也能如此；當污鬼遇到他，便知道他是「上帝的兒子」，並且怕他；他不只能醫病，也能在地上有赦罪的權柄。不過，瀰漫在這三個神蹟中的問題不只關於究竟「耶穌是誰？」這基督論的問題，對馬太社羣而言，同樣是一個重要的門徒觀：「他是誰？為甚麼要回應耶穌的呼召，跟從他？」這個問題的答案可於餘下的敘事中找到。

5.1.1.9 第二段插曲：三個敍事（九 9～17）

醫治癱子的故事之後，馬太福音的作者加插了一段有關呼召的敍述，並指出人回應呼召所帶來的不同生活方式。這段經文可再分三個小分段：呼召馬太（九 9）；與稅吏和罪人共膳（九 10～13）；新舊難合的比喻（九 14～17）。

馬太是一個怎麼樣的「稅吏」?

當馬太福音的耶穌第一次看見馬太的時候，馬太是「在稅關坐著」（*kathēmenon epi to telōnion*），他應該只是一位坐在邊境上收取「稅項」的海關員（toll officer）。加利利海將分封王希律亞基帕和腓力的管治範圍分開，馬太有可能是屬於希律的那一邊，負責從過境的物品中收取某部分財貨作為稅項歸給希律，或當地的政府。一般稅吏會藉工作和職權之方便自肥，因而令人厭惡坐在這個職位上的人。與此同時，一般人也會將他們等同為羅馬效勞的「稅吏」（tax collector），視他們為出賣自己國家民族的人。

一、呼召馬太（九 9）

這節經文的開首便說「耶穌從那裏往前走」。作者沒有交代「那裏」是指甚麼地方，若然是接著上一段經文去敍事，這「那裏」就是迦百農，即耶穌剛醫治癱子的屋子。耶穌在某處「看見一個人名叫馬太，在稅關坐著，就對他說：『來跟從我！』他就起來跟從耶穌。」事情似乎來得很自然，耶穌「看見」（*eiden*）馬太，便呼召他，而馬太也不抗拒。馬太並沒有主動找耶穌，而是耶穌親自去呼召他。「馬太在稅關坐著」（*kathēmenon epi to telōnion*），後來成了耶穌的門徒。在耶穌十二門徒名單之中，也出現一位稱為「稅吏馬太」（*Matthaios ho telōnēs*；十 3）。

這極可能與坐在稅關的是同一個人。

耶穌主動呼召馬太說：「來跟從我！」這也是耶穌呼召其他門徒的說話（參四18～22）。馬太毫不猶疑地「就起來跟從耶穌」，表現出接受呼召作門徒的典範回應（參以利亞呼召以利沙；王上十九19～21）。

二、與稅吏和罪人共膳（九10～13）

「坐席」的原文除了有共餐，也帶有一同交流、團契的意思。

耶穌的呼召帶來人的改變，更使人的生活方式或方向也改變。此事發生的地點是「屋裏坐席的時候」，也許是在彼得的家。「**坐席**」（*anakeimenou*）是猶太人（或東方人）一個重要及重視的社交活動。耶穌與「好些稅吏和罪人」一同坐席，表示他們不只彼此有交往，也有彼此接納之意思。這樣的行為引起一種在社會中不恰當的社交情況出現，因此法利賽人向耶穌的門徒發出一個問題：「你們的老師為甚麼與稅吏和罪人一同吃飯呢？」這正表達出他們很著意自己與甚麼人共膳或不共膳，因為這是涉及個人身分與社會的地位。

究竟「稅吏和罪人」中的「罪人」是指誰？這「罪人」不是指保羅所說「因為人人都犯了罪，虧缺了上帝的榮耀」（羅三23）中的罪人，這是保羅嘗試演繹「因信稱義」要帶出的一個重要神學概念。馬太福音所指的「罪人」最基本的意思可以指一個自覺有罪的人，當然，這是與犯了上帝的誡律有關（參路十八13）。詩篇裏也有不少提到詩人為自己的罪而禱告。但是，馬太福音的作者在這裏指的「罪人」是那些被視為「局外人」（outsiders）、「被排斥的人」（the excluded），或不是跟隨自己社羣的方式生活的人，這樣的標籤效應常見於社羣活動頗繁盛的社會中。在一世紀的猶太世界中，特別在聖殿仍未被羅馬人毀滅之前，猶太人中間仍有不同的社羣存在，其中的法利賽人和撒都該人是新約聖經中提及最多的社羣。法利賽人不只以遵行自己社羣所理解的律法而聞名，他們會將在他們中間流行的「口傳律法」（oral traditions 也可稱為「哈拉卡」）；推廣到「平民百姓」身上。在法利賽人眼中，若有人在遵守某些律例規則上未能達到他們社羣的標準，便會被視為「罪人」。因此，「罪人」不需要被理解為一個關於本質性用法的名詞，而是一個涉及社羣和社羣裏彼此關係上的用詞（參 3.1.1.2「約翰的信息〔三 7～12〕」，頁 71～72）。

聽到法利賽人這番的質問，耶穌的門徒沒有作聲，但「耶穌聽見」了，便以三句說話回應他們：

- 第一句：「健康的人用不著醫生；有病的人才用得著。」這是一句諺語（九 12）；
- 第二句：「我喜愛憐憫，不喜愛祭祀」是引自希伯來聖經何西阿書六章 6 節（九 13 上）；
- 第三句：「我不是來召義人，而是召罪人」是一句自我宣告（九 13 下）。

第三句的說話尤為重要，它是指出耶穌的傳道使命。馬太福音的耶穌似乎在說，「義人」就是那些自以為義的人，耶穌不是為他們而來；「罪人」就是那些自覺靈裏貧乏的人（參五 3），耶穌來就是要呼召他們。至於所引用的何西亞書「我喜愛慈愛，不喜愛祭物；喜愛人認識上帝，勝於燔祭。」（何六 6），這是希伯來聖經裏常出現的一個主題：行為背後的動機比行為本身更重要，更為上帝看重，這與「登山寶訓」中有關「虔敬」的教導（六 1～18）同出一轍。與此同時，若將此引文放諸馬太福音成書時的背景去理解，它可以指向耶路撒冷的聖殿被毀後的實況，而猶太人從此失去了獻祭的地方，「憐憫」之所以可以勝於

「祭祀」，是因為在實際環境中，聖殿已不再存在；既然再沒有獻祭，要以「憐憫」取代「祭祀」。在「七十士譯本」的何西亞書六章6節，「憐憫」(*eleos*)這希臘文詞彙背後是希伯來文的「慈愛」(*ḥesed̠*)，指到上帝對守約的信實和對祂的子民所顯出的恩慈。馬太福音的耶穌要他的門徒學習天父上帝的性情，以「憐憫」和「慈愛」待人(參五7、48；參頁111、123～124)。

三、新舊難合的比喻(九14～17)

這段經文以「那時」作開始，同樣地，作者沒有說明這是指哪個時侯，這只是一個新段落開始的一個分界詞。但是，這段落與上文都是與「進食」有關的，這個在主題上的連結早已經在馬可福音出現(可二15～22)。

「約翰的門徒來見耶穌」。這裏所指的「約翰」是施洗約翰，他的門徒來，為要問他一個關於「禁食」的問題。這個問題可能來自施洗約翰，他透過他的門徒去了解耶穌和他的事工(參十一1～19)。他們問：「我們和法利賽人常常禁食，你的門徒卻不禁食，這是為甚麼呢？」這問題反映約翰的門徒和法利賽人的門徒可能都有定時禁食的操練。「禁食」可以是悔改的一種行動或記號，而耶穌自己也會勸人悔改。既是如此，他的門徒為何「不禁食」?事實上，耶穌並不是反對禁食，他自己也禁食(四1～11)。若耶穌不是要廢掉律法，而是要成全律法(五17～20)，他必定支持禁食的。所以，他和他的門徒應該也會在贖罪日禁食(參利十六1～34)。當約翰的問徒說：「卻不禁食」所指的不是不「禁食」，而是不像他們般「常常禁食」(*nēsteuomen [polla]*)。我們對約翰的門徒所知的有限，根據「十二使徒遺訓」，法利賽人恆常每周於周一和周四禁食，而基督徒則恆常於周三和周五禱告及禁食（參「十二使徒遺訓」8.1）。耶穌在此用了三個比喻回答約翰的門徒：新郎的比喻（15節）、衣服的比喻（16節）、皮袋的比喻（17節）。

首先，耶穌説明了一個人所共知的現況：「新郎和賓客在一起的時候，賓客怎麼能哀慟呢？但日子將到，新郎要被帶走，那時候他們就要禁食了。」（15節）他以此來解釋他的門徒不用禁食的理由。在正常情況下，若新郎仍在婚宴中，賓客就應該歡樂，而不是哀慟，但當「新郎要被帶走」，禁食便顯得合宜，因為可能有不愉快的事發生，遭致新郎被帶走。也許馬太福音的耶穌要表達的是，當彌賽亞來到的時候，就如與彌賽亞坐席一樣，就不用禁食，也就不用「哀慟」（參五4），但當他不在的時候，便要過禁食的生活。緊貼這個關於暗指自己就是彌賽亞的比喻，耶穌再説出皮袋和衣服的比喻，就是「沒有人把新布補在舊衣服上；因為所補上的會撕破那衣服，裂口就更大了」（16節）和「也沒有人把新酒裝在舊皮袋裏，若是這樣，皮袋會脹破，酒就漏出來，皮袋也糟蹋了。」（17節）這兩個比喻都是關於新與舊不合的主題，藉此馬太福音的作者表示，自耶穌出現以後，事情已開始改變、時代也不同了。約翰的門徒不能再以舊的眼光看新的事物。因此，馬太福音的耶穌説出：「把新酒裝在新皮袋裏，兩樣就都保全了」（17節），藉此帶出一個新的觀點：隨著耶穌的出現而帶來的新時代，是需要配以新的思維去重新看待這轉變（參十三52）。

馬可福音、馬太福音和路加福音三卷福音書的作者對「新舊」的看法有不同態度。當提到新與舊的主題，對觀福音的三位作者都分別藉著耶穌的説話，表示了他們各自的立場。現將經文列出作比較。

可二 21～22	太九 16～17	路五 36～39
[21] 沒有人把新布縫在舊衣服上， 若是這樣，所補上的新布會撕破舊衣服，裂口就更大了。[22] 也沒有人把新酒裝在舊皮袋裏，若是這樣，酒會脹破皮袋，酒和皮袋都糟蹋了。相反地，新酒要裝在新皮袋裏。	[16] 沒有人把新布補在舊衣服上；因為所補上的會撕破那衣服，裂口就更大了。[17] 也沒有人把新酒裝在舊皮袋裏，若是這樣，皮袋會脹破，酒就漏出來，皮袋也糟蹋了。相反地，把新酒裝在新皮袋裏，兩樣就都保全了。	[36] 耶穌又講一個比喻，對他們說：「沒有人把新衣服撕下一塊來補在舊衣服上，若是這樣，會把新的撕裂了，並且所撕下來的那塊新的和舊的也不相稱。[37] 也沒有人把新酒裝在舊皮袋裏；若是這樣，新酒會脹破皮袋，酒就漏出來，皮袋也糟蹋了。[38] 相反地，新酒必須裝在新皮袋裏。[39] 沒有人喝了陳酒又想喝新的；他總說陳的好。」

- 馬可福音對於新舊交替，表示兩者對立不相容，並看新的勝於舊的。這看法是可以理解的，因為馬可福音是第一卷寫成的福音書。若耶穌的教訓是新的，那它就與舊的不同，甚至有新勝過舊的教訓的意思。
- 馬太福音的內容建基於馬可福音，但強調新舊兩者可以並存，舊的可以舊，新的可以新，各有各好。這說法保存舊的，但用新的眼光去詮釋舊的教訓來帶出新的教導。
- 路加福音同樣以馬可福音為藍本，但將新的納入舊的裏面；不過他相信習慣「舊」的人，總認為舊的勝於新的。古代世界推崇舊的傳統與智慧，總是不容易接受新的學說或經驗。這強調了新的教訓的基礎是來自「舊」的，因此，所謂「新」，並不是一種嶄新的「新」。

5.1.1.10 第七與第八個神蹟(九18～26)

接著是耶穌醫治兩個人，都是女性。馬太福音的作者基本上跟隨馬可福音的敍述框架，但會刪減馬可福音部分的描述。若將馬太福音與馬可福音作比較，有兩點可以提出作討論：

- 馬可福音將兩個故事連在一起的原因，可能是所描述得醫治(及得復生)的人都是女性。再者，馬可福音提到，女孩是「十二歲」，那女人患了「十二年」病。馬太福音卻沒有「十二」這相連字。馬太福音著重的，是這兩個故事中那份向耶穌求醫治或求復生所持的信心。
- 馬太福音很大程度減少了對耶穌的人性那方面的描述，例如馬太福音的耶穌沒有如馬可福音的耶穌般「頓時心裏覺得有能力從自己身上出去，就在眾人中間轉過來，說：『誰摸我的衣裳？』」(可五30)。此外，馬太福音的耶穌沒有說出亞蘭文「大利大，古米！」這句子(可五41)。

這段落的敍述是由兩個故事組合而成的，先是女孩復生的故事(18～19節)，敍述一半後，便加插女人重生的敍事(20～22節)，然後返回敍述女孩復生的故事。(23～26節)這種敍事結構稱為「三文治式結構」。

敍事開始之時，作者先說明事件發生於「耶穌說這些話的時候」，這很可能是指耶穌講完新舊難合的比喻之時。這刻「有一個會堂主管來」來見耶穌。「會堂主管」(*archōn*)原文的意思是「管治者」或「長官」，沒有「會堂」這詞，這只是譯者將之延伸解釋，譯為「會堂主管」，看他是猶太社羣中一個重要的人物。這人向耶穌「下跪」(*prosekuneō*)，他展現了對耶穌的尊重。他的女兒剛死了，他求耶穌「按手在她身上」，使她復活。這不是一個求醫治的請求，而是叫死人復活的不情之請（參十一5）。耶穌馬上跟他去，他的門徒也跟著去。

當耶穌正在趕著去救人之時，在路上有一個「患了經血不止的病有十二年」的婦人，她走到耶穌的「背後，摸他的衣裳繸子」。「衣裳繸子」（*tou kraspedou tou himatiou autou*）指的是「衣裳邊」，加上「繸子」是律法書的要求（民十五37～41；參申二十二12），顯出馬太福音的耶穌十分守法。沒有人知道為甚麼這婦人要這樣做，或者是由於她的病，她是被視為不潔的（利十五25～30），所以不敢直接找耶穌，又或者她曾在很多醫生的手上得不到痊癒，這是她的最後一個希望。馬太福音的作者告訴他的讀者，耶穌的衣裳邊是有繸子的，而這婦人就是去摸這些繸子。耶穌卻好像知道有人摸了他的「繸子」，他「轉過來，看見她，就說：『女兒，放心！你的信救了你。』」（*sesōken*）他的意思是，她已經得到痊癒，她的信心則是具體去到耶穌面前求醫治的信心。

醫好這婦人之後，耶穌繼續他的行程，去救「會堂主管」的女兒。當耶穌去到「會堂主管」的家，那裏已經有「吹鼓手」（即今日的殯葬樂手），和「亂哄哄的一羣人」，這是家有帛事的自然現象，同時也表現了這女孩子的死訊已經傳開。耶穌命令這些人「退去」，他說「這女孩不是死了，而是睡著了」。「女孩」（*to korasion*）指的是進入了青春期的少女，大概十二歲。當然，「睡著了」（***katheudō***）也可以是死了的婉委語，這個用法只有在這裏出現。耶穌指出「這女孩不是死了」，而只是「睡著了」，表明她是會醒過來的。在場的人亦沒料到耶穌能將這女孩從死裏救活過來，「他們就嗤笑他」。耶穌沒有理會他們，將他們都趕出去。若這女孩真的睡了，而不是死了，他們也就失去了在那裏舉葬的目的，自然也要離開這家。「被趕出」（*ekballō*）這動詞帶有被趕出者是出現在不應該出現的地方，

保羅所用「睡了」的原文是koimaomai（參林前十五6；帖前四14～15）。

而可能耶穌要花一些時間才可以趕走他們。趕了羣眾之後,「耶穌就進去,拉著女孩的手,女孩就起來了」。「起來了」(*egeirō*)這個動詞是以被動式表達,也曾用於馬太福音有關耶穌復活的經文(二十七64,二十八6、7),表示她是被叫起來的。耶穌使這女孩從死裏復活的事,是不能被隱藏,「於是這消息傳遍了那地方」。「那地方」指的很可能是迦百農(參九1)。這是耶穌在馬太福音中第一次,也是惟一的一次叫人從死裏復活。

5.1.1.11 第九個神蹟(九27～31)

這個故事屬於這段結構的第九個神蹟醫治,它與二十章29至34節的內容很相似,兩段都是兩個盲人得醫治(參卷下2.3.6「作門徒真義〔二十29～34〕」,頁60),可能是作者將原稿單一的故事重述,但兩者的重點不同。這種表達方式可稱為「**重複傳統**」(doublets)的表達。❸ 這裏的故事強調得醫治的信心,而二十章29至34節的敍述是在耶穌進入耶路撒冷城的段落之前。這裏所著重的是藉盲人得看見這神蹟,來邀請讀者看清楚將要進入耶路撒冷的耶穌究竟是誰。

> *「重複傳統」是一種寫作的傳統,是指在一份文件中重複出現的一段文字或詞彙,但當中所帶出背後的意義或主題卻不同。*

段落開始之時有這樣描述:「耶穌從那裏往前走」。同樣地,作者沒有交代「那裏」是指甚麼地方,不過若接著上文的敍述,這「那裏」很可能仍是指迦百農。耶穌繼續往前行,「有兩個盲人跟著他」。雖然「跟著」(*ēkolouthēsan*)的原文是一個跟隨耶穌的標準用字(參四20、22),但他們不一定是耶穌的門徒。他們喊叫說:「大衛之子,可憐我們吧!」(27節)「大衛之子」這稱號早已於一至二章出現,而接著下來這稱號往往與耶穌醫治病人的敍事連結在一起(十二23,十五22,二十30～31;另參二十一15～17)。一至二章出現時,這稱號強調的是耶穌是大衛的子孫，而後來再出現這稱號之時，則強調他憐憫的心腸（參八17，九36）。耶穌沒有即時回應他們的要求，直至入了屋內。在屋子裏，耶穌主動問那兩個瞎子：「你們信我能做這事嗎？」耶穌提問的焦點是在兩個瞎子的信心上。雖然馬太福音的作者沒有交代他們要甚麼，但當耶穌說「我能做這事」之時，暗示了耶穌知道他們的需要，就是使他們能看見。這兩個盲人就回答說：「主啊，我們信。」他們稱耶穌為「主」，表示對耶穌有很大的尊重，並信任他的主權（參八6～13；另參九21～22）。這神蹟反映了信心和醫治的關係十分緊密。耶穌至終也摸了他們的眼睛，他們的眼睛便開了。雖然耶穌「嚴嚴地」叫他們「不可讓人知道」，但他們「竟把他的名聲傳遍了那地方」，而「那地方」極可能是指迦百農（九1、26）。

5.1.1.12 第十個神蹟（九32～34）

這是第十個神蹟醫治，也是這段落的最後一個故事。這個故事和第八個故事，都指向接著耶穌回答施洗約翰的問題的內容（十一5～6）。第九個神蹟醫治了兩個盲人，而第十個神蹟醫治了一個啞巴，它們合起來都帶有上帝的拯救出現的意涵（參賽三十五5）。

敘事開始之時，作者再次提及一個時間的標記「他們出去的時候」（32節），作者依然沒有交代究竟他們從哪裏出去。之前的敘事一直都只提及耶穌一人，但在這裏卻說「他們」，作者的敘述由單數轉到複數，表明由原初只有耶穌一人去醫治，轉到耶穌和門徒一起工作。「有人把一個被鬼附的啞巴帶到耶穌跟前來」，「啞巴」（*kōphos*）原文的意思是指又聾又啞。耶穌除了醫治病人，他也做趕鬼的工作。在古代世界，很多時候，罪與病，以及被鬼附與病，很難在當中劃清界線。當耶穌趕出那啞巴鬼，人便回復正常，「啞巴就說出話來」。耶穌的工作引來眾人的讚賞，同時也引來爭議，他們評論「在以色列，從來沒有見過這樣的事」；換言之，耶穌所作的是新的事(參十三52)，就連施洗約翰也表示他未曾見過這些事(十一1～18)。不過，對於法利賽人來說，他們不能否認耶穌的能力，但卻又不能接受他的能力，於是說耶穌「是靠著鬼王趕鬼的」(34節)。他們可能是暗暗如此說，所以耶穌才沒有作任何回應，不過，他們很快便公然說耶穌是「靠著鬼王別西卜」趕鬼(十二24)。他們不為耶穌所作的歸榮耀給上帝，相反，他們將耶穌作這些事的能力歸在魔鬼身上，誹謗耶穌的事工。

5.1.2 撮要與前瞻(九35～38)

35節是總結和撮要八至九章的內容。此外，馬太福音的作者在35節用了與四章23節很相近的字眼來結束這個段落。他有意把耶穌的言(五～七章)與行(八～九章)作一個「首尾呼應」的理解，連同耶穌的言，加上他的行，總結他在教導、宣講和醫治這三方面的工作。35至38節的整體作用在於回顧與展望，它將讀者的焦點從耶穌一個人的事工，轉往門徒的參與。十章便是有關耶穌的門徒開始出來傳道的起頭。作者先交代十二使徒的設立，然後，耶穌便對門徒作有關傳道的教導，這也進入了耶穌的五大講論中的第二講。

36節透露出耶穌的事奉背後的推動力或動機，是來自他對人的「憐憫」，因為他看見「他們困苦無助，如同羊沒有牧人一樣」(參民二十七17；代下十八16)。耶穌用了羊來比喻那些羣眾，這「牧人」除了是指上帝(參詩二十三1)，也可指宗教領袖或政治領袖(參結三十四1～6)。對應這幅屬靈圖畫，耶穌再用另一個比喻去表達他的意思：「要收的莊稼多，做工的人少」(37節)。「做工的人」(*egatai*)

應是指「牧人」(*poimena*),而「莊稼」(*therismos*)在希伯來聖經指的多與審判相連(賽二十七12;何六11;珥三13),就如施洗約翰的信息一樣(三12)。在此「莊稼」極可能是指以色列民,因為這與38節的積極回應「你們要求莊稼的主差遣做工的人出去收他的莊稼」,在意思上吻合。耶穌和門徒都會往以色列迷失的羊那裏去(十五24),那麼,「莊稼的主」便是上帝自己,而「做工的人」就是耶穌自己,和往後延伸他的工作的門徒。

5.2 作門徒的使命與代價(十1～十一1)

耶穌行完十個神蹟及醫治之後,作者從「做工的人」(九37)引入耶穌接下來的工作。耶穌接著便是設立十二門徒來承接他的工作與使命。這是馬太福音五大講論的第二講(參1.6.1.2「四大進路」,頁17),經文可以分為四大段來分析,第一段是耶穌呼召十二門徒(1～4節);第二段是向門徒傳遞使命(5～15節);第三段是與門徒的使命有關的其他提醒(16～42節);第四段是簡述十二門徒的傳道(十一1)。

分段大綱(十1～十一1)

一、呼召十二門徒(十1～4)
二、向門徒傳遞使命(十5～15)
三、其他的提醒(十16～42)
  1. 逼迫的臨近(十16～23)
  2. 作門徒的代價與賞賜(十24～42)
四、十二門徒的傳道(十一1)

5.2.1 呼召十二門徒（十1～4）

耶穌揀選「十二個門徒」（*dōdeka mathētas*；1節），這「十二」（*dōdeka*）令人聯想到希伯來聖經時代的「十二支派」，就是上帝應許得地為業的上帝子民。「十二個門徒」可能代表了新的上帝子民的開始，這與耶穌出生的新摩西主題吻合：昔日上帝藉摩西建立屬上帝的子民，今天上帝透過耶穌和他的十二個門徒再次興起他的子民。「門徒」這個詞包含學生和學徒的意思，作耶穌的門徒便是作耶穌的學徒。耶穌賜予這「十二個門徒」權柄，使他們有能力「驅趕污靈和醫治各樣的疾病」（1節），這些都是耶穌曾經作過的工作（參八～九章）。

「使徒」這詞在四福音共出現十一次，而馬太福音則只出現一次。

作者在這裏列出了十二個門徒的名字，稱他們為「**使徒**」（*apostolōn*；2節），意指「被差派者」。5至15節記述十二個門徒被差派到以色列人的當中傳講天國的福音，凸顯了他們「被差派」的身分。1至4節列出的名單中，最先提到的是兩對兄弟，先是西門與安得烈，然後是西庇太的雅各和約翰。西門就是彼得，他的名字在福音書出現時都是排第一的。此外，這兩對兄弟可説是耶穌的「內圈門徒」（inner circle），較其他使徒更親近耶穌。下表列出馬太福音如何將這四人列入為核心成員。

四 18～22	九 23～26 （參可五 37～43）	十 1～4	十七 1～8	二十四 1～3 （參可十三 1～4）	二十六 36～46
呼召門徒	女孩的再生	十二門徒名單	登山 變像	橄欖山上的 問題	客西馬尼
西門 安得烈 雅各 約翰	{彼得} {雅各} {約翰}	彼得 安得烈 雅各 約翰 腓力 巴多羅買 多馬 馬太 雅各 達太 激進黨的西門 加略人猶大	彼得 雅各 約翰	{彼得} {雅各} {約翰} {安得烈}	彼得 西庇太的 兩個兒子

* {}表示馬太福音的作者刪除了馬可福音中出現的門徒名稱。

「激進黨」是一社羣，他們是為了遵守上帝的律法而大發熱心，因而產生激進的行為。這黨的起源可追溯至他們的代表性人物非利哈（民二十五1～13）。

當提到馬太，作者形容他就是那個「稅吏馬太」（*Matthaios ho telōnēs*），目的是要指出這位馬太就是九章9節的「馬太」。在這名單中，作者不避諱列入一位過去曾是「**激進黨**的西門」。在耶穌的時代，「激進黨」經常與羅馬為敵，並作出一些很激烈的暴力對抗。倘若這西門被呼召成為耶穌的「使徒」，他一定是被耶穌的非暴力教導所改變（五38～48），而放棄了他以前的信念。

馬太福音的作者也提到「加略人猶大」。作者寫書之時，猶大已經出賣了耶穌，所以他在此也不諱指出耶穌的十二個門徒中，有一個是出賣耶穌的，就是「加略人猶大」（4節）。

這十二個門徒是耶穌自己親自選召的。他們作為門徒，是要跟從耶穌學習，並被賦予能力和權柄，被差派作耶穌作過的事。

5.2.2 向門徒傳遞使命（十 5～15）

設立了「十二個門徒」作「使徒」後，馬太福音的耶穌隨即講一番話，吩咐他們如何去傳道。耶穌的一段話是以第二人稱複數「你們」的方式表達，表示耶穌直接向門徒訓示。這訓示有三個方面的內容。

一、差派的使命（十 5～8 上）

耶穌首先吩咐他們不要接觸外邦人和撒瑪利亞人（猶太人視撒瑪利亞人為「外人」），只「往以色列家迷失的羊那裏去」（參九 36）。為何耶穌要如此說？莫非他不關心「外人」嗎？若真的如此，他就不會醫治那迦南婦人的女兒（參十五 22～28）。當這迦南婦人求耶穌之時，耶穌也曾回答她，他「奉差遣只到以色列家迷失的羊那裏去」（十五 24），其分別在於這婦人是主動來找耶穌而不是耶穌去尋找她（詳細分析可參 7.2.2.1「耶穌醫治迦南婦人〔十五 21～28〕」，頁 264～266；另參 5.1.1.2「第二個神蹟〔八 5～13〕」百夫長的僮僕得醫治，頁 157～159）。耶穌又吩咐門徒要在以色列家內「邊走邊傳」，表示他們不能選擇性地只去某些家或某些地區。門徒所傳的信息與耶穌的和約翰的一樣（三 2，四 17），因為耶穌在呼召他們之時，已經賦予他們能力與權柄，他們也有能力去醫病和趕鬼，這些也是耶穌曾經作過的事情，就是醫治、使死人復活、潔淨痳瘋病人，以及趕鬼（八～九章）。耶穌賦予能力和權柄給他的門徒去醫治和趕鬼，這使人想起摩西將他的屬靈恩賜傳遞給以色列的長老（民十一 24～25）。

二、使徒的裝備（十 8 下～10）

耶穌接著便指示門徒在傳道的路上要有的最基本裝備。耶穌只說明哪些東西不需攜帶，其中包括：「金銀銅錢」、「行囊」、「兩件內衣」、「鞋子和手杖」，但沒有指明哪些東西需要帶，目的是為要使門徒在傳道時完全倚靠接待他們的人所提供的一切。一切物資都不用預備，因為「你們白白地得來，也要白白地給人」（8 節下），而且「因為工人得飲食是應當的」（9 節下）。這種傳道生活方式也應該是耶穌自己的傳道生活方式，它與六章 24 至 34 節所提倡的那種信靠上帝供應和活出簡樸生活的教導可說如出一轍，這也是主禱文中的其中一個祈求的生活應用（六 11）。

三、回應對使命招來的回應（十 11～15）

正因耶穌向門徒所要求的傳道方式如此的激進，他也預先警示他們會遇到的情況和回應的方式。門徒去傳道的地區應該是加利利一帶，甚至主要是圍繞迦百農附近的城市和鄉鎮。耶穌提醒門徒每當去到一個地方，都要先尋找那「合適的人」。

所謂「合適的人」，就是指那些不止接待他們，並且接受他們所傳的天國福音的人。不過，耶穌仍提醒門徒，縱使經過一輪的**「打聽」**（*ekstazō*），門徒仍有可能會找錯對象。因此，雖然最初門徒被接待入屋時是帶著平安的祝願：「願你們平安！」但為這家所求的平安最終只會賜給那「合適的人」。換句話說，門徒可能會被接待，但最終卻發現這家不會接受他們的福音，那時他們便欣然離開；若然這樣，他們帶給這家的**祝福**，也會隨之離開。

「打聽」這動詞的原文在馬太福音只出現兩次。除了十章 11 節，另一節是二章 8 節，「和修版」譯作「仔細尋訪」。

12 至 13 節的「祝福」猶如一件可給予和可收回的東西，這是因為猶太人相信話語的能力，特別是上帝的話（參賽五十五 11）。

此外，耶穌特別提到門徒可能遇到不接待他們的人（14～25節）。這時，門徒可以「跺掉你們腳上的塵土」，這表示他們的拒絕與門徒沒有關係了（參二十七 24）。這是耶穌所預期的，也早已告知他的門徒，而這些拒絕的人將不能逃脱將來從上帝而來的審判，他們的命運會比「所多瑪和蛾摩拉」的更糟（參創十九24～25）。

* 這是一座起於加利利的一間小教堂頂的耶穌與十二使徒像，左面是近景，右面是遠景；背景是加利利的一座小山。

5.2.3 其他的提醒（十 16～42）

由十章 16 節開始，耶穌訓示的內容較為概略性，不像 5 至 15 節的教訓般詳細，而且可應用性要推至耶穌復活以後的日子。耶穌在此補充了兩個提醒，第一個是關於「逼迫」的問題（16～23 節），第二個是關於作門徒要付上的代價的問題（24～42 節）。

5.2.3.1 逼迫的臨近（十 16～23）

耶穌在補充他的提醒上，他先提及那些拒絕接受門徒的人。耶穌要特別提出，到以色列家傳道的門徒有如「羊進入狼羣」(16節)。「狼羣」所指的可能就是17節所指的「那些人」，而他們應該就是猶太人。其原因一方面是因為耶穌提及過他們只向自己民族的人傳道，另方面因為只有他們才可以把門徒「交給議會」，他們可以命令猶太人「在會堂鞭打」門徒(17節)，他們也可以把門徒「送到統治者和君王面前」(18節)作見證。因此，門徒要「機警如蛇，純真如鴿」。當他們被拉去作見證的時候，耶穌提醒他們不用擔心說甚麼，因為「父的靈」會將當說的話賜給他們。

門徒除了被捉到公開場合受審，並且受逼迫，門徒在家中也有可能面對被交出來的危險(21節)，因為「兄弟要把兄弟、父親要把兒女置於死地；兒女要起來與父母為敵，害死他們」。彌迦書七章6節所描述家庭危機是上帝的拯救將近出現前的現象。耶穌說明了一個事實，就是凡接受耶穌福音的人，會使其他不接受耶穌的家人頓然反目成仇，甚至被家人舉報，**把自己帶到猶太領袖那裏**。最後，耶穌也提到他們會因耶穌的名「被眾人憎恨」(參二十四9)。人接受了耶穌的福音後，會帶來的改變和敵意，這是正常的事，不過耶穌仍鼓勵他們，凡「堅忍到底的終必得救」(參二十四13)，所指的「得救」並不是指救恩，而是指門徒最終必然從這些處境中得到釋放。

有關這方面的記述，雖在時間與地點上有所不同，但仍可參二世紀初的小皮里紐(Pliny the Younger)致羅馬君主他雅努(Trajan)的信函。

耶穌要求門徒「機警如蛇」。「機警」(*phronimos*)這詞在創世記三章1節的「七十士譯本」是用以形容蛇的「狡猾」，它也可解作有「智慧」。耶穌用這詞之時，並沒有負面意思，這「智慧」在此似乎就是要門徒不與「那些人」發生正面衝突。若一個人因傳道而受城中的人逼迫，就逃到另一個城去(23節)，這正是耶穌倡導的非暴力的其中一個回應表現。此外，「純真如鴿」的「純真」(*akerairios*)指的是純潔沒有參雜任何東西，若指人的品德，可指誠實，這是回應公開查問或問罪時最好的方式。雖然門徒要面對的逼迫臨近了，但耶穌安慰他們，人子很快會再來臨（23 節）。門徒在這刻可能未必完全明白耶穌有關末後的說話，但稍後在橄欖山上向門徒預言將來要發生的事，耶穌才更詳細講述人子的大能來臨（二十四 29～31、36～44）。

5.2.3.2 作門徒的代價與賞賜（十 24～42）

在段落開始之時，耶穌說「學生不高過老師，僕人不高過主人」（24 節），這道出了作門徒所付出的代價。耶穌這樣說並不是指學生及僕人都是低微的，他的意思是指門徒不會豁免於耶穌所遭遇的一切逼迫。老師如何，學生也會如何。這是作耶穌門徒的代價。馬太福音的作者在此重提耶穌在傳道中也曾遇到責罵（參十二 22～32，九 34）。作者如此鋪排，為要指出，當老師被罵為「別西卜」，他的門徒就同被視為屬「別西卜」的家人一樣，他們是不能逃避這厄運的。至此為止，耶穌這番話使人感到沮喪，但耶穌的教導也不止於此，他同時說出安慰和鼓勵的說話（26～42 節）。這可以分為兩方面作討論。

一、不要怕（十 26～33）

耶穌鼓勵門徒「不〔需〕要怕他們」。這裏的「他們」與「那些人」（17 節）可能都是指同一批人。這裏正是耶穌要門徒「純真如鴿」（16 節）的寫照，因此，誠實就是最好的回應方式：「因為掩蓋的事沒有不顯露出來的，隱藏的事也沒有不被知道的。我在暗中告訴你們的，你們要在明處說出來；你們耳中所聽的，要在屋頂上宣揚出來」。這裏指的，是門徒不能隱藏耶穌的信息。「怕」（*phobeomai*；可譯作「須懼怕」）這動詞在這段落出現了四次（26、28〔x2〕、31 節），暗示傳講耶穌的信息可能會帶來生命危險（28節；參十六21～28），但上帝作為門徒天上的「的父」。他不只看顧麻雀，也連門徒的「頭髮也都數過」，他視每一個都比麻雀寶貴（31節；另參六26）。因此，若要不「怕」，是基於一個信念，就是天上的父必定看顧和保守他們。

經文提及的「認我」（32～33節），似乎是指門徒在「怕」的處境中仍能持守那份跟隨耶穌的信念，而不是後來出現的基督論式認信，以耶穌為主、為基督的信心。這個分別在於前者屬於在一世紀中對跟隨基督的認信，而後者則是在教會歷史裏對三位一體中的耶穌作出的認信。所以在此指到的是，單純地承認自己是耶穌的門徒的那份勇氣，和面對逼迫時仍能相信天上的父必定看顧和保守的那份堅持。這勇氣和堅持是基於假設了天父與耶穌的關係。「凡在人面前認我的，我在我天上的父面前也必認他；凡在人面前不認我的，我在我天上的父面前也必不認他」。其意思是，發生在門徒身上的事，耶穌及天上的父不會不為所動，因為馬太福音的耶穌作為人子，將會再來招聚他的選民。

二、帶來紛爭但有賞賜（十34～42）

耶穌繼續向他的門徒指出，他的出現或他的傳道並不是要為人帶來「和平」（*eirnē*），而是「刀劍」（*machaira*）。耶穌來，當然不是要以暴力推翻羅馬政權，恢復猶太人的國度。若與35至36節所描述的家庭紛爭一起理解：「人與父親對立，女兒與母親對立，媳婦與婆婆對立。人的仇敵就是自己家裏的人」（參彌七6），「刀劍」指的是對敵和對立。

耶穌或他的傳道工作是會為人帶來紛爭，這紛爭是源於不同人對耶穌的回應有不同的反應，他們或會接受耶穌，或會不接受耶穌，兩者彼此形成對立。在接受耶穌的人來說，耶穌要求他們為所信的甚至要到一個地步，是要勝過愛自己的家人（37節），對於接受了耶穌的人來說還可以理解，因為耶穌是他們的彌賽亞。但是，對不接受耶穌的人而言，這種絕對的要求不只擾亂了當時原來的家庭宗族關係，同時也大大削弱了作為「一家之主」（*pater familias*）的權威，直接影響了一個家庭的穩定性，更不用說在羅馬帝國下的政治考慮，例如：「羅馬的平安」（*Pax Romana*）。因此，對每一個跟隨耶穌，或接受耶穌的人來說，他必然為家庭帶來紛爭，並且招致逼迫或對立——尤其是外邦人的家庭，因為他們原本都與外邦神祇拉上關係。成為耶穌的門徒之後，他們便要與這些外邦敬拜活動劃清界線，這也相等於不再與家人一同崇拜外邦神祇。也許，讀者至此會更明白耶穌所要求跟隨他的人要計算代價，也要背起自己的十字架的意思（參十六21～28）。跟從耶穌的人，除了變賣一切之外，更有可能是帶來家庭關係的破裂。

雖然門徒是在一個這樣嚴苛的情況下生活和傳道（38～39節），但他們最終會得到賞賜。若在這些逆境下仍然有人願意接待門徒，他就是接待了耶穌，也就是接待了差耶穌來的上帝。「這些小子中的一個」（十42）指的應是傳講耶穌的信息的門徒（參十八6～9，10～14）。

5.2.4 十二門徒的傳道（十一1）

這節描述十二門徒接受了耶穌的任命後，便開始展開傳道和教導的工作。這節經文結束了耶穌的第二大講論。這經文同時也與十章1至4節的設立十二門徒和十5至15節的差派門徒，達到首尾互相呼應的效果。

總結這段經文的分析，馬太福音的作者將十個神蹟醫治的敘述放在一起，並以兩段經文（四23，九35）以「首尾呼應」的方式將神蹟醫治與耶穌的教訓（五～七章）緊扣在一起，指出天國的福音不只有教訓，也帶有能力。它包含於耶穌所作的三方面事工上，就是教導、宣講和醫治。建基於言與行（五～九章），耶穌設立了十二使徒，又賦予他們能力，差派他們出去傳天國的福音（十章）。這個段落在福音書中像是一個重要的門檻，從耶穌的事工踏進耶穌的門徒的事工那裏。八至九章雖然主要以耶穌所行的十個神蹟作敘事框架，但當中不是要凸顯耶穌的能力，而是要指出耶穌的身分和他所作的工，特別在這十個神蹟中間加插的兩個插曲（八～九章），都是與呼召和作門徒有關，説明了耶穌所作的和他吸引人去跟隨他的原因。這個主題固然與十章的耶穌差派門徒出去傳道很有關係，因為門徒就是被呼召（或設立）去作耶穌工作的。門徒從此便延續了耶穌的傳道事工，使二十八章16至20節的「大使命」成為可能。

信仰反省

在「登山寶訓」裏耶穌分享了他的話語，緊接他的教訓便是耶穌所行的神蹟，包括醫治和趕鬼。這個將耶穌的言和行連結在一起的構思是源自馬太福音的作者（四23，九35），兩者同被看為馬太福音的耶穌所傳講的天國福音的彰顯，缺一不可。

保羅在寫給帖撒羅尼迦教會的信中曾説：「因為我們的福音傳到你們那裏，不僅在言語，也在能力，也在聖靈和充足的確信」（帖前一5）。耶穌所行的神蹟帶出了他的能力與權柄，他的教訓不只帶有權柄（太七28～29），他的事工更使人經歷到他的話語的能力和天國福音的彰顯，讓人經歷到上帝（如今）眷顧祂的百姓。話語的能力和神蹟奇事是早期教會一個吸引人和引領人認識上帝的大能的傳道方式。

在馬太福音中，耶穌早在四章已呼召門徒，惟有到十章才設立十二門徒（或使徒),委任他們去按耶穌的方式和教導傳天國的福音,並且被賦予能力行耶穌所行的,包括神蹟奇事。這是一個過渡的轉接階段,由耶穌轉到耶穌的門徒。自此,門徒便有了一個重要的角色,他們不只代表他們的老師耶穌去傳講天國的福音、醫病趕鬼,他們更被訓練成為「得人的漁夫」,最後在福音書末了的時候成為「大使命」的執行者,同時,也成為後來教會傳道工作的先驅。

耶穌的言與行能夠打動人,是因為當中蘊含著上帝的工作,也有聖靈在人心中的動工。不論是耶穌的教導,或是他的醫治和趕鬼,都充滿了從上而來的權柄與能力。今天的教會對這位曾走遍加利利、不怕強權,以及行出神蹟異能,甚至使死人復活的主耶穌有多深的認識,以致我們一方面承傳了耶穌所傳講的天國福音的教導,但另一方面卻埋藏了天國福音的大能?

釋經短註

❶ 韋特寧頓(Ben Witherington III)認為當時加利利的迦百農屬於希律境內,極可能有羅馬駐軍或駐守在敘利亞的羅馬軍團,因此自然也會有羅馬的軍官住在那裏,故此也會有羅馬官長來找耶穌。此外,根據韋特寧頓的看法,羅馬行軍不可帶家人,但可帶僕人。所以百夫長有「僮僕」。他如此愛護他的僮僕,反映他們關係有如家人。他的觀點可參 Ben Witherington III, *Matthew: Smyth & Helwys Bible Commentary* (Macon, GA: Smyth & Helwys, 2006), 181, 182。

❷ 這是馬太福音的作者以詮釋馬可福音四章35至41節來回應作門徒要面對的挑戰和處境,這可參博爾恩坎:〈馬太福音的「平靜風浪」〉,載《二十世紀馬太福音研究文集》,黃根春編(香港:基督教文藝出版社,1998[1948]),頁55～61。

❸ 可參耿慕施(Matthew S. DeMoss)對「重複傳統」下的定義:“In Gospel criticism, a parallel saying or narrative that grew out of a single original statement or event. E.g. possibly the two versions of the feeding of the multitudes (one 5,000; the other 4,000). Also referred to as a double reading”。參 Matthew S. DeMoss, *Pocket Dictionary: For the Study of New Testament Greek* (Downers Grove, IL: IVP, 2001), 49。

溫習及思考問題

1. 在八章2至4節中馬太福音的作者描述耶穌為一個遵守律法的人，這對當時有猶太背景的讀者是重要的。那麼，對今日的讀者重要嗎？對耶穌這樣的描寫，反映了作者理解耶穌是一個怎樣的猶太人？
2. 在八至九章裏，耶穌行了很多神蹟奇事，以此顯出他話語帶有權柄或權能。今天的信徒仍會相信這樣的話語帶有權柄或權能嗎？今天的信徒仍相信神蹟、醫病，甚至趕鬼會發生嗎？是否只有五旬宗、靈恩派的教會（或不分宗派），簡稱對聖靈開放的教會今天依然如此相信，並且在他們的信仰生活中實踐這些神蹟奇事？
3. 若昔日耶穌的教訓是帶著能力與權柄，並且他以他的言與行來彰顯天國的福音，今天教會又以怎樣方式的能力與權柄去彰顯天國？
4. 信心能救人嗎？這是怎樣的一種信心？接近一般人認為是迷信嗎？這樣的信仰今天還能吸引人相信嗎？
5. 天國的福音的彰顯不單在於教訓（五～七章），同時也在於權能（八～九章）。信仰除了有相信和認知的一面外，經歷對信仰重要嗎？
6. 二零一四年發生的香港「佔領」行動帶來教會中有些弟兄姊妹因政見不同而不和，特別在青少年羣體中，例如「沒有 friend 做」，在「面書」unfriend對方，這是前所未有的。這個社會現象對我們理解十章34至37節，就是耶穌當時的紛爭和敵對可有相同之處？這對我們今日理解這段經文有否幫助？

第六章

猶太人對耶穌的反應與天國的比喻（十一2～十三52）

- 猶太人回應耶穌
- 天國的比喻

經文

11 [2]約翰在監獄裏聽見基督所做的事，就派他的門徒去，[3]問耶穌：「將要來的那位就是你嗎？還是我們要等候另一位呢？」[4]耶穌回答他們：「你們去，把所聽見、所看見的告訴約翰：[5]就是盲人看見，瘸子行走，痲瘋病人得潔淨，聾子聽見，死人復活，窮人聽到福音。[6]凡不因我跌倒的有福了！」[7]他們一走，耶穌就對眾人談到約翰，說：「你們從前到曠野去，是要看甚麼呢？看風吹動的蘆葦嗎？[8]你們出去到底是要看甚麼？看穿細軟衣服的人嗎？那穿細軟衣服的人是在王宮裏。[9]你們出去究竟是要看甚麼？是先知嗎？是的，我告訴你們，他比先知大多了。[10]這個人就是經上所說的：『看哪，我要差遣我的使者在你面前，他要在你前面為你預備道路。』[11]我實在告訴你們，凡女子所生的，沒有一個比施洗約翰大；但在天國裏，最小的比他還大。[12]從施洗約翰的日子到今天，天國受到強烈的攻擊，強者奪取它。[13]眾先知和律法，直到約翰為止，都說了預言。[14]如果你們願意接受，這人就是那要來的以利亞。[15]有耳的，就應當聽！[16]「我該用甚麼來比這世代呢？這正像孩童坐在街市上向同伴呼喊：[17]『我們為你們吹笛，你們不跳舞；我們唱哀歌，你們不捶胸。』[18]約翰來了，既不吃也不喝，人們就說他是被鬼附的；[19]人子來了，也吃也喝，他們又說這人貪食好酒，是稅吏和罪人的朋友。而智慧是由它的果子來證實的。」[20]那時，耶穌在一些城行了許多異能。因為城裏的人不肯悔改，他就責備那些城說：[21]「哥拉汛哪，你有禍了！伯賽大啊，你有禍了！因為在你們中間所行的異能若行在推羅、西頓，他們早已披麻蒙灰悔改了。[22]但我告訴你們，在審判的日子，推羅和西頓所受的，比你們還容易受呢！[23]迦百農啊，你以為要被舉到天上嗎？你要被推下陰間！因為在你那裏所行的異能，若行在所多瑪，它還可以存留到今日。[24]但我告訴你們，在審判的日子，所多瑪地方所受的，比你們還容易受呢！」到我這裏來，[25]那時，耶穌說：「父啊，天地的主，我感謝你！因為你把這些事向聰明智慧的人隱藏起來，而向嬰孩啟示出來。26父啊，是的，因為你的美意本是如此。27一切都是我父交給我的；除了父，沒有人知道子；除了子和子所願意啟示的人，沒有人知道父。28凡勞苦擔重擔的人都到我這裏來，我要使你們得安息。29我心裏柔和謙卑，你們當負我的軛，向我學習；這樣，你們的心靈就必得安息。30因為我的軛是容易的，我的擔子是輕省的。」

12 1那時，耶穌在安息日從麥田經過。他的門徒餓了，就掐麥穗來吃。2法利賽人看見，對耶穌說：「看哪，你的門徒在安息日做不合法的事了。」3耶穌對他們說：「大衛和跟從他的人飢餓時所做的事，你們沒有念過嗎？4他怎麼進了上帝的居所，吃了供餅呢？這餅是他和跟從他的人不可以吃的，惟獨祭司才可以吃。5再者，律法上所記的，在安息日，祭司在聖殿裏犯了安息日也不算有罪，你們沒有念過嗎？6但我告訴你們，比聖殿更大的在這裏。7『我喜愛憐憫，不喜愛祭祀。』你們若明白這話的意思，就不將無罪的當作有罪了。8因為人子是安息日的主。」9耶穌離開那地方，進了猶太人的會堂；10那裏有個一隻手萎縮了的人。有人為了要控告耶穌，就問他：「安息日治病合不合法？」11耶穌對他們說：「你們中間誰有一隻羊在安息日掉在坑裏，不抓住牠，把牠拉上來呢？12人比羊貴重得多了！所以，在安息日做善事是合法的。」13於是對那人說：「伸出手來！」他把手一伸，手就復原了，和另一隻一樣。14法利賽人出去，商議怎樣除掉耶穌。15耶穌知道了，就離開那裏，有一大羣人跟著他。他把所有的病人都治好了，16又囑咐他們不要把他宣揚出去。17這是要應驗以賽亞先知所說的話：18「看哪，我所揀選的僕人，我所親愛，心所喜悅的；我要將我的靈賜給他，他必將公理傳給外邦。19他不爭吵，不喧嚷，街上也沒有人聽見他的聲音。20壓傷的蘆葦，他不折斷，將殘的燈火，他不吹滅，直到他使公理得勝。21外邦人都要仰望他的名。」22當時，有人把一個被鬼附，又盲又啞的人帶到耶穌那裏，耶

穌醫治他，那啞巴就能說話，又能看見。[23] 眾人都驚奇，說：「這不是
大衛之子嗎？」[24] 但法利賽人聽見，就說：「這個人趕鬼，無非是靠著
鬼王別西卜罷了。」[25] 耶穌知道他們的心思，就對他們說：「一國自相紛
爭，必定荒蕪；一城一家自相紛爭，必立不住。[26] 若撒但趕出撒但，就
是自相紛爭，他的國怎能立得住呢？[27] 我若靠著別西卜趕鬼，你們的子
弟趕鬼又靠著誰呢？這樣，他們要作你們的判官。[28] 我若靠著上帝的靈
趕鬼，那麼，上帝的國就已臨到你們了。[29] 人怎能進壯士家裏搶奪他的
東西呢？除非先綁住那壯士，否則無法搶奪他的家。[30] 不跟我一起的，
就是反對我；不與我一起收聚的，就是在拆散。[31] 所以我告訴你們，人
一切的罪和褻瀆的話都可得赦免，但是褻瀆聖靈，總不得赦免。[32] 凡說
話干犯人子的，還可得赦免；但是說話干犯聖靈的，今世來世總不得
赦免。」[33]「你們知道樹好，果子也好；又知道樹壞，果子也壞；因為看
果子就可以知道樹。[34] 毒蛇的孽種啊，你們既是惡人，怎能說出好話來
呢？因為心裏所充滿的，口裏就說出來。[35] 善人從他所存的善發出善
來；惡人從他所存的惡發出惡來。[36] 我告訴你們，凡是人所說的閒話，
在審判的日子，要句句供出來；[37] 因為要憑你的話定你為義，也要憑你
的話定你有罪。」[38] 當時，有幾個文士和法利賽人對耶穌說：「老師，
我們想請你顯個神蹟給我們看看。」[39] 耶穌回答他們：「邪惡淫亂的世
代求看神蹟，除了先知約拿的神蹟以外，再沒有神蹟給他們看了。[40] 約
拿三日三夜在大魚肚腹中，同樣，人子也要三日三夜在地裏面。[41] 在
審判的時候，尼尼微人要起來定這世代的罪，因為尼尼微人聽了約拿
所傳的就悔改了。看哪，比約拿更大的在這裏！[42] 在審判的時候，南
方的女王要起來定這世代的罪，因為她從地極而來，要聽所羅門智慧
的話。看哪，比所羅門更大的在這裏！」[43]「污靈離了人身，走遍無水
之地尋找安歇之處，卻找不到。[44] 於是他說：『我要回到我原來的屋裏
去。』他到了，看見裏面空著，打掃乾淨，修飾好了，[45] 就去另帶了七
個比自己更惡的靈來，都進去住在那裏。那人後來的景況比先前更壞
了。這邪惡的世代也要如此。」[46] 耶穌還在對眾人說話的時候，不料，

他母親和他兄弟站在外邊想要跟他說話。[47]有人告訴他：「看哪！你母
親和你兄弟站在外邊，想要跟你說話。」[48]他卻回答那對他說話的人，
說：「誰是我的母親？誰是我的兄弟？」[49]於是他伸手指著門徒，說：
「看哪，我的母親，我的兄弟！[50]凡遵行我天父旨意的人就是我的兄
弟、姊妹和母親。」

13 [1]就在那天，耶穌從房子裏出來，坐在海邊。[2]有一大羣人到他
那裏聚集，他只好上船坐下，眾人都站在岸上。[3]他用比喻對
他們講了許多話。他說：「有一個撒種的出去撒種。[4]他撒的時候，有
的落在路旁，飛鳥來把它們吃掉了。[5]有的落在土淺的石頭地上，因
為土不深，很快就長出苗來，[6]太陽出來一曬，因為沒有根就枯乾了。
[7]有的落在荊棘裏，荊棘長起來，把它擠住了。[8]又有的落在好土裏，
就結出果實，有一百倍的，有六十倍的，有三十倍的。[9]有耳的，就應
當聽！」[10]門徒進前來問耶穌：「對眾人講話，為甚麼用比喻呢？」[11]耶
穌回答他們說：「因為天國的奧祕只讓你們知道，不讓他們知道。[12]凡
有的，還要給他，讓他有餘；凡沒有的，連他所有的也要奪去。[13]我
之所以用比喻對他們講，是因為他們看卻看不清，聽卻聽不見，也不
明白。[14]在他們身上，正應驗了以賽亞的預言：『你們聽了又聽，卻不
明白，看了又看，卻看不清。[15]因為這百姓的心麻木，耳朵發沉，眼
睛閉著，免得眼睛看見，耳朵聽見，心裏明白，回轉過來，我會醫治
他們。』[16]但你們的眼睛是有福的，因為看得見；你們的耳朵也是有福
的，因為聽得見。[17]我實在告訴你們，從前有許多先知和義人要看你
們所看的，卻沒有看見；要聽你們所聽的，卻沒有聽見。」[18]「所以，
你們要聽這撒種的比喻。[19]凡聽見天國的道而不明白的，那惡者就來，
把撒在他心裏的奪了去；這就是撒在路旁的了。[20]撒在石頭地上的，
就是人聽了道，立刻歡喜領受，[21]只因心裏沒有根，不過是暫時的，一
旦為道遭受患難或迫害，立刻就跌倒。[22]撒在荊棘裏的，就是人聽了
道，後來有世上的憂慮、錢財的迷惑把道擠住了，結不出果實。[23]撒

在好土裏的，就是人聽了道，明白了，後來結了果實，有一百倍的，有六十倍的，有三十倍的。」[24] 耶穌又設個比喻對他們說：「天國好比人撒好種在田裏，[25] 在人睡覺的時候，他的仇敵來，把雜草撒在麥子裏就走了。[26] 到長苗吐穗的時候，雜草也顯出來。[27] 地主的僕人進前來對他說：『主人，你不是撒好種在田裏嗎？哪裏來的雜草呢？』[28] 主人回答他們：『這是仇敵做的。』僕人對他說：『你要我們去拔掉嗎？』[29] 主人說：『不必，恐怕拔雜草，也把麥子連根拔出來。[30] 讓這兩樣一起長，等到收割。當收割的時候，我會對收割的人說，先把雜草拔出來，捆成捆，留著燒，把麥子收在我的倉裏。』」[31] 他又設個比喻對他們說：「天國好比一粒芥菜種，有人拿去種在田裏。[32] 它原比所有的種子都小，等到長起來，卻比各樣的菜都大，且成了樹，以致天上的飛鳥來在它的枝上築巢。」[33] 他又對他們講另一個比喻：「天國好比麵酵，有婦人拿來放進三斗麵裏，直到全團都發起來。」[34] 這都是耶穌用比喻對眾人說的話，不用比喻，他就不對他們說甚麼。[35] 這是要應驗先知所說的話：「我要開口說比喻，說出從創世以來所隱藏的事。」[36] 當時，耶穌離開眾人，進了屋子。他的門徒進前來，說：「請把田間雜草的比喻講給我們聽。」[37] 他回答：「那撒好種的就是人子，[38] 田地就是世界，好種就是天國之子，雜草就是那惡者之子，[39] 撒雜草的仇敵就是魔鬼，收割的時候就是世代的終結，收割的人就是天使。[40] 正如把雜草拔出來用火焚燒，世代的終結也要如此。[41] 人子要差遣他的使者，把一切使人跌倒的和作惡的從他國裏挑出來，[42] 丟在火爐裏，在那裏要哀哭切齒了。[43] 那時，義人要在他們父的國裏發出光來，像太陽一樣。有耳的，就應當聽！」[44]「天國好比寶貝藏在地裏，人發現了就把它藏起來，歡歡喜喜地去變賣一切所有的，買這塊地。[45]「天國又好比商人尋找好的珍珠，[46] 發現一顆貴重的珍珠，就去變賣他一切所有的，買下這顆珍珠。」[47]「天國又好比網撒在海裏，聚攏各種魚類，[48] 網一滿，人們就把它拉上岸，坐下來，揀好的收在桶裏，不好的丟掉。[49] 世代的終結也要這樣：天使要出來，把惡人從義人中分別

出來，[50]丟在火爐裏，在那裏要哀哭切齒了。」[51]耶穌說：「這一切的
話你們都明白了嗎？」他們對他說：「明白了。」[52]他對他們說：「凡文
士學習作天國的門徒，就像一個家的主人從他庫裏拿出新的和舊的東
西來。」

接續十章記述馬太福音第二篇講論之後，作者在十一章1節簡單交代了「耶穌吩咐完了十二個門徒，就離開那裏，往各城去傳道，教導人」，便結束了這個講論。我們沒有確實資料敍述有關門徒傳道的情況，作者也沒有交代門徒在傳道回來時帶著甚麼結果去見耶穌，直至十二章，門徒才再次出現在敍事裏（十二2、49）。另外，在馬太福音裏，耶穌第二次差派門徒出去傳道，是在二十八章16節才再出現。

十一章2節至十六章20節是一獨立的段落，內容主要圍繞耶穌是彌賽亞這身分的議題。它可分為兩大主題：猶太人（以色列人）對耶穌事工的回應與耶穌講論天國的比喻（十一2～十三52）；門徒如何從拒絕轉至認信基督（十三53～十六20）。第一個主題主要圍繞以色列對耶穌作為彌賽亞的不信和拒絕，第二個主題則以更多不同的事件和對話去鋪排耶穌就是彌賽亞，並以彼得向耶穌的認信作為此大段落的高峯。因篇幅頗長，筆者將它分為兩章作討論。這段落多以「以色列人」這個名稱取代「猶太人」。「以色列人」這名詞指出他們擁有上帝子民的身分，而「猶太人」則是一個社會文化的用字，其使用始於猶大國在被擄歸回猶大地或猶太地（Judaea）後，因要與當時當地的其他民族作一區別，才被使用來指作居住在猶大地或猶太地區一帶的人。這段落較多用「以色列」，或許因為強調耶穌和約翰傳道的對象，主要都是他們自己的同鄉和百姓（即以色列人）。相比之下，「以色列」這名詞更切合馬太福音中的Q-典的原意。當然，在耶穌時代的以色列人都是猶太人。❶

這大段落始於施洗約翰對耶穌發出的問題：「將要來的那位就是你嗎？還是我們要等候另一位呢？」（十一3），結束於彼得對耶穌的認信，說：「你是基督」（十六16）。這正正回答了施洗約翰的提問。

十一 2～3	十一 4～十六 14	十六 15～16
施洗約翰		彼得
約翰……問耶穌:「將要來的那位就是你嗎?還是我們要等候另一位呢?」		耶穌問他們:「你們說我是誰?」西門.彼得回答說:「你是基督,是永生上帝的兒子。」

在第一個主題裏,作者闡述了很多不同的人對五至九章耶穌的言行作出回應。耶穌受到當面的質詢,因著不同的人對耶穌的事工有不同的回應,作者便以天國比喻來展示不同人對耶穌作出的反應(十三1～52)。這一章指出作為上帝子民的以色列——就是耶穌時代的猶太人——雖有接受耶穌的天國信息的,但也有不信的,甚至表示拒絕耶穌的。

本章可分為兩部分:前一部分是有關不同的人(以色列人)對耶穌的回應(十一2～十二50),後一部分則是作者將耶穌所講有關天國的比喻輯錄成一篇有關天國的講論(十三1～52),其用意是解釋不同人當時對耶穌的言與行不同的反應,當中有接受的,也有反對的,然後便是耶穌的第三講論(參1.6.1.2「四大進路」,頁17)。

6.1 猶太人回應耶穌(十一 2～十二 50)

這段經文可再分為四個段落,第一段是講及耶穌與施洗約翰的關係(十一2～19);第二段落是耶穌借不悔改的城來指責以色列人不悔改(十一20～24);第三段落講論天父的心意(十一25～30);第四段落是衝突與真親屬(十二1～50)。

分段大綱（十一 2～十二 50）

一、人對耶穌與約翰的回應（十一 2～19）
  1. 約翰的困惑（十一 2～6）
  2. 耶穌對施洗約翰的評價（十一 7～15）
  3. 耶穌責備這世代的錯配（十一 16～19）
二、不悔改之城（十一 20～24）
三、天父的心意（十一 25～30）
四、衝突與真親屬（十二 1～50）
  1. 安息日摘麥穗（十二 1～8）
  2. 安息日治病（十二 9～14）
  3. 沉靜的上帝僕人（十二 15～21）
  4. 上帝的國已經臨到（十二 22～37）
  5. 約拿的神蹟（十二 38～42）
  6. 後來比先前更差（十二 43～45）
  7. 誰是母親和弟兄姊妹（十二 46～50）

6.1.1 人對耶穌與約翰的回應（十一 2～19）

這段經文與路加福音七章 18 至 35 節很相似，屬於 Q-典的經文，內容主要圍繞施洗約翰與耶穌的關係。雖然這段落以約翰派門徒問耶穌有關耶穌是誰的問題作開始（十一 2～6），但重點很快便轉移到耶穌對約翰作出的評價（十一 7～15），以及耶穌責備以色列人負面回應約翰和他自己的傳道（十一 16～19）。

6.1.1.1 約翰的困惑(十一 2～6)

這是一個新的段落，因為所敍述的事和人都與之前的經文不同。施洗約翰的門徒在此出現了，而施洗約翰則在「監獄裏」。作者在前文已提及約翰的下監(四 12)，但在往後的經文，他才向讀者解釋約翰下監的原因(十四 3)。約翰在監獄裏聽到有關耶穌的「言」(五～七章)與「行」(八～九章)，於是「派他的門徒去」，為要「問耶穌：『將要來的那位就是你嗎？還是我們要等候另一位呢？』」(3 節)這是約翰第二次派他的門徒來見耶穌(參九 14～17)。約翰的問題反映出耶穌所作的，可能與約翰所期望的不一樣，所以約翰派他的門徒向耶穌問清底蘊。根據三章 11 至 12 節，約翰是傳講審判信息的先知，他在傳講信息中曾指出，接著他將會有一位執行審判的人來到。雖然耶穌有很多地方與約翰相同，若以耶穌回應約翰的內容來看，耶穌所作的絕對不是約翰所期望是來審判的那位(十一 5～6)。此外，耶穌所作的也與大部分人(包括耶穌的十二個門徒)對彌賽亞所期望的不同，耶穌不是以「大衛式」的彌賽亞形象出現，要來消滅外敵、使以色列復國，並回復昔日大衛國度時候的光輝(參「所羅門詩篇」17～18 篇)。

「將要來的那位」不一定指基督(即彌賽亞)，在猶太人心目中，上帝的使者在終末日子出現時，可能以先知身分出現，甚或可能是上帝自己親自顯現。耶穌沒有直接指出他自己是誰，但他藉回答約翰的門徒的問題，讓人思想他是誰。他吩咐約翰的門徒先「把所聽見、所看見的告訴約翰」。耶穌又引三段來自以賽亞書的經文(賽二十九 18～9，三十五 5～6，六十一 1)作出回答，藉此，他間接回答了約翰：他就是先知所預言要來的彌賽亞。耶穌回答約翰門徒的提問，比他向他自己的門徒作出的傳道吩咐更詳細(參十 8 上)：

太十8上	賽二十九 18～19	賽三十五 5～6	賽六十一1	太十一5
要醫治病人，使死人復活，使痲瘋病人潔淨，把鬼趕出去。	[18]那時，聾子必聽見這書上的話；盲人的眼必從迷矇黑暗中看見。[19]困苦的人必因耶和華增添歡喜，人間貧窮的必因以色列的聖者快樂。	[5]那時，盲人的眼必睜開，聾子的耳必開通。[6]那時，瘸子必跳躍如鹿，啞巴的舌頭必歡呼。在曠野有水噴出，在沙漠有江河湧流。	主耶和華的靈在我身上，因為耶和華用膏膏我，叫我報好信息給貧窮的人，差遣我醫好傷心的人，報告被擄的得釋放，被捆綁的得自由；	就是盲人看見，瘸子行走，痲瘋病人得潔淨，聾子聽見，死人復活，窮人聽到福音。

除了「瘸子行走」和「聾子聽見」，其餘的神蹟/醫治都可以在八至九章內找到：痲瘋病人得潔淨（八1～4）、盲人看見（九27～31）、死人復活（九18～19、23～26）。雖然「窮人聽到福音」並不屬於神蹟/醫治，但馬太福音的耶穌看此為他的傳道事工的高峯（參五3；路四18；4Q521）。

馬太福音的耶穌以「凡不因我跌倒的有福了」來結束他對約翰提問的回應。「跌倒」（*skandalizomai*）原文的意思有使跌倒、以話語或行動激怒，以及得罪人之意。耶穌用此字眼以表示，即使有些人看見耶穌的言行跟一般人對彌賽亞的期望不同，但仍相信耶穌就是那位真實要來的彌賽亞的人，便為有福。

6.1.1.2 耶穌對施洗約翰的評價（十一7～15）

馬太福音的耶穌對約翰的稱讚，來自Q-典（參路七24～30，十六16）。這段經文可分為以下兩小段。

一、施洗約翰的角色（十一 7～10）

耶穌曾在約旦河受約翰的洗，也曾看見很多人去到約翰那裏受洗。約旦河超過一百多里長，約翰在約旦河哪個位置為人受洗，不能被確定，可能他是在相對耶利哥的約旦河以東一帶的曠野地（參約一28）。去曠野受約翰的洗的人當然不是要看被「風吹動的蘆葦」或「穿細軟衣服的人」。這兩句説話很可能用來暗指希律亞基帕，因為耶穌提到住在「王宮裏」的人，而亞基帕就是那些生活在「王宮裏」的人。此外，亞基帕在公元 19 年修葺提比哩亞城的時候，曾下令鑄造帶有蘆葦標誌的錢幣，這兩個描述都切合對希律安提帕的形容。耶穌的意思是人若去曠野尋找約翰，一定找不著有王者身分的人。耶穌在此有意將約翰和希律比較。希律是王者，但把傳講上帝信息的約翰下在監中。馬太福音的耶穌直接指出，約翰是一位比其他先知更大的先知，因為他就是經上預言的那一位：「看哪，我要差遣我的使者在你面前，他要在你前面為你預備道路」。這經文引自瑪拉基書三章 1 節和出埃及記二十三章 20 節。換句話説，約翰就是那位希伯來聖經的先知所預言、在末後將要來臨、為主－上帝預備人心的以利亞（參十一 14；另參瑪四 5）。

二、約翰的位分（十一 11～15）

馬太福音的耶穌指出了約翰在救恩歷史上的角色後，他繼續指出約翰的位分。約翰確實比任何人都大，因為他不只是最接近耶穌的先知，也是為耶穌作預備工作的那一位。在猶太人而言，約翰的出現不只是應驗了過往所有關乎對天國來臨之前的先知的預言，也是先知預言所指向的高峯。可是，在天國裏他仍是最少的，因為馬太福音的作者將約翰理解為他只是為天國而作預備工作，而不是將人引進天國的主要人物。雖是這樣，約翰在天國並不是沒有分兒，而是在救恩歷史上他仍是屬於耶穌來臨之前的「眾先知和律法」時代的人。耶穌的來臨，將救恩歷史帶入新的時代。當提及約翰的位分，馬太福音的耶穌轉換了他的話題，他從約翰所遭遇的命運，轉到當下以色列人對天國福音的態度和回應（參十二 12～13）。

12 至 13 節來自 Q-典，有稱之為「強暴語錄」（violence logion）。路加福音也出現類似的經文，現列表作一些比較。

太十一 12～13	路十六 16
從施洗約翰的日子到今天，天國受到強烈的攻擊，強者奪取它。眾先知和律法，直到約翰為止，都說了預言。	律法和先知到約翰為止，從此上帝國的福音傳開了，人人努力要進去。

約翰在馬太福音似乎擔任著一個過渡人物的角色。在時間上，他雖是列在「眾先知和律法」之後，但他是那最接近預言應驗的先知。馬太福音的耶穌指明，約翰就是〔終末的〕以利亞（十一 14），其意思是約翰在救恩歷史上佔有一席位。路加福音也把約翰列在「律法和先知」之後，但卻出現「從此」（*apo tote*）這詞，把約翰放置在一個將結束或已結束的時代。

「從施洗約翰的日子到今天，天國受到強烈的攻擊，強者奪取它」是一節難解的經文。為甚麼天國被「強烈攻擊」？究竟「強者」是誰？他要怎樣「奪取」天國？而「都說了預言」指的是甚麼？按上下文來理解，這似乎是指有關傳講天國福音之時所遇到的困難和所受到的不友善對待。若這是正確的詮釋方向，便能理解為何直到約翰的時候為止，「天國受到強烈的攻擊，強者奪取它」。約翰是先知裏最大的，然而他所傳講的卻得不到正面的回應，反而被收入監牢；與此同時，耶穌所傳天國的信息由開始之時已遭著強暴的對抗，強暴的人有如希律般，要以武力壓倒天國的彰顯，這正是約翰和耶穌作為推動天國福音的使者均遇上的命運。然而，約翰雖然被收監，但他就是「那要來的以利亞」(參十七10～13)。

最後，耶穌以「有耳的，就應當聽」(15節)作結束。這句子在馬太福音共出現三次(另參十三9、43)他似乎指出沒有耳的人就無法聽下去，但有耳的人就一定可以聽進去。當時在場的人全都有耳朵，所以耶穌所暗示的，就是即使有耳的，也未必將他的話聽入心，聽入心的人就當將説話記在心裏。這個結語表示了聽者要鄭重其事。

6.1.1.3 耶穌責備這世代的錯配(十一16～19)

雖然馬太福音的作者藉著耶穌的回答表明了耶穌就是彌賽亞，而約翰就是在耶穌來臨之前為耶穌預備道路的那位，也是末後的以利亞，不過，他們兩人的傳道工作都不為當時的世代(以色列的領袖)所接受。所以，耶穌説：「我該用甚麼來比這世代呢？」(16節)這句話帶點嘆息及無奈，然後他用了一個比喻來形容這個情景：「這正像孩童坐在街市上向同伴呼喊：『我們為你們吹笛，你們不跳舞；我們唱哀歌，你們不搥胸』」(17節)。耶穌將所有人比喻為「孩童」。大家都是孩童，本應對同伴的言行很有反應，而且會很容易被帶動一同跳舞、一同哀動(參十八1～5)，但他們卻只「坐在街市上」不作反應。當他們在玩婚禮遊戲時，聽到笛聲卻沒有跳舞，在玩葬禮遊戲時，聽到哀哭聲也沒有搥胸。耶穌這個比喻令人聯想到當智慧發聲，但卻遭到愚昧人的拒絕(參箴一20～25)。藉此，耶穌責備這世代(的以色列人)對約翰和他自己的傳道作出的負面回應。有些人拒絕約翰，因他「既不吃也不喝」，說：「他是被鬼附的」；有些人拒絕耶穌，說他是「貪食好酒」的（參申二十一20），是「稅吏和罪人的朋友」（19節）。馬太福音的耶穌提醒聽見這些話的門徒，吩咐他們從約翰和耶穌所作的重新評估他們現在擔當的角色和身分。此外，耶穌所說的最後一句話：「而智慧是由它的果子來證實的」，意即憑耶穌所作的，就可以知道耶穌是誰。按此經文，耶穌的意思是，他就是「智慧」的化身(參箴八1～九6)。

6.1.2 不悔改之城（十一 20～24）

這段經文有一個特色，它特別多提及城鎮的名稱。20節「那時，耶穌在一些城行了許多異能。因為城裏的人不肯悔改，他就責備那些城說……」這節經文給讀者一個印象就是，耶穌先在一些城市傳道，但那裏的人不肯悔改，耶穌便責備他們。但是，這節經文的原文極可能是緊接19節耶穌的講論。若參照「新漢語譯本」，它的翻譯是「接著，耶穌譴責那些他曾在其中行了很多神蹟的城，因為那裏的人不肯悔改」，表示了耶穌說完19節的講論後，立刻便責備所有不信的城市。這段經文可說是拒絕接受耶穌所傳的道的城市的實際例子，當中出現兩個「有禍了」（*ouai*；21節）這詞。這是一個預言，所針對的是「哥拉汎」與「伯賽大」（21～22節）及「迦百農」（23～24節）。這些城市的問題在於她們雖然看見了不少耶穌所行的神蹟及醫治，但城裏的人還是不信。耶穌分別用了「推羅、西頓」這兩座在希伯來聖經常被先知定為得罪上帝的城市（參賽二十三章；結二十六～二十八章；珥三4；摩一9～10），來與「哥拉汎」及「伯賽大」作比較，而以邪惡之城「所多瑪」（創十九章）來與「迦百農」作比較，以此指出這些拒絕耶穌的城市的命運。此外，這段經文也間接解答了約翰的疑問（十一

1～6）。無可否認，在約翰來看，耶穌的傳道並不像他所期望要帶來審判，但事實上人若拒絕耶穌，審判最終會臨到他們身上。假若約翰自己有機會好像馬太福音的讀者一樣讀馬太福音的話，他便意會到，耶穌的傳道工作在某個意義上也帶來審判，人不能對他的言與行無動於中，不作表態。所以他的工作並不是與約翰所期望的相差那麼大。

6.1.3 天父的心意（十一 25～30）

耶穌看見這世代如何對待約翰，而他自己也同樣面對猶太人對他傳講天國的福音表示不信任，不肯悔改，但耶穌沒有將人不悔改和不接受的責任完全推到那些不信的人身上，他將這個最終的結果歸到上帝的心意去。這段經文有三小段，首先是耶穌感謝天父的啟示（25～26 節），然後，是啟示的途徑（27 節），最後是兩個邀請和兩個應許（28～30 節）。

一、耶穌感謝上帝的啟示（十一 25～26）

接著是耶穌的感恩禱告。馬太福音的作者用了「那時」，把耶穌的感恩放置在他和約翰都被拒絕的敘述之後，表示耶穌沒有因為事工受阻而憂愁，他反而要因此感恩。耶穌為到天父賜下啟示而感恩，這種感恩禱告的模式也見於昆蘭社羣中（有關他們的著作，可參「死海古卷」〔1Q35. frag, 1〕）。耶穌以「父啊，天地的主」（25 節）來稱呼天上的上帝，是刻意將他和天父作為創造主拉上親密的關係。他以感恩的方式說出人拒絕了他所傳的福音，同時亦解釋了人的拒絕背後是有天父的心意。他以「〔有〕聰明智慧的人」來指拒絕他所傳的福音的人，而「嬰孩」喻作聽見耶穌教訓的人，前者直指那些有「聰明智慧」的人是不會因他們有的而接受福音，後者則雖如「嬰孩」，但他們無條件地接受福音（另參十八 1～5）。雖然整件事有上帝的心意，但成為拒絕或接受福音的人，卻是人自己的責任。耶穌若以「父啊，天地的主」稱呼上帝，同時亦表示他知道一切的智慧都是來自上帝，所以他不是蔑視那些有「聰明智慧」的人，而是指有些人恃著有「聰明智慧」，自高自大而不接受福音。所以對這些人來說，福音像是「隱藏起來」了。不過，他們的行為並不是出乎上帝意料之外，上帝已將這些事計算在內；故此，耶穌說「父啊，是的，因為你的美意本是如此」，所指的正是耶穌出來傳道的使命和他現在所作的，就是他早前說過的話「健康的人用不著醫生；有病的人才用得著……我不是來召義人，而是召罪人。」（九 12～13）。

二、上帝啟示的途徑（十一 27）

耶穌提到，上帝將他的心意只啟示給「嬰孩」（25 節），但不能缺少的是，耶穌就是啟示的重要橋梁。因此，馬太福音的耶穌指出，他來就是要彰顯上帝。耶穌又說：「一切都是我父交給我的。」這都顯示父與子有一個親密的關係。雖然讀者不能知道父將甚麼交給子（二十八章 18 節指的是「權柄」），但子卻是那惟一途徑，讓人可以認識父上帝。與此同時，人能夠認識子，都是在父的心意下。所以，人雖然只能藉著耶穌認識父上帝，但最終上帝的心意會成就在認識子的人的身上。

三、兩個邀請和兩個應許（十一 28～30）

耶穌講完上帝與他的關係及上帝的美意之後，他將話題轉到自己的身上，把自己形容為智慧，表示他的傳道工作就如智慧向人發出邀請一樣（「便西拉智訓」〔*Sirach*〕51.26～27）。他對勞苦的人作出邀請：「凡勞苦擔重擔的人都到我這裏來，我要使你們得安息。」耶穌似乎是向那些仍未作門徒的人發出邀請，更可能是特別向那些跟從文士和法利賽人的生活方式來生活的人發出邀請，因為他們正是背著「難挑的重擔」（二十三4），並以遵行律法每一項細節的苛克要求來生活的人。❷

耶穌向接受他邀請的人發出應許，讓他們得著釋放，這正是他出來傳道的目的（九12～13）：❸

邀請A　凡勞苦擔重擔的人都到我這裏來，

　應許B　我要使你們得安息。

邀請A’　我心裏柔和謙卑，你們當負我的軛，向我學習；

　應許B’　這樣，你們的心靈就必得安息。因為我的軛是容易的，我的擔子是輕省的。

「安息」在這裏不是指完全休息不用工作，而是指得著救恩（參來三11，四1、3、5、10～11；啟十四13），並且也安穩在上帝的手中。背起耶穌的軛不是要摒棄摩西的律法，而是以耶穌的詮釋去遵行律法。耶穌對律法的詮釋並不是鬆懈的，也不是要降低律法的要求。究竟如何表達耶穌對律法的要求，這可於十二章裏的幾個「爭辯的故事」表達出來。

6.1.4 衝突與真親屬（十二1～50）

十二章仍然處理著耶穌本身和他的事工所帶來的負面回應。這一章可以分為七個段落。首先是有關兩則耶穌在安息日發生的爭辯（1～

8、9～14節），從而為耶穌的事工定位，然後是他如何藉著傳道中所行的神蹟和醫病顯出上帝國的臨在（15～21節）。接著的就是辯論有關別西卜的議題，馬太福音的作者也交代如何從果子去分辨樹的好壞（22～37節）。隨後，宗教人士來向耶穌發出挑戰，要求耶穌顯一個神蹟給他們看（38～42節）。自宗教人士離開後，馬太福音的耶穌便以比喻來指出「這世代」或宗教人士的問題：他們因著不信，他們現時的光景會比先前還差（43～45節）。這段落的結束，是耶穌重新為屬他的社羣下定義，以示誰是真正屬他的，屬他的人不是指來自同一血源，而是來自遵行上帝的話的弟兄姊妹（46～50節）。

在十二章裏，馬太福音的作者採用了馬可福音和Q-典的材料，並以馬可福音的敍述框架作為他的敍述的次序。

6.1.4.1 安息日摘麥穗（十二1～8）

這是第一個安息日的敍述，同樣地，它也在馬可福音中出現（可二23～28，三1～6）。馬太福音的作者將它們保留在自己的福音書內，並加上了自己的重點。

第一個安息日的故事發生在麥田間。耶穌的門徒經過田間，因餓了就垂手摘麥穗來吃。法利賽人看見他們摘麥穗來吃，便對耶穌說：「看哪，你的門徒在安息日做不合法的事了。」他們所指「不合法的事」應是指在安息日「摘麥穗」。摩西律法規定第七日要安息，即使在耕種或收割的時候（出三十四21），而「摘麥穗」這動作構成了在安息日工作的嫌疑（參「米示拿」之「論安息日」〔*M. Shabbath*〕7.2）。耶穌引了兩個例證去為門徒辯護（3～4、5～6節）。

首先，耶穌引了大衛作例證。大衛和他的隨從昔日也曾因餓而在聖殿中吃了聖餅。祭司看見大衛與他的隨從的需要而更換新餅，將撤下來的餅給他們吃（撒上二十一1～6）。聖經沒有視大衛的行為是不對的。耶穌的門徒也有類同的遭遇，他們雖不是吃聖餅，但他們卻在聖日「摘麥穗」。耶穌引用這例子，表示門徒的行為並不是完全違反律法的。接著，耶穌再引另一個例子來證明仍有一些人可以在安息日工作。他以聖殿為場景來表述這事。在每個安息日，祭司都要更換陳設餅，而這是他們職責（即工作）的一部分（利二十四8）。如此說來，祭司是在安息日工作。若按法利賽人說法，他們違反了律法，因為祭司在安息日工作。不過，若祭司不換陳設餅，他便違反了另一條律法，就是違反了祭司當行職務。耶穌說穿了法利賽人守法的一種怪誕現象，就是當一個人死守一條誡命的同時，可能會引致違反另一條律例。耶穌在此帶出一個新的處境，就是「但我告訴你們，比聖殿更大的在這裏」。他的意思是指：既然此時此地已出現一個比聖殿更大的人，而他又接受門徒的行為，門徒就不算為犯了律法。

耶穌亦提出兩點作還擊。首先，他引用何西亞書六章6節指出：「我喜愛憐憫，不喜愛祭祀」，這正針對耶穌所用的第一個例證的精粹，顯出憐憫遠遠比遵守條例重要（參九13）。再者，馬太福音的耶穌更宣告說：「因為人子是安息日的主」，這正是指出馬太福音的耶穌有打破遵守律法的權柄，指出只有耶穌對律法的詮釋，才是最有權威的教導。

6.1.4.2 安息日治病（十二9～14）

這是另一次有關安息日的爭辯，這次發生在「猶太人的會堂」裏。「猶太人的會堂」在原文是 *sunagōgēn autōn*，應直譯為「他們的會堂」。在會堂中「有個一隻手萎縮了的人」，也許有人預計耶穌將會醫治這人，於是利用他來找控告耶穌的把柄。這人問耶穌說：「安息日治病合不合法？」（10節）耶穌反問：「你們中間誰有一隻羊在安息日掉在坑裏，不抓住牠，把牠拉上來呢？」耶穌知道自己是在被試探的處境中，他以問題作回應是反客為主，是很有智慧的。耶穌又以提問作基礎，再回應說：「人比羊貴重得多了！」他的意思是說，人在安息日尚且出手拯救掉在坑裏的羊，那麼，人豈有不醫治比羊更貴重的人呢？若真的如此，人就重視羊的價值多於人的生命，而這人就是重視個人行益多於別人的需要。他又直接宣告：「在安息日做善事是合法的。」（12節）於是，他便叫那有一隻萎縮了的手的人把手伸出來，這人的手立時便回復健康了。

「猶太人的會堂」是「『他們的』會堂」

「會堂」這個名詞在馬太福音共出現九次，有三次是獨立出現，不是連於一個所有格代名詞（六2，5，及二十三6）。連於所有格代名詞的，有五次是「他們的」（*autōn*；四23，九35，十17，十二9，十三54），有一次是「你們的」（*humōn*；二十三34）。

「和修版」的翻譯修飾了原文的意思，沒有把四次的「他們的」和一次的「你們的」這代名詞譯出來，而只有一次將「他們的」翻譯出來（九35）。「和修版」淡化了馬太社羣與其猶太背景的主流社羣之間的分別。若把原來的「他們的」翻譯出來，就更顯明在聖殿被毀後時期，馬太社羣和同時期的猶太社羣之間的不同。若馬太福音的作者以「他們的會堂」來形容「猶太人的會堂」，這表示了猶太人與馬太社羣彼此之間是有分歧的。馬太社羣當時是否已經從猶太人那裏完全分別出來，或是仍留在其中，這是一個很難追溯的歷史問題，但肯定的是他們已意識到兩者的不同，已有「自己」與「他們」的分別（參1.1.2「馬太社羣與其他猶太社羣」，頁3～7）。

作者沒有指明試探耶穌的是誰，只説是「有人」（10節），他可能是法利賽人。即使不是法利賽人，他們當時也在會堂。整個事件的過程，法利賽人全看在眼內，可能亦想趁機找耶穌的把柄，如今知道事敗，心裏也不高興，激起他們「除掉耶穌」的決心，於是他們便開始計劃「商議怎樣除掉耶穌」（14節）。

6.1.4.3 沉靜的上帝僕人（十二15～21）

這段經文只在馬太福音出現，它不只是耶穌事工的撮要，它更特別指出耶穌的來臨是為應驗希伯來聖經所預言的。

這段落是以「耶穌知道了」作開始，表示他知道有人正在謀害他，於是他便離開那地方。即使如此，仍有一大羣人因看見耶穌所行的和他們所聽見的道，跟隨耶穌。跟著耶穌的有許多是患病的人，耶穌一一將他們醫治，耶穌同時也吩咐他們不要將事件宣揚出去，免得別人誤會他傳道的動機。耶穌的離開，暗示了他暫時不想被法利賽人捉拿，因為他的時候仍未到。在此，馬太福音的作者再引以賽亞書四十二章1至4節，這是一首稱為「僕人之歌」的其中一段內容。作者的用意，是表示昔日先知的預言，今日應驗在耶穌的言行間。耶穌就是上帝所揀選的，雖然宗教領袖好像拒絕他的信息，甚至想要消滅他，但他就是這位以色列先知所預言的彌賽亞。這段引經也印證和呼應耶穌受洗時的呼召（三13～17）：耶穌就是上帝所喜悦和揀選的，並且他被賦予能力去履行他的任務。

6.1.4.4 上帝的國已經臨到（十二22～37）

這段經文也在馬可福音出現（可三20～30），並與馬太福音九章32至34節相似。這段的結構可分為三部分：趕鬼和醫病（22～23

節)、法利賽人的負面回應(24節)、耶穌針對法利賽人的回答(25～37節)。

一、趕鬼和醫病(十二 22～23)

耶穌潔淨了「被鬼附,又盲又啞的人」,又將他的病醫好了(22節)。羣眾對耶穌表示讚嘆,開始想知道耶穌是誰,所以他們問:「這不是大衛之子嗎?」(23節)。他們對耶穌是有正面的回應。

二、法利賽人負面的回應(十二 24)

與此同時,當法利賽人看見耶穌所作的事,和聽見耶穌所傳的道,他們卻說:「這個人趕鬼,無非是靠著鬼王別西卜罷了」(24節)。他們沒有否認耶穌有趕鬼和施行醫治的能力,但他們不承認耶穌的能力是來自上帝,卻認為是來自鬼王「別西卜」。

鬼王別西卜

「別西卜」(*Beelzeboul*)這名稱在新約書卷共出現七次(十25,十二24、27;參可三22;路十一15、18、19),這詞音譯自希伯來文(*baʿal zəḇûḇ*),原本意思是「巴力・西卜」。這詞在希伯來聖經只出現在列王紀下(王下一2、3、6、16)。「巴力・西卜」是非利士人的神明,又稱為「蒼蠅之主」,是掌管「地」的神明,因為他有驅趕蒼蠅的能力,使地有平安。亦有學者根據這詞的字根演變,推敲他是一位掌管天地的神明。這詞與一些後希伯來聖經時期的某些描述「糞」的詞彙有同源及近音,故此到新約時期,這詞漸漸演變成指涉「糞坑之主」。那些不是信奉這神明的人,會以這詞來譏諷這神明,以此侮辱信奉這神明的人。

「鬼王」(*archonti tōn daimoniōn*)即「眾鬼的首領」。從用詞看，法利賽人是指涉一個眾邪惡神明之首，暗示了這是最邪惡之神明。法利賽人指責耶穌靠鬼王趕鬼，表示耶穌並沒有甚麼了不起，他只是與邪惡的神 —— 撒但 —— 同夥。他們同時也諷刺耶穌所依靠的，其實是撒但，而這撒但只不過是管治「糞坑」而已。由此可見，法利賽人除了是在侮辱、嘲諷耶穌，同時也在褻瀆上帝。

三、耶穌的回應(十二 25～37)

法利賽人說耶穌是「靠著鬼王別西卜」趕鬼，為的是激怒耶穌。耶穌卻用了一連串的言語技巧作反擊。他先用了「國」、「城」和「家」作比喻(25 節)，指出若自我相爭，必不能堅立。他再發揮這同一道理，指出他們邏輯上的錯誤：「若撒但趕出撒但，就是自相紛爭，他的國怎能立得住呢？」(26 節)耶穌的提問反過來成了回答法利賽人的問題。另外，法利賽人與耶穌都是相信同一位神。所以，當法利賽人說耶穌是靠「別西卜趕鬼」，這同時也是指控著自己。就著這一點，耶穌進一步反問法利賽人：「我若靠著別西卜趕鬼，你們的子弟趕鬼又靠著誰呢？」(27 節)這是一個反諷的提問。耶穌是要指控法利賽人若不是靠別西卜趕鬼，就是他們從沒有趕鬼的能力。耶穌亦都指出他們的子弟甚至可以作他們的「判官」，證明他們的不是。既是如此，他們便沒有資格質問耶穌。

上帝的國在馬太福音中的「既濟」

馬太福音經常出現「天國」這詞（在馬太福音共出現三十一次），而「上帝的國」則只出現四次（十二28，十九24，二十一31、43）。在「和修版」六章33節也有出現這詞（參4.2.3.1「生活與憂慮〔六19～34〕」第二點：「看不見的擔憂〔六25～34〕，頁134～135），這是一個破格。在十二章26節出現的「上帝的國」，可能是與撒但的國作出一個對比（十二26），並且與28節「上帝的靈」作一個猶如平行體的用法。這是關於馬太福音的天國觀的一節重要經文，因為它清楚指出，「上帝的國」已經「臨到」。「臨到」（*ephthasen*）這動詞是過去不定時時態（aorist tense），它比另一個以完成式出現的動詞「近了」（*ēggiken*）的表達（三2，四17，十7）更凸顯「已經臨到」的意思。至於其他地方出現「上帝的國」，所強調的是上帝的主權。

換句話說，在十二章26節，耶穌的醫治和趕鬼等事工中，已顯示上帝國的權能已經在他們中間彰顯。若以「既濟與未濟」去形容上帝的國，十二章28節所強調的就是上帝國的「既濟」的一面。

無論如何，耶穌指出他自己的趕鬼權柄是來自上帝，並且藉著這些彰顯上帝能力的行動，顯示上帝已在他們中間掌權。耶穌說：「我若靠著上帝的靈趕鬼，那麼，上帝的國就已臨到你們了。」（28節）這說話表示法利賽人不只知道耶穌說的是指甚麼，他們還能經驗到耶穌的事工帶來的影響。若與路加福音對照，「上帝的靈」是寫成「上帝的能力」（*daktulō theou*；路十一20），這名詞的原文應譯作「上帝的手指」，很可能這才是Q-典原來的用詞（另參出八19「七十士譯本」），但馬太福音的作者把它改為「上帝的靈」。他一方面回應上文僕人被賜予上帝的靈（參18節），另一方面則是強調耶穌得以趕鬼是靠著「上帝的靈」的能力（參三16），這也是回應他被誹謗從鬼王取得權柄去趕鬼的講法，再次指出是「上帝的靈」給予他權柄去趕鬼，並不如法利賽人所言的。

最後，耶穌又用了另一比喻去形容他的工作：「人怎能進壯士家裏搶奪他的東西呢？除非先綁住那壯士，否則無法搶奪他的家」。施洗約翰曾說耶穌是那「能力比我更大的」（*ho ischuroteros*；三 11），如今馬太福音的作者也借用這詞彙來指出耶穌就是有「大能力」的那位。「壯士」（*ho ischuros*）就是喻指「鬼王別西卜」。耶穌比「鬼王別西卜」更強，所以他能夠進入「鬼王」的地方，把他綁起，拆毀他的工作。這比喻講出一個很簡單的道理：擒賊先擒王。因此，耶穌是站在上帝的那一方，與別西卜對立。當人面對耶穌，人便要作出決定是跟隨耶穌抑或跟隨「鬼王」，不能站在中立的位置（十二 30）。

耶穌說話的語氣愈來愈重，他不是要法利賽人因道理駁不通就知難而退，而是要作出反擊，藉此讓他們知道上帝的要求。他先借用了「非友即敵」的概念表達他的不滿，同時亦與他們劃清界線：「不……一起的，就是反對……不收聚的，就是在拆散」。接著，他更將事件帶到屬靈的層面。31 節和 32 節可看成平行句：

31 節	……人一切的罪和褻瀆的話都可得赦免，	但是褻瀆聖靈，總不得赦免
32 節	凡說話干犯人子的，還可得赦免；	但是說話干犯聖靈的……總不得赦免

「褻瀆聖靈」等同於「說話干犯聖靈的」，這比「凡說話干犯人子的」帶來的後果還嚴重，因為這是「今世來世總不得赦免」。若將這兩節經文連接至 25 至 28 節，耶穌所指「靠著別西卜趕鬼」這句話就是「褻瀆聖靈」的。若是如此，法利賽人一定反駁他們沒有「褻瀆聖靈」，因為「靠著別西卜趕鬼」只針對耶穌而言。但是，耶穌卻指出「說話干犯人

子，還可得赦免……干犯聖靈的……總不得赦免」。言下之意，趕鬼的雖然是耶穌，但背後明明是聖靈的工作。因此，將耶穌與鬼王扯上關係，就相等於將聖靈與鬼王扯上關係，這就是「干犯聖靈」了。「干犯聖靈」就等同於「褻瀆聖靈」，也等同將上帝行在耶穌身上的工作，或藉著耶穌所作的工，歸功於「鬼王」——撒但。這班「法利賽人」犯了一個嚴重的錯誤，就是他們不把上帝的榮耀歸回給上帝，而是歸給撒但，忘記了「上帝的歸上帝」的優先次序（參二十二 21）。

耶穌指出了「法利賽人」的膚淺之後，便以自己慣常借用植物作比喻的方式，來表達他的主題（參七 16～20，二十一 18～22，二十一 33～41），以此來針對法利賽人提出的褻瀆作出教導：「你們知道樹好，果子也好；又知道樹壞，果子也壞；因為看果子就可以知道樹」。樹和果子可喻作一個人的內在生命和外在行為。一個人的行為反映他內在的生命質素，就如一棵樹的果子的好與壞，在於那棵樹是否健康。馬太福音的耶穌直斥這班法利賽人為「毒蛇的孽種」（參三 7，二十三 33），這是一個十分嚴峻的描述。「蛇」是有害的動物（參七 10），曾喻指撒但。若是如此，「毒蛇的孽種」就是指撒但的後人。「凡是人所說的閒話」這句子中的「閒話」（*rēma argon*），原文是有「空話」或「不兌現的話」的意思（參二十一 28～32）。馬太福音的耶穌從法利賽人提出那帶褻瀆的指控，引伸到以說話來反映一個人的生命，最後帶出一個結論，就是人要為自己所說的話負責任，因為這都將會在末日的審判一一作出交代。

6.1.4.5 約拿的神蹟（十二 38～42）

這是 Q-典的經文，與路加福音十一章 29 至 32 節同出一源，另一個傳統則是來自馬可福音八章 11 至 12 節。

太十二 38～42	路十一 29～32	可八 11-～12	太十六 1～4
[38] 當時，有幾個文士和法利賽人對耶穌說：「老師，我們想請你顯個神蹟給我們看看。」[39] 耶穌回答他們：「邪惡淫亂的世代求看神蹟，除了先知約拿的神蹟以外，再沒有神蹟給他們看了。[40] 約拿三日三夜在大魚肚腹中，同樣，人子也要三日三夜在地裏面。[41] 在審判的時候，尼尼微人要起來定這世代的罪，因為尼尼微人聽了約拿所傳的就悔改了。看哪，比約拿更大的在這裏！[42] 在審判的時候，南方的女王要起來定這世代的罪，因為她從地極而來，要聽所羅門智慧的話。看哪，比所羅門更大的在這裏！」	[29] 當眾人越來越擁擠的時候，耶穌說：「這世代是一個邪惡的世代。他們求看神蹟，除了約拿的神蹟以外，再沒有神蹟給他們看了。[30] 約拿怎樣為尼尼微人成了神蹟，人子也要照樣為這世代的人成為神蹟。[31] 在審判的時候，南方的女王要起來定這世代的人的罪，因為她從地極而來，要聽所羅門智慧的話。看哪，比所羅門更大的在這裏！[32] 在審判的時候，尼尼微人要起來定這世代的罪，因為尼尼微人聽了約拿所傳的就悔改了。看哪，比約拿更大的在這裏！」	[11] 法利賽人出來盤問耶穌要求他從天上顯個神蹟給他們看，想要試探他。[12] 耶穌心裏深深嘆息，說：「這世代為甚麼求神蹟呢？我實在告訴你們沒有神蹟給這世代看。」	[1] 法利賽人和撒都該人來試探耶穌，請他顯個來自天上的神蹟給他們看。[2] 耶穌回答他們：「傍晚天發紅，你們就說：『明日天晴。』[3] 早晨天色又紅又暗，你們就說：『今日有風雨。』你們知道分辨天上的氣象，倒不能分辨這個時代的神蹟。[4] 邪惡淫亂的世代求看神蹟，除了約拿的神蹟以外，再沒有神蹟給他們看了。」於是耶穌離開他們走了。

38 節再次出現「當時」（*tote*；節 22 節）一詞，表示這段經文緊接於有關天國已經來臨的敍述之後（十二22～37）。除了法利賽人，這裏也有幾個文士，他們一同去問耶穌一個驗證性的問題，他們問：「老師，我們想請你顯個神蹟給我們看看」。這裏用的「**神蹟**」（*sēmeion*）也可譯作「徵兆」或「記號」，他們來到耶穌那裏，是要求耶穌給他們一個可以證明他的權柄是從天上而來的「記號」。他們來

「神蹟」的原文是約翰福音喜愛使用的詞彙，但並不是馬太福音及馬可福音慣常用以描述神蹟的字眼，馬太福音及馬可福音用的字詞是「能力」（dunamis）。

到耶穌那裏不是單單要求他再給他們一個神蹟，而事實上，耶穌曾經也行過許多神蹟（參八～九章），只是他們仍是不肯相信；現在，他們要求的是一個從上而來可以證明或引證耶穌的權柄的記號。耶穌回答：「邪惡淫亂的世代求看神蹟，除了先知約拿的神蹟以外，再沒有神蹟給他們看了。」（39節）「邪惡淫亂的世代」是指不信的世代（參申一32，三十二5）。「約拿的神蹟」所指的就是耶穌跟著説的「約拿三日三夜在大魚肚腹中，同樣，人子也要三日三夜在地裏面」。「約拿三日三夜在大魚肚腹中」來自約拿書一章17節（有關「三日」的主題，參十六21，十七23，二十19），若連同「人子也要三日三夜在地裏面」（十二40）一起理解，就是指著耶穌在第三天從死裏復活的神蹟。

除了約拿，耶穌也提及尼尼微人，就是當時約拿要向他們發出上帝的審判的對象。接著，在十二章41至42節，耶穌提到約拿和所羅門：尼尼微人因約拿的信息而悔改（拿三1～10），另外，「南方的女王」也從地極來耶路撒冷聽所羅門的智慧（王上十1～10；代下九1～9）；但現在，站在法利賽人和文士前面的耶穌都比他們兩個大，只是以他們為首的「這世代」卻沒有像尼尼微人和南方的女王般作出適當的回應，昔日作為非以色列人的尼尼微人和南方的女王就如定了「這世代」的罪一樣。

對約拿的神蹟的不同詮釋

十二章38至42節這段經文原屬於Q-典的經文，後馬太福音及路加福音的作者分別都使用了這段經文，他們都曾經編修過這段經文。從傳統歷史的角度來看，因著這個「約拿的神蹟」分別在不同的文本以不同的敍述背景出現，因而引伸出三個不同的詮釋向度：❹

- 約拿的神蹟在原本的 Q-典，是指向人子的再來和審判；
- 約拿的神蹟在馬太福音中的 Q-典，是指向耶穌三天後從死裏復活；
- 約拿的神蹟在路加福音中的 Q-典，是指向耶穌或教會傳揚的悔改之道。

雖然馬太福音十二章 38 至 42 節與路加福音十一章 29 至 32 節同源於 Q-典，而另一個同樣是有關「求神蹟」的傳統則來自馬可福音八章 11 至 12 節，但馬可福音的主要信息均被這段「約拿的神蹟」影響，這可見於馬太福音的作者於十六章 1 至 4 節編修馬可福音八章 11 至 13 節後所留下的痕迹。以下列出有關耶穌對求神蹟的回答，供讀者參考：

- 耶穌心裏深深嘆息，說：「這世代為甚麼求神蹟呢？我實在告訴你們，沒有神蹟給這世代看。」（可八 11～13）；
- 耶穌回答他們：「邪惡淫亂的世代求看神蹟，除了先知約拿的神蹟以外，再沒有神蹟給他們看了。」（太十二 39）；
- 邪惡淫亂的世代求看神蹟，除了約拿的神蹟以外，再沒有神蹟給他們看了。（太十六 4）。

6.1.4.6 後來比先前更差（十二 43～45）

耶穌在此加插一個趕鬼的比喻，似乎與上文沒有太大的連帶關係，但這比喻可說是 38 至 42 節的總結和警告，甚至更總結了眾人（及讀者）對耶穌由出道至現在的反應。在上文裏，約拿經歷的神蹟、尼尼微城人的悔改，以及南方女王對智慧的尋求，表示他們願意以悔改或回轉回應上帝的行事。在福音書的敘事中，藉著看見和經歷了耶穌在加利利的言與行，眾人都經歷到天國的臨近，並且看見上帝在耶穌身上的工作，但是，「這世代」的人卻對耶穌的教導沒有反應，他們看似只接受宗教的洗禮，但至終沒有接受耶穌的教導、沒有拿起他的軛、沒有跟隨他、沒有加入他的行列。因此，他們不只失去了悔改的機會，他們到頭來的情況比之前更惡劣，因為他們所作的最終只會招來更「邪惡」的污靈入住他們被潔淨了的屋子，若再套用上文「別西卜」的敘事所用的語言，「壯士」就更難被趕出屋外。換句話說，人的心將會變得更剛硬，更難回轉悔改，去接受天國的福音。如此說，耶穌所傳的天國福音不是人可以忽略、隨之而過的信息，而是一個要求人當下要下決定，不能表示中立的生命之道。

6.1.4.7 誰是母親和弟兄姊妹（十二 46～50）

當耶穌仍在教訓眾人的時候，他的「母親和他兄弟站在外邊想要跟他説話」（46～47 節）。至於他們為何想見耶穌，馬太福音的作者卻沒有説明。46 節記述他們「站在外邊」，這句子再次在 47 節出現，顯然要表達出一個對比：相對於當時在耶穌周圍的人，耶穌的家人是「站在外邊」的。這個對比與 48 至 50 節的家庭觀念重整理念一致。隨著天國在耶穌的醫治與宣講中的彰顯（參 28 節），從此人要重新去釐定何謂「外面的人」（outsiders）和「裏面的人」（insiders），他們的分別在哪裏，以及如何為家庭重新作定義（參十 34～39，十九 3～28）。耶穌沒有否定肉身上的「母親」和「兄弟」，不過他補充説：「凡遵行我天父旨意的人就是我的兄弟、姊妹和母親」（參七 21，二十一 28～32）。耶穌在此重新定義家庭的意義，家中真正的成員不是在血緣上，而是在同一信仰上，所以耶穌説「凡遵行我天父旨意的人」便是他的「兄弟、姊妹和母親」，而這些人也就是耶穌的門徒。換句話説，馬太福音的耶穌清楚指出，作他的門徒就是要遵行天父的旨意，這正是福音書的理想門徒觀。

6.2 天國的比喻（十三 1～52）

耶穌傳講的中心信息是上帝的國。今天的基督徒可能習慣看上帝的國就是指，這國度的上帝是以無條件的愛來對待尋求他的人（參路十五章）。筆者只能認為這樣的想法只對了一半。天國的概念原先是關於上帝和上帝的管治與權能如何實現於地上，而多於我們個人的得救及被上帝照顧的問題上，這是一個集體/社羣上維持而非個人化的觀念（參專欄「『天國』的意義」，頁 66）。

當論及上帝的國，耶穌似乎喜歡用比喻去教導有關上帝國的事，而使用比喻也是耶穌的教導中一個最突出的方式。甚麼是比喻？陶德（C. H. Dodd）給比喻下的定義：❺

> 「就最簡單的層面來說，比喻是汲取自大自然、或日常生活的隱喻、或明喻，以它的活潑生動、或新奇陌生來吸引聽眾，又在聽眾心中留下對比喻之正確應用的充分疑惑，而且逗弄聽眾的心，使它生發活潑的思想。」

談談比喻

希臘文的「比喻」（*parabolē*）有多種意義。路加福音四章23節有出現 *parabolē* 這詞，它只是一句諺語：「醫生，你醫治自己吧！」故此「和修版」譯作「俗語」。在路加福音六章39節「瞎子豈能領瞎子，兩個人不是都要掉在坑裏嗎？」雖然是一句子，但耶穌是以這句子喻作某些人，所以「和修版」譯作「比喻」。在馬可福音四章11節，「比喻」可以指到「謎語」，而在路加福音十四章7節，它又可以指到關於坐席規矩的一般教導。「比喻」這詞的希伯來文（***māšāl***；參詩七十八2）也有很多樣的用法，如：格言、箴言、比喻、謎語和寓言。比喻最明顯的作用，是要引起讀者的反應。在希伯來聖經中備受注視的比喻，可說是撒母耳記下十二章1至13節上的記述，筆者現將經文以大綱列出，作為例子：

- 引言（十二1上）
- 比喻的故事（十二2～4）
- 大衛的反應及對自己的審判（十二5～6）
- 拿單表明受審判者是誰（十二7上）
- 先知預言式的責備（十二7下～12）
- 大衛的反應及認罪（十二13上）

在十九世紀前，解釋比喻主要以寓意解釋為主導，比喻中每一個細節都有一個弦外之意。❻ 德國學者朱立策（A. Jülicher）於1888至1889年間出版了他的著作後，學者開始以一個比喻環繞一個中心信息來解釋比喻，特別是以一般的倫理或宗教原則來解釋。例如按才幹受託的比喻（二十五14～30 // 路十九12～27）是鼓勵信徒要忠於上帝所交託的；浪子的比喻（路十五11～32）是教導上帝愛那些最終會尋求祂的人。後來陶德於1935年出版有關比喻的重要著作，如 *Parables of the Kingdom*，為研究比喻這個新方向增加了動力。他以「一點式理論」（one-point theory）解釋比喻。這方法，直至現在仍是解釋比喻的基本方向。當然，這不排除有些比喻仍是需要以寓意方式去解釋的，例如馬可福音十二章1至12節（太二十一33～46 // 路二十9～19）。另一本對解釋比喻有重要貢獻的著作是耶柔米斯（Joachim Jeremias）的 *The*

Parables of Jesus。耶柔米斯更特別嘗試從比喻中重構出耶穌「所說過的說話」（拉丁文：*ipsissma verba*）。

雖然「比喻」一詞在馬太福音十三章才第一次出現（3 節），但這不代表耶穌在這章之前沒有使用比喻（參七 24～7，九 15～7，十一 16～9）。十三章是耶穌在馬太福音中的第三大講論（十三 3～52），內容主要圍繞上帝的國/天國（下文將會用馬太福音作者的字眼：天國），而耶穌是以比喻形式來表達。在這個講論中，馬太福音的耶穌講了七或八個有關天國的比喻，筆者較傾向贊成七個，因為十三章 52 節的比喻不是直接與天國有關。這些比喻雖然在內容上是關於天國，但它們其實與十一章 2 節至十二章 50 節關係密切，是指向那些對耶穌事工的反應而作的回應。這一章可以分為三大部分，第一部分是記述耶穌在屋外作教導時所講的比喻（十三 1～35），其中包括撒種的比喻（十三 1～23）、稗子的比喻（十三 23～30）、芥菜種與麵酵的比喻（十三 31～35）；第二部分是耶穌在屋內作教導時所講的比喻（十三 36～50），其中包括解明稗子的比喻（十三 36～43）、收藏寶貝在地及尋找珍珠的比喻（十三 44～46）、撒網的比喻（十三 47～50）；第三部分是一個總結（十三 51～52）。

分段大綱（十三1～52）

一、屋外的教導（十三1～35）
　1. 撒種的比喻（十三1～23）
　2. 稗子的比喻（十三24～30）
　3. 芥菜種的比喻（十三31～32）
　4. 麵酵的比喻（十三33）
　5. 講比喻是先知預言的（十三34～35）
二、屋內的教導（十三36～50）
　1. 解釋稗子的比喻（十三36～43）
　2. 另外三個比喻（十三44～50）
三、總結（十三51～52）

6.2.1 屋外的教導（十三1～35）

若從受眾的角度看，這部分的經文可以用扇形結構表達：

A　撒種比喻的內容（十三1～9）　眾人
　B　撒種比喻的目的（十三10～17）　耶穌門徒
　B'　解釋撒種比喻的意義（十三18～23）　耶穌門徒
A'　稗子、芥菜種、麵酵的比喻（十三24～35）　眾人

從這結構看，耶穌講比喻之時，是向著所有人，但當解釋比喻時，對象卻收窄了。他似乎只期望某一些人懂得比喻的意義。耶穌解釋比喻之前，也說明他講比喻的目的。不過，此書不是以對象作分段，而是以比喻作分段。

6.2.1.1 撒種的比喻（十三 1～23）

一、比喻內容（十三 1～9）

馬太福音的作者以馬可福音的比喻為基礎（可四 1～34），然後再就著馬太福音中天國福音的陳述，在比喻中加上有關天國的主題。正如馬可福音一樣，馬太福音的耶穌是在一片反對或質問的聲音下講述天國的比喻的（十三 22～50）。

耶穌從房子出來，他原本是想「坐在海邊」，但因為很多人想聽耶穌的教訓，他便坐在海邊一艘船上，對門徒和眾人講話。除了撒種的比喻，耶穌可能還講了許多其他的言論，只是馬太福音的作者在眾多的耶穌語錄中選擇了撒種的比喻為代表。這比喻若稱為「地土的比喻」，可能更為貼切，因為它的重點並不是「種子」，而是「地土」。但由於耶穌在解釋撒種的比喻時用了「撒種的比喻」（*tēn parabolēn tou speirantos*）這個名稱（18 節），所以它仍被稱為「撒種的比喻」。這個比喻的內容取材自當時的農耕作業，以四種不同的地土來喻指四種不同的聽眾或學生（參斐羅的「論初步學習」〔*De Congressu Quaerendae Eruditionis Gratia*〕64～70；「米示拿」〔Mishnah〕的「先賢集」〔*Pirke Aboth*〕5.12～15）。十一至十二章已略為勾畫出某些人對耶穌的教訓和耶穌所行的神蹟，表現出不同的反應，因此撒種的比喻正好用來詮釋這些人的反應。

在比喻的敍述中，所撒的種子是有所損耗，因為所撒出去的種子都不是全都有好結果。第一和第二個撒種過程中，種子很快便停止生長，在第三個撒種過程中，種子雖已生長，但後來都被擠住了。不過，這比喻的重點不在損耗，因為當種子落在好土上，便達致一百、六十，及三十倍的收成，結果子的收穫遠遠超過在中途不能繼續生長所損耗的。說完比喻後，耶穌補充說：「有耳的，就應當聽！」（參十一 15，十三 43）馬太福音的耶穌不但邀請在他的敘述世界裏的聽眾要留心去聽，並且要他們有所回應，他們要成為好土，讓種子可以生根（9 節）。馬太福音的作者也藉此向他的受眾發出這番勸勉的話。耶穌所講的比喻不是要給人提供農耕生活的資料，而是讓有意欲跟隨他的人去認識他，並且進入作門徒的生命。

二、比喻的目的（十三 10～17）

作者在敘事上跟隨馬可福音，但有三方面的內容修飾了馬可福音的表達（可四 10～12），目的是要使馬太福音的耶穌更清楚表達他講比喻的目的：

- 馬太福音把馬可福音的 *hina* 改為 *hoti*，為要使馬可福音的耶穌講比喻的「目的」（可四 12），在馬太福音中轉變為「結果」（太十三 13），將馬可福音的「看不見和聽不明白」，轉為是眾人的心硬（即那些心麻木、耳發沉和閉眼的人的回應）的「結果」。
- 馬太福音比馬可福音更清楚指出，這個「結果」是要應驗以賽亞先知的話（十三 14～15；參賽六 9～10），馬太福音的作者並不是引用希伯來聖經，而是「七十士譯本」來引述；❼
- 16 至 17 節是馬太福音獨有的，主體內容有代名詞上的轉變，它將第三人稱複數「他們」轉到第二人稱複數「你們」，而所指的是門徒。因此，門徒是看得見和聽得到，他們有正面的回應，是與眾人的反應不同。因此，門徒是有福的（另參十三 34～35）。

講完撒種的比喻之後，門徒走到耶穌面前問及他用比喻的原因（10 節）。耶穌藉此機會解釋他「為何要用比喻」來教導眾人（10～17

節）。作者沒有說明門徒是怎樣走到耶穌面前，他們當時究竟仍在海上，在屋外或在屋內，也無法追尋，但場景由一個公開的地方轉為有私人空間的地方卻是顯然的。他們很可能仍在船上，以致門徒可以立時向耶穌發問。

耶穌在此指出天國的奧祕只讓門徒知道，這裏的「你們」（即門徒）與「他們」（即眾人）成一對比。由十章1至4節開始，門徒的角色已經從眾人中分別出來。12節「凡有的」是指「你們」，而「凡沒有的」是指「他們」。根據11節，「凡有的」指到擁有「天國的奧祕」，是上帝的賜予，不是人可以靠自己得到的；相反地，「凡沒有的」是指沒擁有「天國的奧祕」這福氣。前者將會在「天國的奧祕」上得到更多的給予，而後者則將會走到一種「不進則退」的地步。16至17節的焦點轉到門徒的身上，耶穌以第二人稱複數對他們說：「但你們的眼睛是有福的，因為看得見；你們的耳朵也是有福的，因為聽得見」，這是「八福」以外提到的「有福的」（*makarioi*）的句子，所指的是他們得見和得聽「天國的奧祕」，這「天國的奧祕」是屬於「從創世以來所隱藏的事」（參34～35節），是「從前有許多先知和義人」（17節）都想看見和聽見的，只是現在門徒都看見和聽見了。

三、解釋撒種比喻的意義（十三18～23）

在耶穌的傳道中，眾人對耶穌的言和行都有不同的回應，耶穌便使用他剛說完的撒種比喻，去解釋或描述不同的人對他的不同回應，讓門徒因此體驗了12節「凡有的，還要給他，讓他有餘；凡沒有的，連他所有的也要奪去」的道理。

「天國的道」就是所撒的種，它尤如上帝的話語，是帶有能力和功效的（參賽五十五10～11），它都是平均地落在四個不同的地土。不同的地土尤如人對耶穌的言與行有不同的回應，有負面的（如第一至第三個的撒種）及正面的（第四個的撒種）。第一個反應就是「凡聽見天國的道而不明白的，那惡者就來，把撒在他心裏的奪了去」。這表示「天國的道」沒有發出如期的功效，因為人「不明白」所聽的道，於是「那惡者就來，把撒在他心裏的奪了去」。這好比福音書中的「文士和法利賽人」（參十二 38～42），他們聽見耶穌的教訓，看見耶穌行的神蹟，但他們對耶穌的整體信息依然無動於中，毅然拒絕。第二個反應就是「人聽了道，立刻歡喜領受，只因心裏沒有根，不過是暫時的，一旦為道遭受患難或迫害，立刻就跌倒」（20～21 節）。「為道遭受患難或迫害」（*genomenēs dē thlipseōs ē diōgmou dia ton logon*）涉及生命安全的問題，這是指只能在安舒中作門徒的人。彼得也有類似的經驗（二十六 69～75）。在形容彼得三次不認耶穌的事上，作者也用了「跌倒」（*skandalizō*；二十六 33）這個動詞（二十六 33～35）。第三個反應，就是「人聽了道，後來有世上的憂慮、錢財的迷惑把道擠住了，結不出果實」。這原本是最有潛質結出果子的，但可惜他們因為「世上的憂慮、錢財的迷惑」，最終仍是一無所出。這可指到出賣耶穌的十二使徒中的猶大，馬太福音的作者指明猶大是為了錢而出賣耶穌（二十六 14～16）；這又像那個擁有很多產業的青年（二十 16～22）。最後，第四個反應就是「人聽了道，明白了，後來結了果實，有一百倍的，有六十倍的，有三十倍的」。這是惟一帶來結果的反應，它比一般四至七倍的收成更有收獲，不單彌補了前三個反應的折損，更帶來天國有長益的收成。這個結果的反應與第一個反應剛好成一相反。「明白了」（*suniēmi* 或 *suniō*）這動詞是強調耶穌期望聽道的人不只是聽見，更加要明白。這也是耶穌在講完一切的比喻之後向門徒發出的問題（51～52 節）。上帝的啟示（11 節）加上耶穌私下的教導（36 節）確保了門徒明白耶穌所教導的是甚麼。

6.2.1.2 稗子的比喻（十三 24～30）

解釋完撒種的比喻後，耶穌向眾人又講了三個比喻（參十三 24～30、31～32、33），這三個比喻均以「又設個比喻」（*Allēn parabolēn*）作為開始。這三個比喻在的內容與成長或生長是有關的。稍後，他再重申他講比喻的目的作此大段的小結（34～35 節）。

馬太福音的作者基本上一直跟隨馬可福音的記述，但到此他刪除了馬可福音的「**種子長大的比喻**」（可四 26～29），而加插「稗子的比喻」。「和修版」用的標題是「雜草的比喻」，筆者較傾向採用「和合本」那「稗子的比喻」的翻譯，這譯法較正確地表達比喻的內容。❽ 馬太福音的作者所刪掉馬可福音的某些內容，可能因為他認為「種子長大的比喻」不切合他的神學觀點；取而代之，作者加入了「稗子的比喻」。

「種子長大的比喻」描述到種子是自然生長，或許馬太福音的作者認為他的社羣如果不用付任何代價，而只需忍耐和等待便得成果，對作者而言，這實在不配合他的思想。

麥子與稗子

麥子與稗子由幼苗到成長期，外觀是一模一樣，難以區分，但在成長的過程中稗子會吸收麥子的養分，當到了最終收割的時候，麥子的子粒是可吃的，但稗子的子粒卻是有毒的，吃了讓人麻醉，若嚴重甚至可導致死亡。

耶穌借用了這個農耕的自然現象來講比喻，因為沒有人可以預先知道哪些是麥子或哪些是稗子，而且在外觀上根本不能分辨稗子與麥子，只可以等候收成篩麥子之時，才能區分兩者。換言之，在末日未到之前，無人能夠分辨出誰是真正的門徒。

希伯來聖經多次提及「簸揚」(*zārāh*;參賽四十一 15～16,「和修版」譯作「拔出來」,「和合本」譯作「薅出來」)這主題,表達了一個「被篩出去」的思想,這思想也在馬太福音出現(三 11～12)。當簸揚時,麥子有重量,就會跌聚下來,但糠輕就會隨風飄/吹走。留下的麥子會運去貨倉,糠秕等會拿去燒。馬太福音的耶穌即使可以容得下不同類型的門徒,但最終在末日審判的時候,總被分別出來,就如簸揚的日子,經篩選之後,麥子將放在一邊留用,稗子則被拿去燒毀(參二十五 31～46)。

稗子的比喻(十三 24～30)也強調忍耐。麥子和稗子由生長直到收成,都在處於同一個地方,而且也要等到收成的日子才被分開出來。馬太福音的耶穌稍後也為這個比喻私下向門徒作了解釋(十三 36～43)。

* 左圖為稗子,右圖為麥子

6.2.1.3 芥菜種的比喻(十三 31～32)

馬太福音的作者重返跟隨馬可福音的比喻次序,他保留了「芥菜種的比喻」。這比喻提及芥菜種「比所有的種子都小」。若應用在今天，讀者都會認為耶穌説錯了，因為仍有比它更小的種子，而且芥菜成長後又怎可以大到讓飛鳥築巢！須留意的是，這是一個比喻，其重點是在於最小與最大的分別，而不在於實物的真實大小。更需要留意的是，當時的讀者可能沒有這個疑問，這未必是他們都混淆大與小的問題，而是古代拉比傳流的一種諺語（參「米大示」之「論潔淨」〔*M. Toharot*〕8.8），而當時的讀者是明白的。耶穌這比喻的目的，是以小到大，講出耶穌運動始於小羣，但最終藉此擴展的天國，更將惠及萬民。

6.2.1.4 麵酵的比喻（十三 33）

「麵酵的比喻」是馬太福音在馬可福音之上後加插的。這比喻與「芥菜種的比喻」主題一致，都是要凸顯前後不同的對比，不過前者的比喻資料參自拉比的傳統，而後者則來自民間生活的經驗裏，表明這不是空談。

6.2.1.5 講比喻是先知預言的（十三 34～35）

在向眾人講完這三個比喻之後，耶穌再次道出他用比喻的原因。這次所引的經文來自**詩篇七十八篇 2 節**。耶穌要藉此表示，比喻就是一種工具，讓他可以藉此將創世以來上帝的奧祕陳述出來。這與十三章 10 至 17 節所表達的意向如出一轍，就是比喻要讓人能夠明白上帝的奧祕，而這奧祕是關乎天國的奧祕。

「我要開口説比喻，我要解開古時的謎語」（詩七十八 2）。

6.2.2 屋內的教導（十三 36～50）

36 節「耶穌……進了屋子」，表示他們已進入屋內。入屋之後，門徒要求耶穌解釋稗子的比喻。這是耶穌私下給門徒的教導。

6.2.2.1 解釋稗子的比喻（十三 36～43）

稗子這比喻的寓意是：

- 撒種的人包括「人子」及「惡者之子」；
- 「田地」就是「世界」；
- 「好種」就是「屬上帝國的人」；
- 「稗子」（即「雜草」）就是「屬仇敵的人」；
- 「仇敵」就是「魔鬼」；
- 「收割的時候」就是指「世代的終結」；
- 「收成的人」就是「使者」（即天使）。

麥子明顯地代表真正跟隨耶穌的人（即信徒或基督徒），而稗子所代表的卻難以確定，它可能是異端（這是約翰・屈梭多模〔John Chrysostom〕的看法），或是指不信的以色列人，❾ 又或是在馬太社羣中的邊緣分子（dissident Christians in the Matthean community）。若從馬太福音的作者的角度來看，稗子較有可能是屬第三類的人，即馬太社羣中的邊緣分子，因為這個比喻似乎是針對「自己人」（參十三 41）。這與馬太福音中一個重要主題——門徒觀——有關，這反映出教會在地上是一個「參雜的羣體」（拉丁文：*corpus mixtum*），當中包含遵行和沒有遵行天父心意的門徒（七 21～23）。因此，在教會內需要有紀律（十八 15～20），甚至因紀律問題而有人要被逐出教會（二十二11～14）。即使如此，有很多時候都不是可以用紀律來解決問題，又或即使執行了紀律，也未必可以將問題完全解決、堵塞破口。至終的審判和審判的時間都是在上帝的手中（二十二11～14，二十五41～46），而人卻要在等候審判的日子（十三28下～30）。

這樣說法好像只從馬太福音的作者的角度來看，所以稗子不一定指教內人。耶穌也曾講過類似的言論，曾表示過自己的言與行也會帶給不同人有不同的回應（參十三1～9、18～23、53～8；另參十1～十二50）。他把人分開成為「門徒」和「眾人」。不論放諸馬太福音的層面或耶穌的層面看，這個分別所帶來的結局不是在今生可以知道的，而是要到終末來臨之時審判日子來到，麥子和稗子才得以分開（參二十五31～46）。最後，耶穌再次以「有耳的，就應當聽！」作結束，表示聽的人要鄭重比喻的含義（參十一15，十三9）。

6.2.2.2 另外三個比喻（十三44～50）

接著，耶穌再講三個比喻：「藏寶的比喻」（十三44）、「尋珠的比喻」（十三45～6）、「撒網的比喻」（十三47～50）。這些比喻都是取材自當時讀者的生活及工作裏。這些比喻究竟是耶穌在屋內或屋外講出來，經文本身沒有交代，但因為是接著36至43節的內容，所以極可能都是在屋內，也就是說這三個比喻是講給門徒聽的。

一、藏寶的比喻（十三44）

若仔細讀這比喻，讀者可能會發現一個問題，「天國」既是藏在地裏的「寶貝」，就應該掘出來與人分享，而不是收藏它。但是，耶穌的重點卻不在此。這比喻的重點是「寶貝」、「藏起來」、「變賣一切……

買」。這是指發現寶藏的人是如何對待那些寶藏，也就是指人得到天國福音之後的態度，所以焦點仍放在人對天國福音的反應。人得到福音之後應該珍而重之，並付一切代價來保存它。這個為保存天國要付代價的信息，與耶穌在彼得認信後所論及有關作門徒要付代價和捨己的教導相同（十六 21～28）。

二、尋珠的比喻（十三 45～46）

「尋珠的比喻」與「藏寶的比喻」有共同主題，其分別在於「發現」和「尋找」。前者的行動較為被動，像是踫巧遇見的；後者表示有主動的行為。即使如此，結果他們都是「發現」。無論是「發現」寶藏或「尋找」珠子，他們都付高昂的代價去保存它（44、46 節），表示當門徒得到天國的福音後，也會珍惜它，並且付出任何代價去保守著它。因此，凡作耶穌門徒的，都應放下了一切來跟隨耶穌（參四 18～22，八 18～22，九 9）。

三、撒網的比喻（十三 47～50）

耶穌在此講了有關天國第七個比喻，也是最後一個比喻，就是「撒網的比喻」。耶穌講完這比喻之後，便開始解釋比喻。這是耶穌講比喻中，會附加講解的第三個比喻（49～50 節；參 17～23、36～43 節）。在比喻中，撒網的人把網撒在海裏，而沒有選擇性地去網哪類魚，這就好像天國的福音傳開去的方式，都是傳給所有人的。不過，網了魚之後則會篩選分類，可用的就收起來，沒可用的或不潔淨的，就如無鰭無鱗的魚、死了的魚，就丟掉（利十一 9～12）。所謂好的、壞的，並不是由漁夫去決定，而是按魚獲本身而定。因此，福音縱然被傳開，聽了的人可能也會踏入教會，但至終他是否能夠真正成為被揀上的人，則與他對福音的反應有關。這與撒種的比喻十分相似，種子是否能夠健康地生長，並不在於種子上，而是地土上。在解釋這比喻之時，耶穌似乎也借用了稗子的比喻，帶有審判的意味（另參二十二1～14，二十五31～46）。作者以這個比喻來結束他有關天國的奧祕的講論，旨在指出：到將來終末的日子裏，人將會因著他們當下對耶穌的回應，或他當下的行為來面對審判。耶穌如此的表達，為要增強門徒對自己身分的認同，和意識到作門徒的使命感。

6.2.3 總結（十三 51～52）

這是耶穌在這個講論中最後的一段話。作為耶穌的門徒，當得到天國的奧祕之後，他們有兩方面的事情應比其他人 —— 即眾人 —— 更勝一籌。這兩方面的事，就是明白耶穌所說的一切話（51 節），以及有接受新舊事物的能力（52 節）。「這一切的話」是指十三章 1 至 50 節裏有關天國福音的講論，也即是有關天國的奧祕。門徒都異口同聲說：「明白了」。雖然門徒聽了耶穌的話（五～七章），也見過耶穌行的神蹟（八～九章），並且也有傳道的經驗及開始感受到被拒絕或被指控（十～十二章），現在他們也得到耶穌私下對他們解釋天國的奧祕，但馬太福音的作者和他的讀者都知道，門徒在此時所謂的「明白了」，其實仍未足夠。因此，當時的門徒仍需要繼續隨著耶穌，學習如何傳講天國的福音（參十四 15～17，十五 15～16、33，十六 5～12，十七 10）。

在 52 節，耶穌提到「文士學習作天國的門徒」，文士就是熟讀律法書、抄寫經書的人，而「天國的門徒」就是指明白天國的奧祕的人，也就是指耶穌的門徒。奇怪的是馬太福音的耶穌在此使用「文士」一詞，若自然的表達，耶穌應該說「你們當中的任何一個」，或只說「你們」。因此，耶穌強調的是作為「文士」而仍可以學習成為「天國的門徒」，就如一家之主一樣，能從「他庫裏拿出新的和舊的東西來」，即新舊的東西可以同時拿出來用，彼此不但沒有排斥，而是彼此配合，這與九章 17 節的「新舊之說」一致。耶穌在此用了比喻來解說一個道理。「文士」既熟讀律法，就應該知道何謂「舊的東西」，但如果有一天他成為耶穌的門徒，他就應該更新以前所學習的（即「舊的東西」）。耶穌帶出一個重要的教導，就是一個真正明白律法的人應該懂得怎樣踐行律法，他不是摒棄傳統的，而是更新它，使之與新的教導融會貫通，一同踐行，這就是將「庫裏」舊的和新的一起拿出來用的意思。這當然不是當時的文士的行事方式。耶穌這比喻是為門徒所說「明白了」而作補充，目的是提醒他們要以嶄新的方式來應用律法。

信仰反省

馬太福音一至四章是介紹誰是耶穌，其中包括他的出生（與希伯來聖經連上關係）和背景（與施洗約翰連上關係）。之後，耶穌展開了他的教導（五～七章），然後他有神蹟醫治和趕鬼的權柄（八～九章）。在十章，作者敍述了耶穌差派他的門徒出去傳道，而在十一至十二章中，作者再次指出不同的人對耶穌的言與行有不同的反應或回應。由十一章開始，因不同的人對耶穌的言與行所帶來不同的反應，門徒漸漸從「他們」（即眾人）中分別出來。這種分別，在十三章更明顯地表達出來：眾人和門徒都聽到耶穌講及天國的事，但只有門徒可以聽到耶穌的私下解釋，他們是「凡有的」、「有福的」、「明白的」（縱使他們仍有許多進步的空間）。馬太福音的耶穌雖然沒有直接建立他的社羣（或教會），但在作者的敍述中，便可發現跟隨耶穌而帶來新的身分的羣體漸漸成形。他們與其他猶太人是不同的，他們是站在耶穌的那邊，有耶穌的同在和應許。門徒由認識耶穌而至明白耶穌的講論這漸進的過程，對我們的信仰有很大的反思。我們領受福音之後，都曾經成為壞的土壤，也曾經是屋外的人，只聽到比喻而不明白箇中的意義；但是，當我們的生命漸漸成長，而我們亦有對信仰追求的心，我們至終也成為跟隨耶穌的門徒，為這信仰願意付出高昂的代價，來到他跟前，聽他解說比喻的意義。

釋經短註

❶ 有關「猶太人」及「猶太教」這名詞的歷史和發展，可參 Shaye J.D. Cohen, *The Beginnings of Jewishness: Boundaries, Varieties, Uncertainties* (Berkeley, CA: University of California Press, 1999)。

❷ 在馬太福音裏，作者往往將法利賽人和文士相提並論（十五 1，五 20，十二 38，二十三 2 ～ 36），特別是二十三章 2 至 36 節，其原因很可能是這些文士也是屬於法利賽派的人。文士本身是一個職業的稱呼，所指的是熟讀律法，並抄寫聖經的人。法利賽人和撒都該人相同，都屬於某個信仰傳統的社羣或黨派。相對於法利賽人，撒都該人只接受摩西五經，如撒瑪利亞人一樣。法利賽人則除了遵守五經的律例外，還發展了一個龐大的詮釋系統，訂立了很多所謂猶太人的「傳統」（參十五章 1 至 6 節提及「古人的傳統」；另參可七 3）。對法利賽人來說，這些「傳統」就是口傳律法，而口傳律法與成文的律法在當時的地位是沒有多大分別，並且他們多跟從口傳律法去行。

❸ 所列出十一章 28 至 30 節的格式，參自 Charles H. Talbert, *Matthew*, Paideia (Grand Rapids, MI: Baker Academic, 2010), 150。

❹「對約拿的神蹟的不同詮釋」這專欄的內容，參自周兆真：《凡有耳的就應當聽——啟示與釋經》（香港：道聲出版社，2002），頁 165 ～ 190；另可參何蒙娜：《記號——耶穌的先知式和預示式行動》（香港：基道出版社，2006）。

❺ 有關這引言，可參斯諾德格拉斯著，《主耶穌的比喻》（美國：麥種傳道會，2013），頁 38。= R. Klyne. Snodgrass, *Stories with Intent: A Comprehensive Guide to the Parables of Jesus* (Grand Rapids, MI: Eerdmans, 2008)。

❻ 有關一個比喻的典型例子，可見於奧古斯丁對好撒馬利亞人的解釋（路十 25～37），參 Robert H. Stein, *The Method and Message of Jesus' Teachings* (Philadelphia, PA: The Westminster Press, 1978), 47～48。

❼ 有關以賽亞書六章9至10節「七十士譯本」的譯文，「新漢語譯本」將它的意思翻出來：「他說：『你們聽是聽見，卻不領悟；看是看見，卻不理解。〔因為〕這民的心麻木了，他們的耳朵不靈，眼睛閉著，免得眼睛看見，耳朵聽見，心裏領悟，回轉過來，我就醫治他們。』」以賽亞的預言正應驗在那些人身上。（括號內的字是筆者加上的）

❽「雜草的比喻」應譯為「稗子的比喻」，可參考「新漢語譯本」的譯法，它也譯作「稗子的比喻」。而且，「稗子」（25節）的原文是 *zizanlion*，是一種被稱為 darnel（學名是 Lolium temulentum）的植物，英文通常譯作 tares 或 weeds，它指的確實不是雜草，而是種子的一類——稗子。

❾ 將稗子看為是不信的以色列人的學者是泰泊（Charles H. Talbert），參 Talbert, *Matthew*, 170。而他是引另一位學者的說法，認為稗子所指的不是教會，而是以色列人，參 W. D. Davis and Dale C. Allison, *A Critical and Exegetical Commentary on the Gospel of Matthew*, vol. 2 (Edinburgh: T & T Clark, 1991), 428, 430。

溫習及思考問題

1. 施洗約翰曾經是耶穌的開路先鋒，今天誰在扮演為耶穌開路的先鋒約翰和末後的以利亞，在福音有需要的地方傳講天國的福音？我們今天要如何預備主第二次的來臨？
2. 耶穌在十一章16至17節如何描述自己所傳的道得不到認受？今日教會有沒有不認受耶穌道理的現況出現？我們如何分辨他們漠視救恩？若真的如此，教會將會變成一個怎樣的地方？
3. 從撒種的比喻去看，耶穌如何描述不接受福音的人？你是屬於哪類的土壤？是否仍有進步的空間？
4. 在稗子的比喻中，耶穌教導我們如何對待稗子？你有沒有在教會遇到稗子？若你明明看見教會有罪惡，你會否看他們為稗子，以致不去處理這些罪惡？若不是，你怎樣分辨稗子與惡者？教會若是一個參雜了真門徒和假門徒的地方，這個觀念對牧會和弟兄姊妹相交有甚麼提醒？
5. 若教會是一個參雜的羣體，教會紀律對教會執行公義和保持其純潔性有作用嗎？在馬太福音的耶穌的第四講論中(十八章)談及「社羣紀律」等議題，總意不是要懲治，而是挽回，當中如何平衡原則與愛心？
6. 芥菜種與麵酵都是微小的，但當結果子或發酵之時才看見果效，這意會了成長是需要時間。你會如何等候別人的成長？如何帶著盼望去看見麵酵「發酵」的出現？
7. 這一章所探討的比喻裏，你如何看見耶穌是循序漸進地解釋有關天國的福音？有關天國比喻的信息其實與作天國門徒的信息息息相關，你有把握可以成為耶穌的天國好門徒嗎？原因何在？
8. 你認為天國的信息純粹是一個屬靈的心態問題，還是涉及天國子民的生活，即也是一個涉及心之所屬和主權的問題？若是後者，你會同意天國的福音其實本身也極具政治性意涵嗎？
9. 耶穌說：「一個人不能服侍兩個主……你們不能又服侍上帝，又服侍瑪門。」(七24)若「瑪門」不只代表「金錢」，而是「世界」，即在上帝與世界之間只可任擇其一。那麼，天國的福音的信息是否也可被理解為一種對世界上的任何一種不以上帝為上帝的意識形態或主義作出的批判？

第七章

從拒絕到認信

（十三53～十六20）

- 第一個循環
- 第二個循環
- 第三個循環

經文

13 53耶穌說完了這些比喻，就離開那裏，54來到自己的家鄉，在
會堂裏教導人，以致他們都很驚奇，說：「這人哪來這樣的智慧
和異能呢？55這不是那木匠的兒子嗎？他母親不是叫馬利亞嗎？他兄
弟們不是叫雅各、約瑟、西門、猶大嗎？56他姊妹們不是都在我們這
裏嗎？他這一切是從哪裏來的呢？」57他們就厭棄他。耶穌對他們說：
「先知除了在本鄉和自己的家之外，沒有不被尊敬的。」58耶穌因為他
們不信，沒有在那裏行很多異能。

14 1那時，希律分封王聽見耶穌的名聲，2就對臣僕說：「這是施洗
的約翰從死人中復活，因此才有這些異能在他裏面運行。」3原
來，希律為他兄弟腓力的妻子希羅底的緣故，把約翰抓住綁了，關進
監獄，4因為約翰曾對他說：「你佔有這婦人是不合法的。」5希律就想
要殺他，可是怕民眾，因為他們認為約翰是先知。6到了希律的生日，
希羅底的女兒在眾人面前跳舞，使希律歡喜，7於是希律發誓許諾隨她
所求的給她。8女兒被母親指使，就說：「請把施洗約翰的頭放在盤子
裏，拿來給我。」9王就憂愁，然而因他所發的誓，又因同席的人，就
下令給她；10於是打發人去，在監獄裏斬了約翰，11把頭放在盤子裏，
拿來給那女孩，她拿去給她母親。12約翰的門徒來，把屍體領去埋葬
了，又去告訴耶穌。13耶穌聽到了，就從那裏上船，私下退到荒野的地
方去。眾人聽到後，從各城來，步行跟隨他。14耶穌出來，見有一大
羣人，就憐憫他們，治好了他們的病人。15傍晚的時候，門徒進前來，
說：「這地方偏僻，而且時候已經晚了，請叫眾人散去，他們好進村
子，自己買些食物。」16耶穌對他們說：「不用他們去，你們給他們吃
吧！」17門徒說：「我們這裏只有五個餅、兩條魚。」18耶穌說：「拿過
來給我。」19於是他吩咐眾人坐在草地上，就拿著這五個餅和兩條魚，
望著天祝福，擘開餅，遞給門徒，門徒又遞給眾人。20他們都吃，並且

吃飽了。門徒把剩下的碎屑收拾起來，裝滿了十二個籃子。21 吃的人
中，男的約有五千，還不算婦女和孩子。22 耶穌隨即催門徒上船，先
渡到對岸，等他叫眾人散去。23 疏散了眾人以後，他獨自上山去禱告。
到了晚上，只有他一人在那裏。24 那時船已離岸好幾里，因風不順，被
浪顛簸。25 天快亮的時候，耶穌在海面上走，往門徒那裏去。26 但門徒
看見他在海面上走，就驚慌了，說：「是個鬼怪！」他們害怕得喊叫起
來。27 耶穌連忙對他們說：「放心！是我，不要怕！」28 彼得回答他說：
「主啊，如果是你，請叫我從水面上走到你那裏去。」29 耶穌說：「你
來吧！」彼得就從船上下去，在水面上走，往耶穌那裏去；30 只因見風
很強，害怕起來，將要沉下去，就喊著說：「主啊，救我！」31 耶穌立
刻伸手拉住他，說：「你這小信的人哪，為甚麼疑惑呢？」32 他們一上
船，風就停了。33 在船上的人都拜他，說：「你真是上帝的兒子。」34 他
們渡過了海，在革尼撒勒上岸。35 那裏的人認出耶穌，就打發人到整個
周圍地區去，把所有的病人帶到他那裏，36 求耶穌讓他們只摸一摸他的
衣裳繸子，摸著的人就都好了。

15 1 那時，有法利賽人和文士從耶路撒冷來見耶穌，說：2「你的門
徒為甚麼違反古人的傳統？因為他們吃飯的時候不洗手。」3 耶
穌回答他們：「你們為甚麼因你們的傳統而違反上帝的誡命呢？4 上帝
說：『當孝敬父母』；又說：『咒罵父母的，必須處死。』5 你們倒說：
『無論誰對父母說：我所當供奉你的已經作了奉獻，6 就可以不孝敬他
的父親。』這就是你們藉著傳統，廢了上帝的話。7 假冒為善的人哪！
以賽亞指著你們所預言的說得好：8『這百姓用嘴唇尊敬我，他們的心
卻遠離我。9 他們把人的規條當作教義教導人；他們拜我也是枉然。』」
10 耶穌叫了眾人來，對他們說：「你們要聽，也要明白。11 從口裏進去
的不玷污人，從口裏出來的才玷污人。」12 當時，門徒進前來對他說：
「法利賽人聽見這話很反感，你知道嗎？」13 耶穌回答：「一切植物，若
不是我天父栽植的，都要連根拔出來。14 由他們吧！他們是瞎子作瞎子

的嚮導；若是瞎子領瞎子，兩個人都要掉在坑裏。」[15] 彼得回應他說：
「請將這比喻講解給我們聽。」[16] 耶穌說：「連你們也還不明白嗎？[17] 難
道你們不了解，凡進到口裏的，是經過肚子，又排入廁所嗎？[18] 然而
口裏出來的是出於心裏，這才玷污人。[19] 因為出於心裏的有種種惡念，
如兇殺、姦淫、淫亂、偷盜、偽證、毀謗。[20] 這些才玷污人。至於不
洗手吃飯，那並不玷污人。」[21] 耶穌離開那裏，退到推羅、西頓境內。
[22] 有一個迦南婦人從那地方出來，喊著說：「主啊，大衛之子，可憐
我！我女兒被鬼纏得很苦。」[23] 耶穌卻一言不答。門徒進前來，求他
說：「這婦人在我們後頭喊叫，請打發她走吧。」[24] 耶穌回答：「我奉差
遣只到以色列家迷失的羊那裏去。」[25] 那婦人來拜他，說：「主啊，幫
幫我！」[26] 他回答：「拿孩子的餅丟給小狗吃是不妥的。」[27] 婦人說：「主
啊，不錯，可是小狗也吃牠主人桌上掉下來的碎屑。」[28] 於是耶穌回答
她說：「婦人，你的信心很大！照你所要的成全你吧。」從那時起，她
的女兒就好了。[29] 耶穌離開那地方，來到靠近加利利的海邊，就上山坐
下。[30] 有一大羣人到他那裏，帶著瘸子、盲人、肢殘的、聾啞的，和好
些別的病人，都放在他腳前，他就治好了他們。[31] 於是眾人都驚訝，因
為看見聾啞的說話，肢殘的痊癒，瘸子行走，盲人看見，他們就歸榮
耀給以色列的上帝。[32] 耶穌叫門徒來，說：「我憐憫這羣人，因為他們
同我在這裏已經三天，沒有吃的東西了。我不願意叫他們餓著回去，
恐怕他們在路上餓昏了。」[33] 門徒說：「我們在這野地，哪裏有這麼多的
餅讓這許多人吃飽呢？」[34] 耶穌對他們說：「你們有多少餅？」他們說：
「有七個，還有幾條小魚。」[35] 他就吩咐眾人坐在地上，[36] 拿著這七個餅
和幾條魚，祝謝了，擘開，遞給門徒；門徒又遞給眾人。[37] 他們都吃，
並且吃飽了，收拾剩下的碎屑，裝滿了七個筐子。[38] 吃的人中，男的有
四千，還不算婦女和孩子。[39] 耶穌叫眾人散去，就上船，來到馬加丹
境內。

16 1法利賽人和撒都該人來試探耶穌，請他顯個來自天上的神蹟給
他們看。2耶穌回答他們：「傍晚天發紅，你們就說：『明日天
晴。』3早晨天色又紅又暗，你們就說：『今日有風雨。』你們知道分辨
天上的氣象，倒不能分辨這個時代的神蹟。4邪惡淫亂的世代求看神
蹟，除了約拿的神蹟以外，再沒有神蹟給他們看了。」於是耶穌離開他
們走了。5門徒渡到對岸，忘了帶餅。6耶穌對他們說：「你們要謹慎，
要防備法利賽人和撒都該人的酵。」7門徒彼此議論說：「這是因為我們
沒有帶餅吧。」8耶穌知道了，就說：「你們這小信的人，為甚麼因為沒
有餅就彼此議論呢？9你們還不明白嗎？不記得那五個餅分給五千人，
你們收拾了多少籃子的碎屑嗎？10也不記得那七個餅分給四千人，你
們又收拾了多少筐子的碎屑嗎？11我對你們說『要防備法利賽人和撒
都該人的酵』，這話不是指著餅說的，你們怎麼不明白呢？」12門徒這
才明白他所說的不是要他們防備餅的酵，而是要防備法利賽人和撒都
該人的教訓。13耶穌到了凱撒利亞．腓立比的境內，就問門徒：「人們
說人子是誰？」14他們說：「有人說是施洗的約翰；有人說是以利亞；
又有人說是耶利米或是先知中的一位。」15耶穌問他們：「你們說我是
誰？」16西門．彼得回答說：「你是基督，是永生上帝的兒子。」17耶穌
回答他說：「約拿的兒子西門，你是有福的！因為這不是屬血肉的啟示
你的，而是我在天上的父啟示的。18我還告訴你，你是彼得，我要把
我的教會建造在這磐石上，陰間的權柄不能勝過它。19我要把天國的
鑰匙給你，凡你在地上所捆綁的，在天上也要捆綁；凡你在地上所釋
放的，在天上也要釋放。」20當時，耶穌囑咐門徒不可對任何人說他是
基督。

「耶穌說完了這些比喻，就離開那裏」（53節），表示他已說完比喻，也暗示一個新的段落的開始。耶穌講完天國的比喻後，他在加利利繼續展開巡迴佈道旅程，傳講天國的福音，直至回答門徒的提問（十八1）。接著，他便準備離開加利利，朝向耶路撒冷去（十九1～2）。而十三章53節至十九章2節這大段落包含兩種文體表達：敍事（十三53～十七27）和講論（十八1～十九2）。前者描述耶穌在加利利更多的宣講和神蹟醫治，以及不同人對耶穌的言行作出的回應（十三53～十七27）。基於耶穌引來眾人很多不同的回應，這些回應促使門徒要辨認清楚自己的身分和立場，繼而產生了後者的講論（十八1～十九2）。這講論是要回應社羣的需要，內容是與社羣生活的智慧和守則有關，其中包括：耶穌的門徒應該如何生活、在社羣中自處，以及與其他社羣相處，這也成為馬太福音裏五大講論的第四講（十八1～35）。在這段漫長的敍述中，以彼得的認信（十六13～20）和登山變像（十七1～8）為此段的高峯。透過這兩段經文，作者交代了這位耶穌就是基督，摩西和以利亞預言的那一位，均在他的身上得到應驗。

十三章53節至十六章20節可以從內容列出另一個結構，把它看為三個相同主題的小循環：❶

	十三～十四章	十五章	十六章
挑釁	十三53～十四12	十五1～20	十六1～4上
隱退	十四13上	十五21	十六4下
耶穌的事工為某些人帶來信心	十四13下～36	十五22～39	十六5～20

若參考以上的分段，十三章53節至十六章20節可以分為三大部分作分析：第一個循環（十三53～十四36）；第二個循環（十五1～39）；第三個循環（十六1～20）。

7.1 第一個循環（十三53～十四36）

在第一個循環裏，筆者會以三大段落作討論。首先，耶穌受到挑釁（十三54～十四12），這段落包括兩件敍事，就是耶穌在自己的家鄉被拒絕（十三53～58）及施洗約翰的死（十四1～12）。因這兩件事，耶穌便要隱退（十四13上）。隱退的行動是接著另兩件敍事的轉接點，也是第二大段落的內容（十四13～33）。第二大段落記敍的有五千人得飽吃（十四13～21）及耶穌在海上行走（十四22～33）。第三大段落是十三章53節至十四章33節裏所記述四件事的總結（十四34～36）。

分段大綱（十三53～十四36）

一、耶穌受到挑釁：身分被質疑（十三53～十四12）

　1. 耶穌在自己家鄉被拒絕（十三53～58）

　2. 施洗約翰的死訊（十四1～12）

二、耶穌的事工（十四13～33）

　1. 使五千人得飽吃（十四13～21）

　2. 耶穌及彼得在海上行走（十四22～33）

三、總結：治好革尼撒勒的病人（十四34～36）

7.1.1 耶穌受到挑釁：身分被質疑（十三 53～十四 12）

敘述至此，耶穌第一次受到挑釁，作者透過兩件敘事陳述，就是他被自己家鄉拒絕（十三 53～58），以及施洗約翰的受死（十四 1～12）。第二件敘事似乎與耶穌沒大關係，但其重點是在「希律分封王聽見耶穌的名聲」（十四 1），他將耶穌看為施洗約翰復活了，因此耶穌要「私下退到荒野的地方去」，避過這傳言，以免希律也向他下手。

7.1.1.1 耶穌在家鄉被拒絕（十三 53～58）

這段經文也在馬可福音出現（可六 1～6），若將兩段經文作比較，便發現馬太福音的作者修改了馬可福音兩處地方，以保持耶穌在馬太福音的形象：

- 在馬可福音裏，羣眾稱耶穌為「木匠」（可六 3），但在馬太福音，卻改為「木匠的兒子」。或許馬太福音的作者認為直接稱耶穌為木匠是不敬的，所以他作了修改（太十三 55）。
- 耶穌因為知道他家鄉的人不接受他，馬可福音就形容他「不能行甚麼異能」（可六 5），馬太福音的耶穌卻說「沒有在那裏行很多異能」（太十三 58）。由此可見，馬太福音的重點落在他家鄉的人的不信，而不是耶穌自己行異能的能力上。

這段經文以「耶穌說完了這些比喻」（53 節）作開始，表示耶穌結束了他的第三講論。54 至 58 節敘述耶穌在自己的家鄉被拒絕，所指的地方應是拿撒勒（參二 23）。在馬太福音裏，這是最後一次提到耶穌在「他們的」（*autōn*；「和修版」沒有將這代名詞翻譯出來）會堂教導人（54節），這「他們的」是指耶穌家鄉的人。也許，這個在家鄉被拒絕的敍述，解釋了耶穌不再在「他們的」的會堂教導人的原因（參卷上6.1.4.2「安息日治病〔十二9～14〕」，頁213～214）。作者直接指出耶穌是「木匠的兒子」（55節），正正因為耶穌就是從這裏出來的，所以他家鄉的人以他的出處來拒絕他。他們的問題是「他姊妹們不是都在我們這裏嗎？他這一切是從哪裏來的呢？」（56節）其實這與文士和法利賽人的提問的性質也相近（參十二38）。這都是關於權柄的來源問題，而兩者所不同的地方，在於他家鄉的人沒有要求耶穌給他們「記號」來引證自己的權柄。「厭棄」（*eskandalizonto*）這動詞在馬太福音共出現十四次，大都以被動式出現，可譯作「絆倒/跌倒」（五29、30，十一6，十八9等）。這「厭棄」帶有一個意思，就是一個人因基督或是他的門徒的緣故而遭拒絕或指控。因此，耶穌回應「先知除了在本鄉和自己的家之外，沒有不被尊敬的」來解釋這個結果（57節下）。最後，因為他們的「不信」（*apistia*），馬太福音的耶穌「沒有」在那裏行很多異能（58節）。

7.1.1.2 施洗約翰的死訊（十四1～12）

施洗約翰的敍事在馬太福音共出現五次。首次是他的施洗（三1～17），然後是他的被捕（四12），接著是他門徒兩次問耶穌問題（九14～17，十一2），最後出現便是他被處決（十四1～12）。除了約翰派門徒對耶穌兩次的提問，其餘的都可以在馬可福音找到，表示馬太福音的作者緊跟隨馬可福音對約翰的角色定位，並將他理解為耶穌傳道的先鋒。

馬太福音的作者用了倒敍的方式帶出施洗約翰的死。那是「希律分封王」管治的日子，他就是大希律的兒子希律亞基帕，他主要管轄下加利利地區一帶。當他聽到有關耶穌行異能的事，便說這是從死人中復活的施洗約翰在耶穌身上彰顯出的能力。作者也藉此帶出施洗約翰是如何離世的。約翰被收入監牢，是因為他批評希律說：「你佔有這婦人是不合法的」（4節）。「佔有」（*echein autēn*）原文可直譯為「有了她」，其意思是將她成為自己的擁有物。因此，希律不是娶希羅底，而是用不當的行為使她歸屬自己。所謂「不合法的」（*ouk exestin*）並不是指當時的羅馬法律，而是按猶太人的角度來說的（參十二2、4，二十15，二十二17；另參利十八16，二十21）。若希律只犯了猶太人的律法，他在當時的羅馬世界又何罪之有？約翰引用了猶太人的律法來指責希律，為要顯露希律不道德的行為。根據約瑟夫的記載，希律腓力是跟希羅底的女兒撒羅米（Salome）一起，而不是希羅底；因此，馬太福音的這位希律可能不是腓力，而是另一位希律（參約瑟夫的「猶太古史」18.109, 136～137）。不管如何，約翰如此勇敢向希律發出嚴厲的指責，指出這位希律做了不道德的事，在另一位希律還在世時擁有了別人的妻子。這勇氣驅使他被希律收入監牢。希律既沒有犯羅馬的法律，他大可以不理會約翰的指責，他何以要對付約翰？聖經形容施洗約翰是「曾說……」（*elegen*），這動詞是以過去未完成式表達（4節），帶有「不斷」的行動的意思。因此，施洗約翰是不斷指責希律，他間接地製造了社會輿論。這很可能是約翰被殺的原因。不過，根據約瑟夫的記載（參「猶太古史」18.117～118），約翰是因為集結了一羣跟隨者及他名聲遠播，以致希律要先下手為強。雖然約瑟夫和馬太福音的記載似乎有所不同，但兩者都涉及希律內心的恐懼和對羣眾的懼怕，這也是早前的大希律和後來彼拉多的表現。

希律生日的那一天，竟是對付約翰的日子。希羅底的女兒因「在眾人面前跳舞，使希律歡喜」（6節），她就獲得了一個機會。她的母親指使她說：「請把施洗約翰的頭放在盤子裏，拿來給我。」因為希律曾「發誓」要應允希羅底女兒的要求（7、9節），他不得不下令把約翰斬首。這個處決反映了希律的濫權、專橫、任意妄為，以及不守法。約翰至終沒有經審訊便被處決，並且死不得全屍。

約翰的門徒知道這件事便去領回約翰的屍體，並將這事告訴耶穌。他們的目的很可能是要讓耶穌提防希律，恐怕希律也會因耶穌與約翰有親屬關係而對付耶穌，而希律確實又注視著耶穌的行動（參1～2節）。約翰的命運很可能預示了耶穌將來的命運，這刻發生在約翰身上的事，不久也會發生在耶穌身上。因此，馬太福音的作者記述這段經文的重點，不是描述約翰是如何被殺，而是希律有殺耶穌的意欲。但是，希律最終沒有下手，很可能只因他找不到機會。畢竟，耶穌已有羣眾追隨他，以他為先知。希律若動手，必引起羣眾的反對和叛亂。

7.1.2 耶穌的事工（十四13～33）

耶穌聽到約翰被斬這消息之後，他想暗暗離開，上了船退到「荒野」去，只是他的行縱被羣眾知道了，他們於是跟隨著耶穌而去（13節）。耶穌本來已退去，見著他們跟著他，便出來迎見他們，表示他至終也沒有躲藏起來。即使面對危機，當耶穌看見人的需要，他依然工作。接著是探討在這處境下的兩則描述他事奉的敘事。

7.1.2.1 使五千人得飽吃（十四13～21）

五千人得飽吃的神蹟同樣在馬可福音中找到，雖然耶穌的「憐憫」仍是敘述中的一個重要主題，馬太福音的作者似乎將馬可福音的敘述縮短了，他刪去了一些細節，也把有關耶穌的牧羊人心態（可六 34）都移至較早前的段落（太九 36），如此的移動是為十章那以差遣為主題的段落鋪路。

當約翰被處決的消息傳到耶穌那裏，他「就從那裏上船，私下退到荒野的地方去」（13 節），這節經文是第一個循環的轉接點。「荒野」（*erēmos*）所指的是荒蕪之地，是約翰傳道施洗的曠野（三 1、3），也是耶穌受魔鬼試探的地方（四 1）。耶穌「私下」退到曠野，可能是想避開希律，以防希律對付他。他這樣行不是怕希律，而是因為他的工作還未完成，他仍需要一點點時間訓練他的門徒。當眾人知道耶穌退到曠野，他們也「步行跟隨他」。馬太福音的耶穌看見這大羣人，第一個反應就是「憐憫他們」，並慣常會「治好了他們的病人」。他們逗留在那裏已有一段時時間，直至「傍晚的時候」。門徒因天色已晚，請耶穌打發他們離開，好叫他們可以買東西吃，但耶穌卻提出反建議：「不用他們去，你們給他們吃吧！」門徒馬上看見自己的不足，回答耶穌說：「我們這裏只有五個餅、兩條魚。」意即他們幫不了忙，他們的反應，就好像昔日以利沙的門徒的反應一樣（王下四 42～44）。

耶穌起初出於「憐憫」而醫治有病的人（14 節），現在他同樣關心眾人肚腹的需要（16 節）。雖然門徒覺得小小的食物幫不了甚麼，他們仍照耶穌的吩咐去做，將食物「拿過來」給耶穌。耶穌讓眾人坐好，就做出四個動作：「拿著」、「祝福」、「擘開餅」和「遞給」，這四個動作也是耶穌與門徒共進最後晚餐時做的（二十六 26）。就憑耶穌的祝福和門徒的順服，餅和魚一直分發開去，直到單計男的共五千人多都吃飽了，並且剩下的碎屑收拾起來也有十二個籃子。

馬太福音、馬可福音及路加福音都將「使五千人得飽吃」放在與施洗約翰的死有關的敘事之後，而約翰福音卻沒有提及此事。這是基於約翰福音的記述與另三卷的不同。

耶穌讓五千人得飽吃的神蹟，是惟一的一個**四卷福音書**

都有記載的神蹟，顯出耶穌的憐憫心腸，也凸顯了這神蹟的重要性(另參十五 29～39)。從馬太福音的角度看，記載此神蹟的重點是在於耶穌憐憫的心腸。他原本就是要藏起來，但看見這羣眾，他就出來。他這種憐憫和願意分享的精神，使各人原本把食物收起留給自己吃的，也受到感染改為與人分享，最終沒有人要捱著餓走。難怪也有學者以這方式解釋這個神蹟，不是食物在量上面的改變，而是人心在質量上的轉變。人心的改變談何容易？若真的如此，也許這種轉變也要在神蹟下才能發生！

若將 1 至 12 節與 13 至 21 節一併閱讀，希律與耶穌之間強烈對比隨即出現。在皇宮中有希律的宴樂，他因無心快語，帶來約翰的斬首。在曠野裏，耶穌憐憫跟隨他去到曠野的人的需要，為他們預備所需的食物。希律代表著地上當權者，耶穌則代表著天國的權柄。

7.1.2.2 耶穌及彼得在海上行(十四 22～33)

這段經文可分為兩小段：耶穌在海上行走(22～27 節)，彼得也在海上行走(28～33 節)。第一段也在馬可福音中出現，第二段則是馬太福音獨有的經文，它將彼得獨特的角色凸顯出來。

一、耶穌在海上行走(十四 22～27)

完了五餅二魚的神蹟之後，「耶穌隨即催門徒上船」(22 節)，耶穌要「催」門徒上船目的何在？會否如約翰福音的敘述，是因剛吃飽的眾人想推舉耶穌為他們的王(參約六 14)？從馬太福音的記述看，可能未必如此，因為若耶穌要避開羣眾，他理應先走，但他「催」門徒先走，然後由他「叫眾人散去」。他留下來，很可能是他沒有顧及自己的安危，因憐憫的心腸而留下陪伴羣眾多一點時間，同時他亦可以打發門徒離開他，他也可以獨個兒「上山去禱告」；不過，耶穌這樣的行動卻為接著的神蹟鋪路。

「天快亮的時候」(tetartē de phulakē tēs kuktos)這原文的意思是指凌晨四更天，即約早上六時。這是羅馬式計算法。

當羣眾離開後，耶穌獨自一人上山禱告，而另一方的門徒本來要比耶穌先渡到對岸，但「因風不順，被浪顛簸」，門徒仍在船上，總是「離岸好幾里」。「**天快亮的時候**」，耶穌就在海面上行走，要「往門徒那裏去」。當門徒看見海上有一個黑影在行走，便驚慌起來，以為「是個鬼怪」(*phanasma*)，他們「害怕得喊叫起來」。雖然天已經亮，但可能有霧氣等等的因素，門徒看不清走在海上的是誰，見的可能是一個形象模糊的影子，他們害怕是正常的。這刻耶穌馬上說：「放心！是我，不要怕！」(*tharseite, egō eimi. mē phobeisthe*)。在希伯來聖經中，只有上帝能夠降服大水(這大水是指海怪；伯九13；詩八十九9～12)，並且只有上帝說：「是我」(*egō eimi*；原文直譯「我，我是」)。在希伯來聖經的亮光下，耶穌在海上行走，猶如「神顯」(theophany)，顯示出他如上帝一樣，有征服海的能力和權柄(參5.1.1.6「第四個神蹟〔八23～27〕」，頁162～164)，但耶穌這身分和榮耀，要延後至彼得履海後才得到當配受的讚頌(十四33)。

二、彼得在海上行走(十四28～33)

接續著耶穌在海上行走的小段落之後，作者加插了彼得在海上行走的敘事(28～33節)，是馬太福音的獨特材料，凸顯了使徒彼得的角色。

還未來得及描述耶穌上船，彼得便已經問耶穌：「主啊，如果是你，請叫我從水面上走到你那裏去。」(28節)按正常情況，這不只是一個大膽的要求，而且是不可能的事，即使如何熟悉水性，也知不應如此要求。不過，彼得卻是例外的一個，他如此的要求是因為他相信，如果在海上的真是耶穌，他便可以行在海上，因為他見過耶穌行神蹟。耶穌因應他的要求，也准許他下水，回答彼得：「你來吧！」於是彼得便下船。這原本是一個完美的故事，但當彼得「見風很強，害怕起來，將要沉下去」，便喊叫耶穌去救他。經文很清楚的説，彼得是「見風很強」，而不是「被強風侵襲」。明顯地他受不住的是眼前的風浪，而不是親身被風浪侵襲。彼得在危難中呼求耶穌去拯救他，可説這也是作門徒的典範，他在軟弱中仍尋求耶穌。仁慈的耶穌沒有半點猶疑，「立刻伸手拉住他」，然後説：「你這小信的人哪，為甚麼疑惑呢？」這裏的「疑惑」（*distazō*）一詞，也曾出現於在耶穌復活的敘事中。當門徒敬拜耶穌的時候，仍有門徒對耶穌存有的疑惑（二十八17）。「疑惑」所指的不是不信，而是「小信」（*oligopiste*），這是作者喜歡用的詞（六30，八26，十四31，十六8；另參十七20），可以指信得不足夠。在這段經文中，彼得因為看見外在的波濤洶湧，而影響了他對耶穌的話的信靠。在這海上行走的經驗裏，彼得親身經歷了耶穌的拯救，而不是旁觀他對別人的醫治，他同時領悟到只有因著信，懼怕才可以除去。不過，很快他也會軟弱下來，因為他有三次不認耶穌。因此，一個人的成長，是需要多次的磨練才成。

當耶穌和彼得上了船，風便止住了，並且「在船上的人都拜他」。「拜」（*proskuneō*）可以指俯伏和表示崇高的敬意，這是因為他們看見了耶穌的作為，他們宣告説：「你真是上帝的兒子」（33節，十六16，二十七54；另參三17，四3、6）。明顯地，彼得的拯救經歷影響了全船的人都來「拜」耶穌。彼得在海上行走的敘述最終也帶出基督論式的認信——耶穌就是上帝的兒子，並且配得受到如向上帝表達般的頌讚，這也預示彼得後來對耶穌作出的認信（參十六章）。

7.1.3 總結：治好革尼撒勒的病人（十四 34～36）

這是一段對耶穌的事工作過場式介紹的撮要，同時也總結了耶穌及彼得在海上行走的敍事。下船後，耶穌繼續他的醫治事工，治好來到他面前的人。「他們渡過了海，在革尼撒勒上岸」。「革尼撒勒」位於加利利海的西北面的一塊肥沃平原（參約瑟夫的「猶太戰記」3.516～521）。當耶穌上岸，那裏的人立刻「認出耶穌」，於是將所有患病人的帶到他那裏，讓他醫治他們。「摸著的人就都好了」（36 節）。「好了」（*diesōthēsan*）原文是被動式，意思是「被醫好了」。這似乎是要說，是上帝的靈醫好他們（參十二 28）。這裏強調了耶穌傳道的地理範圍擴闊了，因為是「整個周圍地區」和「所有的病人」，並且它特別強調耶穌醫治的能力是滿滿的，只要「求耶穌讓他們只摸一摸他的衣裳繸子，摸著的人就都好了」（36 節）。

按以色列人的律例，衣服縫上「繸子」，為要提醒穿衣者記著上帝的一切命令（參民十五 38～39；申二十二 12）。這同時也表示穿衣者是守律法的人。

馬太福音的耶穌有「衣裳繸子」（有關「衣裳繸子」，可參卷下，頁 106），用以表示耶穌是一個虔敬的猶太人。在耶穌時代，猶太人在衣服上縫上「**繸子**」是有特別意義，是代表著穿衣者的身分及尊嚴。眾人對耶穌釋出善意，並接受他的醫治。作者這樣的記述，與接下來十五章法利賽人的態度構成了強烈對比。在這段落中，馬太福音的作者透過「五餅二魚」、「行在海上」，以及藉著「一切的醫治」來總結耶穌的事工，以此顯出耶穌如何以他的行動來顯明他作為上帝兒子的身分，以此回應耶穌家鄉的人及希律對耶穌身分的質疑。可惜的是，救恩已遠離質疑耶穌的人，因為他們的拒絕，耶穌也離開那地方。

7.2 第二個循環（十五 1～39）

分段大綱（十五 1～39）

一、耶穌受到挑釁：律法與古人的傳統（十五 1～20）
　1. 耶穌與法利賽人對話（十五 1～9）
　2. 耶穌與門徒對話（十五 10～20）
二、耶穌的事工（十五 21～39）
　1. 耶穌醫治迦南婦人（十五 21～28）
　2. 使四千人得飽吃（十五 29～39）

7.2.1 耶穌受到挑釁：律法與古人的傳統（十五 1～20）

這段經文也在馬可福音出現（可七 1～23），但馬太福音的作者刪減了部分的內容，原因是他要兼顧猶太人的讀者羣，作者特別刪減了馬可福音的「這是說，各樣的食物都是潔淨的」（可七 19 下）。對於傳統的猶太人來說，這句話未免太過開放了，馬太福音的作者還是把它刪掉了，以免挑起更多有猶太背景的讀者負面的關注。這段經文可以分為兩件敘事作討論：法利賽人與耶穌對話（1～9 節）；耶穌在眾人面前與門徒對話（10～20 節）。

7.2.1.1 耶穌與法利賽人對話（十五 1～9）

作者又以「那時」這與時間有關的詞語，把這段經文與上一段落連接起來，同時亦成了下一段落開始的標記。「有法利賽人和文士從耶路撒冷來見耶穌」（1 節），表示這些「法利賽人和文士」是從耶路撒冷來的，也表示耶穌的言與行已經引起耶路撒冷的宗教領袖的注意。他們特意從「耶路撒冷總部」來到加利利這個不是他們常去的地方，為要來看耶穌。他們來見耶穌之前曾觀察耶穌的言與行，他們問耶穌說：「你的門徒為甚麼違反古人的傳統？因為他們吃飯的時候不洗手。」他們的提問不是指向耶穌，而是他的門徒。他們「違反古人的傳統」，意思就是他們沒有遵行法利賽派所理解的律法來生活。他們是被冠為解釋律法的權威，所以，當他們認為耶穌的門徒不對，他們就是不對了。耶穌的門徒犯了「吃飯的時候不洗手」，這原本是當時猶太傳統律法對潔淨禮儀的一種要求，而與個人衛生沒有關係（參「米示拿」之「論手」〔*M. Yadayim*〕）。

耶穌開宗明義指出他們的提問背後的原因，是他們著重恪守他們自己口傳的律法傳統（human traditions），過於遵守上帝的誡命（commandments of God）。耶穌指責他們是「藉著傳統，廢了上帝的話」（6 節下）。耶穌又說：「上帝說：『當孝敬父母』；又說：『咒罵父母的，必須處死。』你們倒說：『無論誰對父母說：我所當供奉你的已經作了奉獻，就可以不孝敬他的父親。』」（4～6 節上；參出二十 12，二十一 17）耶穌舉了一個他們如何踐行「孝敬父母」這律例來指出他們的不是。他們都是「假冒為善的人」，因為他們利用法律去逃避照顧父母，以滿足一己的私欲，如今他們卻借律法來挑釁耶穌。馬太福音的耶穌引了**以賽亞書二十九章 13 節**，表示上帝早已藉先知預示將會有他們這類

「主說：『因這百姓以口親近我，用嘴唇尊敬我，心卻遠離我；他們敬畏我，不過是領受前人的命令。』」（賽二十九 13）

人的出現，他們都是內外不一致的人，「把人的規條當作教義教導人」。因此，他們的敬拜是枉然的，他們獻上的祭也是枉然的。在古代世界裏的人，基本上是以在聖殿（或聖壇上）獻祭為一種敬拜的行動，這正與他們是來自耶路撒冷城是吻合的，因為上帝的聖殿就在耶路撒冷。

7.2.1.2 耶穌與門徒對話（十五 10～20）

法利賽人和文士可能因為知道耶穌已看穿他們的用心，於是便離開了，而耶穌則轉向羣眾說話，或許這節經文之後已轉了另一個場景。不過，作者的重點不在於場景，而在於耶穌說話的對象。緊接著法利賽人的質問，耶穌繼續延伸這話題，勸諭眾人「要聽，也要明白」（10 節），不要學效法利賽人的行為。耶穌曾在其他場合說過與潔淨禮儀有關的話題（參二十三 24、25～26），在這裏，他以比喻解明他要說的話：「從口裏進去的不玷污人，從口裏出來的才玷污人。」門徒知道這是喻指法利賽人的教導，所以他們回應耶穌說：「法利賽人聽見這話很反感，你知道嗎？」耶穌沒有理會門徒的意見，反以更嚴厲的話指責法利賽人。他用了兩個比喻來喻指法利賽人：

- 他們猶如天父「要連根拔出來」的一棵植物（13 節）。
- 他們猶如「瞎子作瞎子的嚮導」（14 節；參二十三 16、24），最後「兩個人都要掉在坑裏」。

這是一個對法利賽人極其嚴苛的指責，難怪彼得要耶穌為他所說的作解釋。耶穌再以人生活中一些事情的細節作比喻，再具體解釋他說話的意思。凡入口的，都只經過肚子，最後出到廁所，所以對其他人的影響不大，也不帶來傷害。這是人生理上正常的情況。但若是從人的口而出的，都是由心發出，表示是經過思考的，其內容可以承載著人心中很多的惡念。人各樣的思想都會隨著從口出的言語影響著其他人，甚或傷害別人。說到這裏，馬太福音的耶穌才真正回應法利賽人那條有關不洗手吃飯的問題。不洗手吃飯，至終只累了吃的人，對其他人並不帶來傷害，故此也沒有違反任何上帝的誡命。但是，那些法利賽人只憑口頭上遵行律法而不在生活中恪守律法（例如：不供養父母），這才真正違反誡命，而且還累了跟著他們行的人。相反而言，馬太福音的耶穌和他的門徒沒有遵守法利賽人傳統的律法，但他們仍是持守履行上帝的律法或誡命的人（參五 17～20）。

7.2.2 耶穌的事工（十五 21～39）

這段經文也是緊隨前一段有關古人傳統的經文，與馬可福音的鋪排相同，表示馬太福音的作者在此完全跟隨馬可福音的事件次序，正如馬可福音帶出一個對比：法利賽人和文士的假冒為善和迦南婦人的信心。耶穌與從耶路撒冷城來的法利賽人和文士作出了一次激烈的討論後，耶穌便繼續他的事工。作者記述了兩則事件：醫治迦南婦人（21～28 節）；使四千人得飽吃（29～39 節）。

在希伯來聖經時代，相對以色列人，迦南是一個外邦人居住的地方。他們信奉多神，也與以色列人有完全不同文化，是以色列民剛離開埃及、進入迦南時的宿敵。

7.2.2.1 耶穌醫治迦南婦人（十五 21～28）

耶穌退到「推羅、西頓境內」，是加利利北部地方，它屬於外邦人聚居地區。那時「有一個迦南婦人從那地方出來」。「**迦南……人**」（*Chananaia*；22 節）這名詞在新約書卷只在此處出現，特別表達種族上的不同，更表示了她不只是「外邦人」，也是不受猶太人歡迎的人。「迦南婦人」這詞所強調的是這女子有「迦南」的背景。作者以這樣的方式介紹這位外邦女子，不是要指出她的出處，而是凸顯猶太人對「迦南」一詞的負面印象，凡虔敬的猶太人也不會與她有任何接觸。「從那地方出來」(*apo tōn oriōn ekeinōn exelthousa*)原文可直譯為「從那地區出來」，所指的可能是「推羅、西頓境內」，也即是說在耶穌只是邁向「推羅、西頓境內」這方向走，仍未進入這境內，在路上這「迦南婦人」出來迎接耶穌，請求他救她那被鬼附的女兒。

「大衛之子」在馬太福音常把醫治和憐憫相連(參九27，十二23，二十30)。

這位「迦南婦人」喊著說：「主啊，大衛之子，可憐我！我女兒被鬼纏得很苦」(22節)。這女人稱耶穌為「主啊」和「**大衛之子**」。她的女兒被鬼附，耶穌對這個女人的第一個回應就是「一言不答」。這婦人似乎沒有放棄，她不停地喊叫著，要求耶穌幫助她。可能她不停在叫喊，令耶穌的門徒感到厭煩，於是對耶穌說：「這婦人在我們後頭喊叫，請打發她走吧。」門徒的這個請求可以有兩個意思：第一，直接拒絕她，馬上打發她走；第二，照這女人的請求醫好她的女兒，讓這個女人離開他們。因為門徒的要求，耶穌作出回應，說：「我奉差遣只到以色列家迷失的羊那裏去。」耶穌的回答較為弔詭，究竟他在回應誰？門徒？婦人？其實是兩者。他一方面要讓那婦人知道他不醫治她兒女的原因，希望她知難而退；他同時亦讓門徒知道為何他不理會婦人的請求。耶穌的說話對門徒而言，是打發婦人走，但對婦人而言卻是信心的磨練。馬太福音的耶穌說明只在以色列家傳講天國的教訓並不是新事，早在十章5至6節耶穌已向門徒說過一遍(參5.2.2「向門徒傳遞使命〔十5～15〕」中的第一點：「差派的使命〔十5～8上〕」的解釋，頁181)。或許這婦人已風聞耶穌這人的事迹，她沒有因耶穌的話而放棄，反而更激烈的向前去「拜」耶穌，又說：「主啊，幫幫我！」繼十四章33節後(即耶穌在海上行走的事件上），在這裏再一次出現「拜」，指的可能是尊敬的態度。耶穌以一個比喻作出第三個回應，這一次，耶穌是面對面對著婦人說話：「拿孩子的餅丟給小狗吃是不妥的。」這比喻無論是猶太人及外邦人都明白的，因為猶太人一向視外邦人為「狗」。這比喻明顯對那婦人帶著歧視及侮辱，也表達了耶穌的決絕，同時也顯出他的一致。

這婦人不但沒有卻步，她反而從耶穌所說的比喻上，巧妙並有智慧地回答耶穌：「主啊，不錯，可是小狗也吃牠主人桌上掉下來的碎屑。」為了自己的兒女，這婦人不介意耶穌以「狗」來形容自己；再者，她用了耶穌所使用的圖像回應耶穌，表示她的信心及決心。她不打算與主人爭食，只期望吃那些從桌上掉下來的碎屑。婦人的說話表達了保羅在羅馬書所描述的救恩歷史：「先是猶太人，後是希臘人」（羅一16）。耶穌因著這個女人的回應，就答允她的請求，「遙距地」治好了她的女兒（參八5～13）。耶穌的回答，顯示了他改變自己原先態度的原因：「婦人，你的信心很大！照你所要的成全你吧」。那婦人的堅持換得耶穌的醫治，使耶穌由「一言不答」轉變到「照你所要的成全你吧」的。這樣看來，耶穌是否因為婦人的苦苦哀求而改變了他醫治的原則及初衷？其實不是！也許他是有意揶揄那婦人，是為測試婦人的信心。至終他作了醫治，顯出了他醫治的對象並不只是「以色列家」的人，而是凡有「信心」的人，他都會醫治。耶穌已不止一次醫治外邦人，他也曾醫治百夫長的僮僕，而這都與百夫長的信心有關（八5～13）。這兩則的醫治敘事，說明了上帝的心意，就是天國的福音不是以色列人的專屬。作者沒有描述門徒的反應，但耶穌的行為已教導了門徒去接納外邦人，這是不言而喻了，也預示了後來耶穌所頒布的大使命所蘊含的普世性（二十八19～20）。

耶穌是一位公元一世紀的猶太人

今日基督教是一個普世性的宗教，它不分國籍、膚色和種族。上帝藉耶穌基督給予每一個願意相信的人一個新的名分和生命。但在耶穌時代，這不是一個公認的信條或認信。從使徒行傳及保羅書信中，我們看到藉著歸信耶穌基督（或藉著耶穌基督的信），外邦人是可以得以被列入成為上帝的子民，不過，這是需要一個慢慢發展出來並且逐漸在各處被接受的過程。

一直以來，學者重尋歷史上的耶穌（the Jesus Quest）已有200多年歷史。❷一個很重要但也常被忽略的觀點，就是耶穌是一位公元一世紀的猶太人，他更不是如今日有些基督徒所理解，看他為第一位「基督徒」❸！讓耶穌做回耶穌自己，而不是作我們心目中的基督徒耶穌。他的思想就如當時的猶太人一樣，期望著他們當時期望發生的事。聖經，如以賽亞書（賽二2～3，五十六6～7）記載，也預言在終末的日子裏，外邦人要登雅威的山。但是，外邦人不是主動去朝拜雅威，而是有以色列在中間作為萬國的光或燈，把外邦人帶到雅威面前。耶穌作為一世紀的猶太人，他也不例外，他也需要持守這些信念，他的傳道工作也是先以以色列人為對象，再透過以色列進入外邦人的世界中，好讓外邦人可以認識上帝。在這背景下，馬太福音的耶穌絕對有理由說他只是「奉差遣只到以色列家迷失的羊那裏去。」這說話或許使初代教會的信徒感到尷尬，而這樣理解當時的耶穌甚至可能有點狹隘，這與我們所理解耶穌基督是世界的主有很大的分別，但過分美化了的耶穌，也不一定是那真實的耶穌。

7.2.2.2 使四千人得飽吃（十五29～39）

馬太福音的作者是跟隨馬可福音的敘述，除了記述耶穌使五千人得飽吃（可六30～44），也有使四千人得飽吃（可八1～10）的敘事。路加福音與約翰福音沒有這敘事。這段經文可分成以下三部分：

一、背景（十五 29～31）

若接續著 21 至 28 節的敘事，「耶穌離開那地方」的「那地方」應是指「推羅、西頓」一帶地方。他們回到「加利利的海邊」，然後「上山坐下」。雖然讀者不知道他所處的是哪座山，但「坐下」這動作是老師教導的姿勢，似乎耶穌在那裏教訓人，他也行了些神蹟醫治。有很多人擁到耶穌那裏，他們將患有不同病的人帶到耶穌那裏求醫治。眾人都「驚訝，因為看見聾啞的說話，肢殘的痊癒，瘸子行走，盲人看見，他們就歸榮耀給以色列的上帝」，這個對耶穌所作的描述，與耶穌對施洗約翰所說的話很相近（十一 5）。

二、對話（十五 32～34）

他們「在這裏已經三天」這句子應該是指他們留在山上已有「三天」的時間，他們「沒有吃的東西」。從經文看，他們不是餓了三天，而是他們沒有預備足夠三天的食物。耶穌看見此情景也動了「憐憫」。耶穌不止教訓並且醫治人，他更憐憫跟他在那裏已經有三天的人，於是對他對門徒說：「我憐憫這羣人⋯⋯我不願意叫他們餓著回去，恐怕他們在路上餓昏了。」（32 節）耶穌是主動的關心他們，他們可能靈性已經飽足，但卻不能空著肚離去。門徒知道耶穌的心意，但留住他們也解決不了問題，所以他們回應耶穌說：「我們在這野地，哪裏有這麼多的餅讓這許多人吃飽呢？」（33 節）耶穌問他們有的是甚麼，他們回答：「有七個〔餅〕，還有幾條小魚。」

三、神蹟（十五 35～39）

耶穌吩咐眾人坐好，他作出四個動作：「拿著⋯⋯祝謝⋯⋯擘開⋯⋯遞給」（36 節；另參十四 19，二十六 26），便將餅和魚不斷傳出去，與使五千人得飽吃一樣。「他們都吃，並且吃飽了，收拾剩下的碎屑，裝滿了七個筐子」(37節)，吃飽的男丁已有四千多，還未將婦女及孩童計算在內。吃飽後，耶穌吩咐眾人散去，他便上船，來到「馬加丹」境內，指的可能是「抹大拉」，即抹大拉馬利亞的家鄉。耶穌以五餅二魚使五千人得飽吃，以及使四千人得飽吃的敍事，其目的並不在於要顯出耶穌有多大的能力，這兩段經文均以耶穌的「憐憫」作為他顧及人的需要作開始(十四14，十五32)，兩個使人得飽足的神蹟，都是要指出耶穌是憐憫的主，其背後的主題可能也指向昔日摩西時代，上帝親自以嗎哪餵養他的百姓。

「使五千人得飽吃」與「使四千人得飽吃」

不論在馬可福音或在馬太福音，耶穌使五千人得飽吃和使四千人吃飽這兩個故事雖然很相似，而兩卷福音書都視它們為兩件事件來記述(十六9～10；可八19～20)。但奇怪的是，無論馬太福音或馬可福音，在使四千人得飽吃的神蹟記述中，都有記載門徒向耶穌提出同一個問題：「我們在這野地，哪裏有這麼多的餅讓這許多人吃飽呢？」(十五33；可八4)若門徒曾經歷過使五千人得飽吃的神蹟，他們就不應再問同樣的問題。如此，使五千人得飽吃與使四千人得飽吃可能是指同一事件，但有兩個流傳的版本，導致發展出一個傳統使五千人得飽吃，另一個則只有四千人。這個解釋不是沒有可能。不過，再仔細閱讀馬可福音的敍述，便留意到耶穌使五千人吃飽的神蹟是發生在猶太區域內，是以猶太人為對象，而使四千人吃飽的神蹟則是發生在低加坡里境內，即在外邦人居住的地方(可七31)。這可解釋為何馬可福音的作者把編修後的使五千人得飽吃的神蹟(即是使四千人吃飽的神蹟)，用來描述耶穌向外邦人顯出他的能力和恩慈。馬太福音的作者雖然也有陳述這兩個事件，但他未必像馬可福音的作者般，帶著如此的背景來作敍述，言下之意，他不是要以這兩個敍述來處理外邦人的問題，所以他沒有做這個區分。馬太福音的耶穌是在加利利一帶的曠野使四千人得飽吃，而吃飽的人不一定是指猶太人或外邦人，他們只是一羣需要的人。可能耶穌的宣講只限於以色列人，除了醫治百夫長的僮僕（太八5～13）及迦南婦人（太十五21～28）這兩個例子外。

7.3 第三個循環（十六1～20）

分段大綱（十六1～20）

一、耶穌受到挑釁：求顯神蹟（十六1～4）

二、耶穌的事工（十六5～20）

1. 防備法利賽人和撒都該人的酵（十六5～12）
2. 彼得對耶穌的認信（十六13～20）

7.3.1 耶穌受到挑釁：求顯神蹟（十六1～4）

這段經文也可以在馬可福音找到。有關求神蹟的敘述，已經在十二章38至42節出現過。這段經文緊隨使四千人得飽吃的神蹟，這神蹟的發生可能成為法利賽人和撒都該人去見耶穌的原因，他們要求一個用以明證耶穌所做的事的徵兆。

這一次挑釁耶穌的是「*法利賽人和撒都該人*」，這是一個奇怪的組合（參十六1、6、11、12；另參三7）。「*法利賽人和撒都該人*」各有自己的宗教立場和意見（參徒二十三1～10），按正常情況，他們不會走在一起。然而，他們能夠跨越分歧並聯手合作，定必是雙方都有共同的目標(參三7)。他們代表著耶穌時代的宗教領袖，他們來見耶穌的動機是「試探耶穌」，他們要耶穌「顯個來自天上的神蹟給他們看」(1節)。「神蹟」(*sēmeion*)的原文亦有「徵兆/記號」的意思。而他們所求的可能就是一個「徵兆」，而不是神蹟。他們要求耶穌顯一個從天(即從上帝)而來的證據，證明耶穌所行一切事的權柄，例如早前發生的醫治(十五30～31)，是來自上帝的。耶穌用了自然變化的景象來指出他的對手的無知與遲鈍，他們可以「分辨天上的氣象」，卻「不能分辨這個時代的神蹟」。「天上的氣象」與「時代的神蹟」在此成了一強烈對比。「這個時代」是指耶穌所處的時代。耶穌稱他所處的時代為「邪惡淫亂的世代」，與「不信的世代」(參九19)的意思相同。耶穌是諷刺他們，其實要看見「徵兆」是一件容易的事，就像看天色的變化便預知天氣狀況般容易。如此，耶穌是指責那些宗教領袖即使已看見徵兆，他們仍不相信，還要去尋找徵兆。耶穌再回應他們說：「除了約拿的神蹟以外，再沒有神蹟給他們看了。」這裏出現的「約拿的神蹟」，就是指約拿在魚腹中三日後仍然活著的神蹟，耶穌借此比喻來指自己的死和復活。若宗教領袖「不能分辨這個時代的神蹟」，自然也對耶穌復活這神蹟無動於衷。他們已定意不信耶穌所行的，故此，即使有更多的神蹟出現，他們也不會回心轉意(參6.1.4.5「約拿的神蹟〔十二38～42〕」，頁220～222)。說完這番話之後，耶穌便「離開他們走了」，表示耶穌想避免與他們衝突，或許也是因為他們的無知，而帶點氣憤而走。

7.3.2 耶穌的事工（十六 5～20）

這次事工的對象並不是眾人，而是耶穌近身的門徒。在這裏，耶穌對門徒有兩次的宣講。第一則是耶穌借著麵酵來提醒門徒要防避法利賽人和撒都該人的酵（5～12 節）；另一則是耶穌與彼得的一席話，談論的是耶穌的身分（13～20 節），而這也是這個段落的高潮所在：從拒絕耶穌轉到認信耶穌。

7.3.2.1 防備法利賽人和撒都該人的酵（十六 5～12）

馬太福音的作者繼續跟隨馬可福音，將這段經文放入他的福音書。作者除了指出使五千人和四千人得飽吃的意義（參 8～10 節），也將馬可福音的信息更清楚地表達出來（參 11～12 節），他將馬可福音所強調「作門徒的仍不明白」，轉化為馬太福音的耶穌要門徒「防備法利賽人和撒都該人的教訓」。

雖然敘述的開始是「門徒渡到對岸，忘了帶餅」，看似更是另一敘述的開始，但它同樣提到「法利賽人和撒都該人」（參 1～4 節），因此，5 至 12 節的敘事是接續著 1 至 4 節的內容。緊貼這個「忘了帶餅」的描述，耶穌對門徒說：「你們要謹慎，要防備法利賽人和撒都該人的酵。」經文沒有交代門徒忘了帶餅這事如何與法利賽人和撒都該人的酵扯上關係。門徒明顯不明白耶穌的說話，便議論起來，說：「這是因為我們沒有帶餅吧。」耶穌知道了，便指出他們都是「小信的人」。耶穌這個評語也是令人費解。直到耶穌重提使五千人和四千人得飽吃的神蹟後，門徒才明白耶穌所指的是甚麼。

從耶穌向門徒發出的問題顯示，耶穌看見門徒仍在擔心著吃的問題。若然門徒對耶穌有信心，也應信賴耶穌如信賴上帝的供應般，因此，若耶穌與他們同在，「忘了帶餅」就完全不成問題了，而且耶穌在「登山寶訓」時曾說過吃的問題，他們也應明白這道理（六 25～34）。

接著，耶穌再提「要防備法利賽人和撒都該人的酵」，然後要他們思想這是甚麼意思。門徒終於明白耶穌真正的意思不在「餅的酵」，而在「法利賽人和撒都該人的教訓。」耶穌用「酵」這個字當然與門徒「忘了帶餅」的事情有關，因為兩者都與「吃」或「食物」有關，但更重要的是，「酵」能令全團發起來，是喻指受感染或影響。因此，耶穌提醒門徒「要謹慎……法利賽人和撒都該人的教訓」，他們的教訓有如酵一般，會帶來負面的影響，而且會漫延的。

7.3.2.2 彼得對耶穌的認信（十六 13～20）

馬可福音的記述中，在彼得認信耶穌這一段經文之前有治好伯賽大的盲人的敍述（參可八 22～26），但馬太福音沒有將這敍事節錄。這個改動強化了彼得的認信與法利賽人和撒都該人之不信態度和表現的彼此關係。彼得被耶穌稱讚，說他有從「天上的父的啟示」（17 節），因而得知耶穌是彌賽亞；相反而言，法利賽人和撒都該人卻仍要問耶穌給他們一個明證的徵兆或記號，他們只能從人的層面去認識耶穌。馬太福音的作者對馬可福音在這段落的敍述作了少許的編修，這使整個敍述變得更有結構，這結構一方面突出了彼得在門徒中於救恩歷史上的獨特角色；另一方面也更清晰地表達了耶穌就是基督的信息（參 16 節；特別參 20 節）。馬太福音的作者對馬可福音作了三方面明顯的改動：

- 將「我」（可八 27）改為「人子」（13 節）；
- 馬太福音加插了「耶利米」這位先知（14 節）；
- 馬太福音加插了耶穌對彼得的獨特角色的肯定（17～19 節）。

「凱撒利亞．腓立比」位於加利利海以北約 40 里，在黑門山的山腳，屬於分封王希律腓力管治的地方。

「耶穌到了**凱撒利亞．腓立比**的境內」。「凱撒利亞．腓立比」早前稱為「帕內阿斯」(Paneas / Panion)，希律腓力把這個城市擴建，並命名為「凱撒利亞．腓立比」，好與沿海的凱撒利亞．馬利提馬(Caesarea Maritima)區分出來(參徒二十三 23～24)。這地方不止是外邦神廟羣立之地，同時也是推行君王崇拜的地方(大希律於公元前 20 年為奧古士督建廟堂)。作者沒有交代為何耶穌要帶門徒來到這麼靠北的地方，並在此進一步讓門徒理解他自己的身分，惟一可以推敲的是，耶穌想避開對他有敵意的人(參十二 14)。

耶穌在這裏主動向門徒作出提問：「人們說人子是誰？」這裏的「人子」(*ton huion tou anthrōpou*)是一個「及身的用法」(reflexive use)，因此，耶穌所指的「人子」並不是另有其人，而是指自己，他在十六章 15 節也以「我」代替了「人子」，問門徒說：「你們說我是誰？」門徒回應說：「有人說是施洗的約翰；有人說是以利亞；又有人說是耶利米或是先知中的一位。」(14 節)希律早前就曾以為耶穌是復活了的施洗約翰(十四 1～2)，所以門徒有這樣的答案也不足為奇。再者，希律有這樣想法也可能是合理的，因為先知書曾預言以利亞將於終末時候會再來(瑪三 1，四 4～5)。另外，將耶穌看為是「耶利米」，是因為猶太的思想裏，似乎都有耶利米會再來的期望(參「以斯得拉二書」〔2 Esdras〕2.18；「馬加比二書」15.11～16)，而耶穌與耶利米都有共同點，都是傳講審判以色列和/或聖殿的信息。耶穌也被看為是一位先知，這位先知很可能是指摩西(參申十八 15)。

似乎耶穌不在意其他人如何看他，他反而要問他的門徒：「你們說我是誰？」彼得這刻代表門徒回答。馬太福音的耶穌對彼得的回答共有三節經文的回應(17～19 節)，它可分為三部分，每一部分都先以主

題句開始，然後是一對平行句，以深化主題的意思：❹

- 主題句：耶穌回答他說：「約拿的兒子西門，你是有福的！
  上句：因為這不是屬血肉的啟示你的，
  下句：而是我在天上的父啟示的。
- 主題句：我還告訴你，你是彼得，
  上句：我要把我的教會建造在這磐石上，
  下句：陰間的權柄不能勝過它。
- 主題句：我要把天國的鑰匙給你，
  上句：凡你在地上所捆綁的，在天上也要捆綁；
  下句：凡你在地上所釋放的，在天上也要釋放。

馬太福音的作者稱彼得為「西門．彼得」。「西門」是他家族為他改的名稱，也就是他的原名；「彼得」則是耶穌為他改的名字，是有特別意義（17節）。作者如此稱呼彼得，一方面是指出他的出處，另方面也指出他與耶穌的關係。「西門．彼得」說：「你是基督，是永生上帝的兒子。」彼得這個回答結合了「基督」和「永生上帝的兒子」的身分於耶穌一身。在希伯來聖經和猶太文獻中，從沒有將「基督」和「永生上帝的兒子」放在一起使用，但在一些猶太人經典裏卻有出現類似的組合，而最接近的算是「三段經文」了（參「會眾守則」〔*Rule of Congregation*, 1QSa〕2.11～12；「經文論集／末世米大示」〔Florilegium / Eschatological Midrash, 4QFlor.〕1.10～13；「昆蘭但以理抄本」〔4QDanAa〕；另參「利未遺訓」〔T. Levi〕4.2）。因此這組合是一個由跟隨耶穌的羣體的創新，很有可能是在耶穌復活後才出現的（參羅一3～4）。❺無論如何，彼得在此對耶穌的認信，代表了門徒對耶穌從起初到如今的認識，是馬太福音裏一個重要敍述轉捩點，因為從此門徒（同時也是此福音書的讀者）知道了耶穌是誰，馬太福音的作者便開始展示耶穌的使命，以及交代耶穌最終死於十字架上，然後又從死人中復活過來的原因。

在回應之前，耶穌稱彼得為「約拿的兒子西門」，暗示了他原身家庭，因為接著他要為「西門」改名。相應於「西門・彼得」的回答，耶穌作出了三個回應。

首先，他要指出只有從耶穌在天上的父所啟示，而不是從「屬血肉」來啟示，方能作出這個回答，並且擁有這知識的人「是有福的！」

其次，當西門稱耶穌是「基督」，耶穌則回應他「是彼得」。「彼得」（*petros*）原文是「石頭」，但耶穌馬上為西門這新名字下定義，為要將「彼得」這個新名字所賦予新的意義演繹出來：「我要把我的教會建造在這磐石上。」「彼得」就是「石頭」，但這是一塊特別的「石頭」，因為教會要建立「這石頭上」。「在這磐石上」（*epi tautē tē petra*）原文就是「這石頭上」。馬太福音的耶穌把建造教會的使命交託予彼得，「教會」（*ekklesia*；18 節）所指的應該是「上帝的子民」這羣體（或「上帝的子民」聚集的地方），這個詞在福音書只出現兩次，另一次是在十八章17 節。耶穌又說：「陰間的權柄不能勝過它。」（18 節）它的原文意思是「陰間的門閘不能勝過它」。「陰間的門閘」（也可指「凱撒利亞・腓立比」一個地方）在希伯來聖經中曾有出現過（詩九 13，一〇七 18；賽三十八 10），意指「拘限死人在陰間」。當應用在「教會」時，是指「教會」就如基督——教會的主，是不會被死亡轄制的（參十八 18）。

最後，耶穌說他要把「天國的鑰匙」給「西門」，這個意念可追溯至以賽亞書二十二章 22 節，用以表示凡願意為上帝付出的人（包括「西門」），上帝定必有足夠的權柄賦予他們去履行他們在地上所做的事工。無可否認，彼得的角色在這段經文中明顯較其他門徒凸顯出來，但福音書沒有隱瞞他的軟弱和小信(參十四28～33，二十六69～75)，這代表馬太福音的作者沒有將彼得美化。彼得只視為門徒的代表，也許彼得在這段經文的角色很突出，但其原因只因為他是耶穌的門徒，他代表著一切認信耶穌為基督和永生上帝的兒子的人。因此，耶穌對他說：「⋯⋯我要把天國的鑰匙給你，凡你在地上所捆綁的，在天上也要捆綁；凡你在地上所釋放的，在天上也要釋放。」(19節)在「馬太社羣守則」這第四個講論中(十八18)，耶穌也把這個「捆綁」和「釋放」的權柄交給了門徒，前者指「禁止」，後者指「許可」。❻ 這不只表明了彼得是門徒的代表(18節)，同時也清楚表明了這個「捆綁」和「釋放」權柄是給了教會，而不是個人的。

當耶穌回應了彼得，他「囑咐門徒不可對任何人說他是基督」(20節)。或者，這是因為「基督」這個名字略帶政治味道，耶穌不想別人以這個眼光去看他和他的事工。

* 這是凱撒利亞．腓立比神廟林立中的「陰間的門閘」

信仰反省

彼得在「凱撒利亞・腓立比」向耶穌作出認信，以耶穌為「基督」和「永生上帝的兒子」。這認信可說是總結福音書前一部分對耶穌的身分的認知。耶穌的出生是按希伯來聖經的預言而應驗，他被天上的聲音引證他是上帝的兒子，並且勝過撒但的試探；他也以他的言和行，將天國的權能和上帝的憐憫彰顯出來，但他所傳的天國信息，仍然受到人的拒絕和不信的對待；更甚的是，從宗教領袖而來的反對和對抗的聲音不停地一次又一次提升。

但是，在彼得對耶穌的認信之後，耶穌便第一次直言他將會上耶路撒冷，並在那裏受害、被殺、第三天復活。「從那時起」（十六 21），耶穌便展開了他進入受難敘述的前奏。由十六章 21 節至二十一章 1 節的進入耶路撒冷城，及至在耶路撒冷與宗教領袖的激烈辯論，他和門徒都面對著不同程度的拒絕和挑戰，最終耶穌被釘死在十字架上，但三天後復活。由福音書的起頭直到十六章 20 節的敘述止，都啟示了耶穌是誰。由十六章 21 節起至受難敘述，耶穌的死和他為何要死將是福音書下半部分的焦點，展現了耶穌是基督的真實性。

由此可見，耶穌在地上的事工有精密的鋪排，有上帝的計劃在當中。由耶穌出道至遭受反對，及至訓練門徒，耶穌都謹慎行事。這是他事奉的態度，也是作為事奉上帝的人借鏡。有許多時候，我們會認真去工作，認真去滿足世界的要求，我們會求人的方便、看人的情面，和借助人的力量。但在耶穌的事奉生命上卻不是這樣。他深明上帝的心意、忠心持守和執行上帝交予他的使命、他不怕位高權重的人，更不是因循苟且接受古人的遺傳去履行宗教上的義務，而是透過與上帝有一個親密的關係而作出更新與創新的教導與生活應用，常常以上帝的話在生活上作出反省，讓天國的福音能在生活中彰顯它的大能。這是基督的生命見證，也是我們一切跟隨基督的人的生命典範。

釋經短註

❶ 從內容而列出大綱，是參自 Charles H. Talbert, *Matthew*, Paideia (Grand Rapids, MI: Baker Academic, 2010), 180～197。

❷ 有關歷史上的耶穌研究，可參黃根春：《聖經深度行：歷史耶穌的研析》（台灣：浸信會出版社／台灣浸信會神學院，2013）。

❸ 查理．沃思（James H. Charlesworth）曾討論有關耶穌是否第一個基督徒的議題，這可參 James H. Charlesworth, *The Historical Jesus: An Essential Guide*, (Nashville, TN: Abingdon Press, 2008), 49。另外，他又為這正是現今的「第三尋」（The Third Quest）/「耶穌研究」（Jesus Research）下的其中一個結論，就是以一世紀猶太信仰去理解／詮釋耶穌，參 Charlesworth, *The Historical Jesus*, 12～14。

❹ 將十六章17至19節這三節經文分為三部分的，可參 Robert H. Smith, *Matthew*, ACNT (Minneapolis, MN: Augsburg, 1989), 199 ～ 201；另可參 Talbert, *Matthew*, 194～195。

❺ 有關「基督」和「永生上帝的兒子」的身分，在希伯來聖經和猶太文獻中沒有被一起使用的討論，可參 Joseph A. Fitzmyer, *The One Who is to Come* (Grand Rapids, MI: Eerdmans, 2007), 138～139,142～43。

❻ 有關十六章19節「捆綁」與「釋放」的解釋，可參 Ulrich Luz, *Matthew 8-20*, Hermenia (Minneapolis, MN: Fortress, 2001), 364～365。

溫習及思考問題

1. 希律是一位分封王，他有他的權柄及自由，但他仍是不能隨心所願。他的問題在哪裏？他懼怕的是甚麼東西？他有甚麼限制和面對著甚麼困局？他的「失言」帶來甚麼後果？
2. 試比較耶穌使五千人和使四千人得飽吃的兩個神蹟。你從其中學到甚麼功課？
3. 在詮釋耶穌分別地使五千人和使四千人吃飽的神蹟裏，你會較注意耶穌的憐憫，還是耶穌的能力？
4. 在耶穌分別地使五千人和使四千人得飽吃的敘述中，若以人心的改變而非在物質的由少變多來詮釋這兩個事件，這樣的詮釋會對這兩個神蹟的意義有所改變嗎？
5. 彼得為何要求耶穌讓他在水上行走？你認為彼得是懷著甚麼動機去作這事？彼得這個經歷，對你的信仰有甚麼作用？
6. 耶穌如何教導門徒面對猶太的宗教傳統？今天在我們的信仰生活中，有否一些傳下來的教會傳統習慣或做法，是上帝不期望我們如此作的，但可能已在教會中根深蒂固，不能或不易改變，成為比上帝的期望還更重要的傳統或做法？
7. 耶穌如何拒絕幫助迦南婦人？她的信心是在哪方面的事情上顯示出來？若將此事與彼得在水上行走這事作比較，他們的信心有何分別？這對你有何提醒？
8. 彼得是在一個怎樣的地方去認信耶穌是基督，是永生上帝的兒子？這對我們在職場見證耶穌有何啟示？

聖經通識叢書

兼顧學術研究的精確和執著，
並教會信徒生活上的實踐。

聖經鳥瞰
為您精簡而全面地展現聖經的本體與其來龍去脈

基礎篇 黃錫木 著／HK$93

進深篇 黃錫木 著／HK$68

聖經書卷要領
助您宏觀同類的聖經書卷

耶穌生平與福音書要領 孫寶玲、黃錫木 著／HK$98

使徒行傳與保羅書信要領 張達民、黃錫木 著／HK$88

希伯來書、大公書信與啟示錄要領 張略、黃錫木 著／HK$78

舊約先知書要領 黃嘉樑、梁國權、雷建華 著／HK$88

聖經書卷析讀
助您進深分析個別聖經書卷的內容和信息

在曠野中與上帝同行——民數記析讀 黃嘉樑 著／HK$158

剛強壯膽回應上帝的應許——約書亞記析讀 黃嘉樑 著／HK$163

背約沉淪的循環軌迹——士師記析讀 吳獻章 著／HK$128

愛的審判與生命的應許——耶利米書析讀 熊潤榮 著／HK$148

奔走風塵的僕人——馬可福音析讀 張略、黃錫木 著／HK$118

逆轉人生的上帝之子——路加福音析讀 孫寶玲 著／HK$108

道成為人的耶穌——約翰福音析讀 吳道宗 著／HK$88

風起雲湧的初代教會——使徒行傳析讀 張達民、黃錫木 著／HK$83

情理之間持信道——加拉太書、帖撒羅尼迦前後書析讀
張達民、郭漢成、黃錫木 著／HK$98

同歸於一得基業——以弗所書析讀 郭漢成、劉聰賜 著／HK$128

僕人領袖的教導與領導——提多書、提摩太前書析讀
曾思瀚 著／曾景恒 譯／HK$138

擁抱危機的事奉傳承——提摩太後書析讀 曾思瀚 著／曾景恒 譯／HK$98

其他出版
讓您多方、多向，更完整地研讀聖經

憑祢恩言——實用基督徒生活手冊 郭鴻標、黃錫木 主編／HK$108

聖經通識手冊 羅慶才、黃錫木 主編／HK$188

聖經研究叢書 探索與鑽研神的話語，傳承真理。

誰的保羅，哪個福音？——保羅詮釋現象的反思
Renewed Perspectives on Paul
曾思瀚 著／曾景恒 譯／ HK$108

壞鬼釋經——糾正新約金句的常見詮釋
Commonly Misinterpreted Texts: Exegetical Fallacies in the New Testament
曾思瀚 著／曾景恒 譯／ HK$88

壞鬼釋經：舊約敍事篇——糾正舊約金句的常見詮釋
Commonly Misinterpreted Texts II: Exegetical Fallacies in the Old Testament Narratives
曾思瀚 著／李梅 譯／ HK$83

壞鬼釋經：舊約詩歌篇——糾正舊約金句的常見詮釋
Commonly Misinterpreted Texts III: Exegetical Fallacies in the Old Testament Poetry
曾思瀚 著／李梅、倪勤生 譯／ HK$93

壞鬼比喻：馬太福音篇——糾正新約比喻的常見詮釋
Right Kingdom, Wrong Stories: A Backward Reading of Matthew's Parables
曾思瀚 著／曾景恒 譯／ HK$93

歷久常新的生命故事——約翰福音人物研究
Eternal Word Spoken: A Literary Study on Characterization in John's Gospel
曾思瀚、吳瑩宜 著／ HK$98

使命傳承的故事——路加—使徒行傳的人物研究
Embodying Jesus: Luke-Acts Characterization
曾思瀚 著／吳瑩宜 譯／ HK$98

讀者意見表

緊扣時代 服事教會

以文字傳揚基督真道

衷心多謝你購買本社書籍。本社一直致力以出版事工服事教會，幫助信徒扎根於神的話語，促進靈命增長。為使我們的出版更能滿足你的需要，請填寫下列各項資料，並寄回或傳真予本社。

所購書籍：＿＿＿＿＿＿＿＿＿＿＿＿

本書最吸引你的地方：
□作者 □適切性 □文筆 □設計 □實用性
□其他：＿＿＿＿＿＿＿＿＿＿＿＿

購買本書地點：
□基道書樓 □基督教書店 □非基督教書店

性別：□男 □女 職業：＿＿＿＿＿＿

信仰：□基督徒 □非基督徒

年齡：□ 16 歲或以下 □ 17～25 歲 □ 26～35 歲
□ 36～55 歲 □ 56 歲或以上

學歷：□中三或以下 □中五 □預科
□大學 □研究院

□我欲更多了解基道出版社的事工及考慮支持，請寄給我下列資料：
□機構簡介 □新書資料 □基道會員通訊
□《基道文字事工通訊》

姓名：＿＿＿＿＿＿＿＿＿＿電話：＿＿＿＿＿＿

地址：＿＿＿＿＿＿＿＿＿＿＿＿＿＿＿＿

＿＿＿＿＿＿＿＿＿＿＿＿＿＿＿＿

傳真：＿＿＿＿＿＿ 電子郵件：＿＿＿＿＿＿

其他意見：＿＿＿＿＿＿＿＿＿＿＿＿＿＿

＿＿＿＿＿＿＿＿＿＿＿＿＿＿＿＿

多謝賜教！

基道出版社

意見表可以傳真（2687-0281）或直接郵寄以下地址：
香港沙田火炭坳背灣街26號富騰工業中心1011室
基道出版社編輯部收